KB069655

한상담
시리즈 4

한상담

김미정 · 김영순 · 김창오 · 유동수 · 조윤숙 공저

학지사

머리말

최근 세계 상담학계의 가장 중요한 과제는 상담의 국제화와 토착화다. 그동안 세계 상담학계를 주도해 왔던 서구의 상담 이론들이 모든 나라 사람에게 똑같이 효과적인 방법은 아니라는 주장이 강하게 대두되기 시작했다. 이런 움직임은 상담의 본고장인 미국에서부터 시작되었다. 2008년 3월 시카고에서 있었던 국제상담심리학회(International Counseling Psychology Conference: ICPC)에서도 상담의 국제화와 토착화는 중요한 주제였다.

이러한 변화의 움직임은 크게 두 가지 이유 때문이다. 하나는 미국이란 나라가 원래 이민자들이 세운 나라이고 다양한 인종이 어울려 사는 다문화, 다인종 사회이기에 같은 미국인이라고 해도 각기 다른 문화를 가진 사람들을 상담해야 하기 때문이다. 다른 하나는 미국에서 공부한 외국인 상담자들이 각기 자기 나라에 돌아가서 실제 상담을 해 보니 자기 나라 고유의 문화에 잘 맞지 않는다는 보고들이 나왔기 때문이다.

1. 상담의 국제화

한국에서도 상담의 국제화에 대한 필요성은 매우 높다. 그 이유는 우선 서구에 나가서 상담을 공부한 상담자들이 국내에 돌아와서 그 방법을 그대로 사용해 보면 우리에게 맞는 부분도 있지만 맞지 않는 부분도 많다는 것을 알게 되기 때문이다.

우리는 옛날부터 우리 고유의 말과 글을 사용해 왔고, 독특한 우리 문화를 가지고 있기 때문에 우리 고유의 상담 방법을 만들어야 할 필요성이 더욱 절실하다. 한편으로는 이제는 한국인이라고 해도 그 특성이 다양해져서 한국인을 상담하기 위해서도 국제화가 필요하다.

국제화의 모델을 적용해야 할 내담자는 크게 세 종류가 있다. 하나는 해외 교포이고, 다른 하나는 한국으로 이주해 왔거나 한국에 체류하고 있는 외국인이며, 나머지 하나는 북한 동포다.

해외 교포의 경우, 1960년대 초부터 한국이 급격히 산업화의 길을 걸으면서 해외 이민자가 폭발적으로 증가하여 이제는 전 국민의 10% 이상이 해외에서 살고 있다. 이들은 아직 한국인의 사고방식을 가진 이민 1세대나 2세대로, 외국에서 살아가면서 많은 갈등을 겪고 있다. 이들이 한국인의 정체성을 유지하면서 새로운 문화에 잘 적응할 수 있도록 돕는 것은 상담자들의 몫이지만 그리 간단한 일은 아니다.

그런가 하면 한국에 체류하고 있거나 이민을 온 외국인도 수십만 명이 넘는다. 이들이 우리나라에 와서 행복하게 살아갈 수 있도록 도우려면 이들에 대한 연구 역시 시급하다.

북한 동포에 대한 연구는 더욱 큰 문제다. 이들은 우리와 핏줄을 나눈 동포지만 서로 다른 체제 속에서 50년 이상을 살아왔다. 아직까지는 한국에 온 소수의 새터민이 대상이지만 언젠가 통일이 되고 나면 체제와 환경의 이질감을 극복하고 민족의 동질성을 되찾기 위하여 엄청난 노력을 해야 할 것이다.

이런 생각을 해 보면 우리 고유의 모델 개발과 더불어 상담의 국제화에 대한 연구가 시급하다고 하겠다.

2. 상담의 토착화

국내에 상담이라는 학문이 들어온 지 수십 년이 지났고 수많은 전문가가 있지만, 우리의 가치관과 토양에 맞는 한국적인 상담을 개발하기 위한 시도는 이제 시작 단계인 것 같다.

한국인은 아득한 옛날부터 고유의 말을 가지고 있었고, 비록 지금은 제대로 전해 내려오지는 않지만 녹도문자나 가림다문자 같은 고유의 글도 있었던 것으로 알려져 있다. 지금 우리가 사용하고 있는 한글은 세종대왕께서 만드신 것으로 전 세계 어디에서도 찾아보기 어려운 독특한 문자다. 이처럼 우리 고유의 독특한 말과 글을 만들어 사용한 것은 독특한 우리 문화가 있었기 때문이다.

따라서 한국에서 상담을 공부하는 사람들이 한국인이 어떤 사람이며 한국인의 집단무의식은 어떻게 형성되어 있는지를 깊이 연구하지 않으면 다른 나라 사람들의 가치관이나 사고방식으로 한국인을 이해하려는 실수를 범하게 될 것이다.

한국인과 서양인의 가장 큰 차이는, 한국인은 절대관(絶對觀)을 가지고 살아왔기 때문에 있음과 없음, 낱(개체)과 온(전체), 삶과 죽음 등 모든 것을 일여적(一如的)인 것으로 인식했다는 점이다. 이것이 모든 것을 상대관(相對觀)으로 인식하고 살아온 서양인과의 가장 큰 차이다. 따라서 한국인의 인간관, 의식 구조, 대화 방식에 대한 이해를 바탕으로 한국인에게 적용할 수 있는 우리 고유의 상담 기법의 모색이 절실하게 요구된다.

3. 한국형 상담

그동안 한국형 상담 모델을 개발하기 위한 시도가 꾸준히 있어왔다. 그러한 시도들로는 정신과 의사인 이동식 박사의 한국인의 주체성과 도에 대한 연구를 비롯하여 많은 다른 심리학자들의 연구가 있었다.

그중에서 필자가 아는 분들은 본성실현상담의 이론을 개발한 이형득 박사, 심정심리 이론을 창안한 최상진 박사, 통합상담 이론을 주장하는 이장호 박사, 온마음상담 이론을 개발한 윤호균 박사, 한국 문화와 상담을 주장하는 한성열 박사, 현실역동상담을 하는 장성숙 박사 등이다. 2008년 11월에는 이분들 중에서 이장호, 윤호균, 한성열, 장성숙 박사와 함께 고려대학교에서 '한상담의 국제화와 한국형 상담의 발전과 전망에 대한 심포지엄'도 열었다.

이런 시도들이 지속되어 언젠가는 우리 고유의 모델이 세계 학계에서 공인받고, 많은 한국의 내담자가 우리식 상담을 받을 수 있는 날이 오기를 기다린다. 한상담 모델 개발은 다음의 아홉 가지 단계를 거쳐서 만들었다.

① 한국인은 누구인가?
② 한국인의 특성
③ 배경이 되는 철학
④ 한상담 이론 개발
⑤ 한상담 모델 개발
⑥ 한상담 프로그램 개발
⑦ 프로그램 실시
⑧ 프로그램 평가
⑨ 국내외 학회 발표

한상담학회의 수련감독 전문가 5명이 함께 집필한 이 책은 이러한 과정들을 이야기하고자 함이다. 한상담은 경험 전문가들이 만들었기 때문에 이론적으로 아쉽고 부족한 부분이 많다. 앞으로 많은 이론 전문가의 도움이 필요하리라 생각한다. 그러나 내용의 충실도보다는 이 전체의 과정을 한 번 거쳐 가면서 우리 고유의 상담 모델을 만들어 나가는 일이 더 중요하다고 생각한다.

　이 모델이 다른 전문가들의 지적이나 비판을 통해 더욱 좋은 모델로 발전되기를 바라며, 또 다른 전문가들이 한국형 모델을 만드는 데 자극제가 되기를 바란다.

유동수

차 례

제1장 | 한국형 상담 모델

제1장
한국형 상담 모델

한국적인 상담 모델을 개발하기 위해 9000년 전부터 전해 내려왔다고 믿는 우리 민족 최고의 경전인 『천부경』 『삼일신고』 『참전계경』의 한사상을 바탕으로 모델 개발을 시도하였다. 이 경전들 속에는 우주적인 관점의 인간관이 있고 인간 중심의 철학과 사상이 있다. 이 한사상은 모든 사상과 종교와 가치관을 포함하는 사상이며, 인간으로 하여금 하늘의 뜻을 따라 가장 인간답게 살아가는 길을 제시하는 사상으로, 우리 민족의 집단무의식이자 원형이 녹아 들어가 있다고 할 수 있다. 이러한 뿌리 사상 때문인지 오랜 역사 속에서 한국인은 탁월한 인간 중심의 철학과 마음 수련 방법들을 가지고 있었다.

이러한 소중한 유산이 있었음에도 상담 모델로 발전시키지 못한 것은 오랜 세월이 흐르면서 이 원형이 변질되거나 잊혀져 급기야는 원형을 찾아보기가 쉽지 않게 되었고, 한편으로는 새로운 상담 모델을 만드는 방법을 잘 몰랐기 때문이라고 여겨진다.

이 장에서는 바로 이러한 점을 찾아 보완하여 우리 고유의 상담 모델을 제시하고자 한다.

1 왜 한상담인가

필자의 관점으로는 서구에서 개발된 기존의 상담 모델들은 한국 사람들을 대상으로 한 상담에 적용하는 데 무리가 있다. 왜냐하면 한국 사람들은 이성보다는 감성 중심의 문화를 가지고 있고, 독자성보다는 관계성을 소중하게 생각하며, 사실적인 문제해결보다는 성장에 관심이 많기 때문이다. 그러나 서양식 상담은 상담자와 내담자의 관계를 나와 너의 관계인 상대관으로 보고 있고, 감성보다는 이성에 치우친 감이 있으며, 인간의 성장보다는 사실적인 문제해결에 더 많은 관심을 가지고 있는 것으로 보인다. 그런가 하면 현재의 문제를 해결하기 위해서 과거의 사실적인 요인들, 즉 초기 기억이나 대상관계 등을 지나치게 중요하게 다루는 경향도 있다. 이러한 문제의식이 동양적인, 특히 한국적인 문화에 뿌리를 둔 상담 모델 개발의 필요성을 느끼게 된 원인이다.

이러한 필요성을 출발점으로 하여 한상담 모델을 개발하였는데, 그 목적은 두 가지다. 첫째는 한국인으로 하여금 잃어버린 자신의 원형을 되찾고 가장 한국인다운 한국인으로 성장하도록 돕는 것이고, 둘째는 한사상은 지구상의 어떤 사상도 거부감 없이 받아들일 수 있는 사상(김상일, 1986)이라는 점에서 다른 어떤 이론과도 마찰이 없는 새로운 상담 접근 방법을 제시하고자 하는 것이다.

2 한상담의 인간관

'인간을 어떤 존재로 보느냐' 하는 것에 대해 오랫동안 많은 논란이 있어 왔다. 그중에서 중요한 것들만 살펴보기로 하자.

우선 인간이 창조주인가, 아니면 피조물인가 하는 의문이다. 기독교에서는 신이 인간을 창조했다고 본다. 이 관점은 오랫동안 서양 사조의 흐름을 주도해 왔다. 그러나 불교에서는 이런 관점을 거부한다. 창조주가 있어서 이 우주를 창조했다면 그 창조주는 누가 창조했느냐는 의문이 남는다. 그 때문에 창조주와 피조물이 아니라 스스로 자기 창조를 했다고 본다. 이는 인간은 창조자인 동시에 피조물이라는 관점이다.

또 다른 관점은 신이 인간을 창조했는가, 인간이 신을 창조했는가 하는 의문이다. 이 관점에도 많은 논란이 있다. 한편, 유일신을 믿는 사람들과 다신교를 믿는 사람들도 차이가 많다. 목적론과 자연 발생론에도 많은 논란이 있다. 목적론은 이 우주가 탄생된 데는 목적이 있다고 보는 관점이고, 자연 발생론은 아무 목적 없이 우연히 탄생되었다고 보는 관점이다.

그런가 하면 사후 세계를 보는 시각에도 많은 차이가 있다. 윤회사상을 믿는 사람들은 죽음이란 끝이 아니라 끝없이 바뀌는 하나의 과정이라고 본다. 그래서 이생에서 죽더라도 다시 인간이나 다른 동물로 태어나 이 세상에 돌아온다는 것이다. 그러나 죽으면 모든 게 끝난다고 믿는 사람들도 있다. 그들에게는 사후 세계란 존재하지 않으며, 환생이라는 말은 거짓말이다. 또한 죽어서 천당이나 극락에 가겠다는 사람들도 있고 지상 천국의 사상을 가지고 살아가는 사람들도 있다.

인간이란 근본적으로 선한 존재인가, 악한 존재인가 하는 논란도 끝이 없다. 또한 인간이 어떻게 구원을 받을 수 있는가에 대한 생각도 차이가 많다. 인간은 본래 완전한 존재로 자기 스스로를 구원할 수 있는 능력을 가지고 있다고 보는 관점과 인간은 스스로 자기를 구원할 능력이 없고 하느님을 믿고 하느님께 의지해야만 구원을 받을 수 있다는 생각에도 차이가 크다.

이런 많은 관점은 부분적으로는 맞는 부분도 있을 것이고 틀린 부분도 있을 것이다.

한상담에는 독특한 우리의 관점이 있다. 한상담에서는 인간을 완전한 존재로 본다. 인간은 온 우주를 다 포함하고 있으며, 이 우주의 주인이라고 본다. 그래서 동학에서는 '인내천(人乃天)'이라고 했고, 원효는 '무애(無碍)'라고 했다.

한편, 인간은 태어나서 늙고, 병들고, 죽어 가는 그런 초라한 존재가 아니라 그 내면에 있는 영원한 생명체인 맑고 밝은 자기 본심을 찾을 수 있는 존재로 본다. 그 자리는 한없는 사랑이 넘쳐흘러 나오는 자리다.

태초에 빅뱅이 일어나서 우주가 탄생된 이후에 150억 년 동안 이 우주 만물은 죽어 있는 자연 그대로였다. 그러다가 300만 년 전에 인간이 우주에 나타나면서부터 우주 만물은 이름을 갖게 되었고 생명력을 갖게 되었다. 인간은 죽어 있던 우주 만물을 살려내는 살림살이를 하기 위해서 이 세상에 왔다. 그래서 천지간에 있는 만물 중에 인간이 가장 귀하다고 하는 것이다.

인간은 우주 전체다. 인간의 유전자 속에는 태초부터 지금까지 모든 우주의 경험이 기록되어 있다. 인간이 어떻게 외계 사물을 받아들이는지를 보면, 몸으로는 숨을 쉬고, 햇볕을 쪼이고, 음식물을 먹는다. 그리고 정신적으로는 이성으로 생각하고, 감성으로 느끼고, 무의식으로 감지한다. 이렇게 받아들인 외계의 물질이나 정보의 양을 단순히 나 개인만 생각하지 않고 아득한 조상 때까지 거슬러 올라가 생각해 보자. 그렇게 생각해 보면 한 사람의 개인이 이 세상에 태어나기 위해서 동원된 물질이나 정보는 온 우주와 맞먹을 수도 있다는 것을 알게 될 것이다. 그 때문에 사람 속에 하늘과 땅이 다 들어 있다고 했다.

이런 관점으로 보면 사람이란 이 세상 모든 것을 다 포함하고 있는 존재이기 때문에 인간이라는 단어 앞에는 어떤 수식어도 붙이는 것을 허용할 수가 없다. 이것은 '한'이라는 글자가 단 한 글자이긴 하지만 이 세상에 있는 모든 개념을 포함하고 있는 글자이기 때문에 어떤 수식어도 붙일 수 없는 것과 마찬가지다. 예를 들어, 가장 큰 것은 한 없는 것이고, 가장 작은 것은 한 점이며, 가운데 있는 것은 한가운데 있는 것이기에 큰 한, 작은 한이라고 수식어를 사용하면 말이 되지 않는 것과 마찬가지다.

이처럼 사람도 그 앞에 어떤 수식어도 붙이지 말아야 한다. 예를 들어, 우울한 사람, 심각한 사람, 소심한 사람이란 말은 성립되지 않는다. 사람은 우울한 때가 있고, 소심한 부분도 있다. 그때 그 순간 그 모습이 그렇게 보인 것이지, 그 사람이 그런 사람은 아니라는 것이다. 모든 사람이 자기 본래의 모습을 되찾으면 이와 같은 '한사람'이 되는 것이다.

한상담은 자아를 잃어버린 사람들이 자기의 원래 모습을 되찾고 '한사람'이 되는 길을 찾아가는 상담이다. 사람이 문제를 가지고 있을 때 그 문제가 어떻게 생겼고, 얼마나 심각하며, 그 사람에게 어떤 영향을 미치는지를 보는 것도 중요하지만, 한상담에서는 그보다는 문제를 가지고 있는 '사람'을 본다. 즉, 그 사람이 어떤 역량을 가지고 있기 때문에 문제를 가지고도 생활을 유지하고 있는지, 또한 그 사람의 어떤 부분이 성장하면 문제가 사라질 것인지를 중요하게 본다.

『천부경』에서는 인간은 원래 하늘의 성품을 지닌 존재로 태양처럼 밝게 빛나는 참성품을 지니고 있다고 본다. 그러므로 인간이 자신의 본성을 깨치기만 하면 하늘에 이르러 밝고 맑은 삶을 누릴 수 있다.

이처럼 무한한 가능성을 가지고 끝없이 성장해 나가는 존재가 사람이라고 보는 것이 한상담의 인간관이다.

3 한상담의 목적과 목표

한상담의 목적은 마음과 몸과 영혼이 함께 건강한 사람이 되는 것이다. 이를 위해서 생각과 감정과 행동을 바꾸는 것을 목표로 한다.

1) 한상담의 목적

한상담에서는 마음과 몸과 영혼이 함께 건강한 사람을 추구한다. 이 세 가지는 어느 것이 더 중요하고 덜 중요하지 않다. 그리고 이 중에서 어느 것 하나라도 건강하지 않다면 그 사람은 행복하지 않을 것이다. 이 세 가지를 건강하게 하기 위해서 몸부터 수련하는 방법은 정기신(精氣神)으로 가는 방법이고, 마음부터 갈고 닦는 방법은 성정명(性精命)으로 가는 방법이다. 그런데 동양에서 중국인은 몸을 먼저 수련하는 정기신의 방법을 주로 사용했고, 한국인은 마음을 먼저 갈고 닦는 것을 먼저 하는 성정명의 방법을 주로 사용했다.

따라서 한상담에서는 몸의 수련보다는 마음을 갈고 닦는 것을 우선한다.

2) 한상담의 목표

한상담에서는 이러한 목적을 달성하기 위해서 내담자가 바른 생각을 하고, 감정적으로 안정이 되도록 하며, 상생 행동을 하도록 돕는 구체적인 목표를 가지고 있다.

4 한상담의 특징

1) 통합상담

한상담은 문제에 초점을 두고 문제를 해결하는 문제해결상담(issue counseling)과, 인간에 초점을 두고 인간의 성장을 돕는 인간중심상담(person centered counseling)의 접근 방법을 통합한 모델이다.

가령 A라는 내담자가 부모와의 관계에서 심한 갈등을 느끼고 있다면 이 문제를 해결하기 위해서는 두 가지 접근방법이 있다. 우선 문제해결적인 방법으로 접근한다면, 첫째 현상을 파악한다. 갈등의 크기가 어느 정도이며, 어떻게 나타나고 있는지를 파악한다. 그다음에 갈등의 종류를 구분하여 의사소통이 잘못되어 생긴 오해에서 발생한 갈등인지, 아니면 의사소통은 제대로 되는데 욕구의 차이에서 발생한 갈등인지를 구분한다. 오해라면 의사소통을 제대로 할 수 있도록 훈련하고, 갈등이라면 원인을 찾는다. 예를 들어, 성격 갈등이라면 부모와의 성격 차이를 이해시키고 다른 성격을 가진 사람들과 관계를 맺는 요령을 익힌다. 둘째, 누가 리더십을 발휘해서 갈등을 풀어야 할 것인가를 결정한다. 이때 문제를 발생시킨 원인 제공자가 누구인지는 생각하지 않는다. 누가 이 문제를 해결하고 싶은 욕구를 가지고 있는지, 누가 이 문제를 해결할 수 있는 능력이 있는지를 생각한다. 그리고 이 문제를 해결하고 싶은 욕구가 있는 사람이 리더십을 발휘해서 해결하도록 한다.

이 사례에서는 ① A가 해결 욕구를 가지고 있는 경우, ② 부모님이 해결 욕구를 가지고 있는 경우, ③ 두 사람이 공동으로 해결 욕구를 가지고 있는 경우 등이 있다.

다행스럽게 ②, ③의 경우처럼 부모님이 해결 욕구를 가지고 있다면 A가 부모님을 만나서 주로 해야 할 일은 부모님의 말씀을 듣는 역할이다. 이때에는 주로 공감 수용을 하고 가끔 칭찬 인정을 하면 될 것이다. A는 이야기 도중에 하고 싶은 말이 있더라도 부모님의 말씀이 다 끝나고 부모님이 감정적으로 안정이 되고 난 다음에 해야 할 것이다. 그리고 결과에 대해서 부모님이 만족하시면 된다.

그러나 A는 해결 욕구를 가지고 있는데 부모님은 모르고 계시거나 그런 욕구가 없다면 A가 나서서 해결해야 한다. 이런 경우에 A와 부모님이 주고받아야 할 것은 다음과 같다.

① A가 부모님에게 하고 싶은 말
② A의 부모님에 대한 감정
③ 부모님이 A에게 하시고 싶은 말씀
④ 부모님이 A에게 가지고 있는 감정
⑤ A가 부모님을 칭찬 인정하거나 알아 드려야 할 일

많은 사람이 자기가 부모님에게 하고 싶은 말이나 감정을 먼저 표현하려 들기 때문에 관계 개선을 하기 힘들어진다. 이런 경우에는 먼저 ③과 ④를 통해 부모님이 나에게 하시고 싶을 것이라고 예상되는 말씀을 듣고, ⑤를 통해 부모님을 알아 드리며, 그러고 난 다음에 자기가 하고 싶은 말은 가장 나중에 하는 것이 효과적인 대화 방법이다. 한상담에서는 이런 대화의 방법이나 요령이 구체적으로 정리되어 있다.

그러나 인간중심상담으로 접근한다면 접근 방법이 달라진다. A가 부모님에 대해 가지고 있는 생각과 감정과 행동을 알아차리고 그중에서 긍정적인 선택을 하도록 돕는다. A가 바른 생각을 하고, 감정이 안정되며, 상생 행동을 할 수 있게 되면 이 문제는 더 이상 문제가 되지 않을 수 있을 것이다. 이런 경우에는 A가 문제를 가지고 있다는 사실이 문제가 아니라 그 문제를 해결할 수 있는 역량이 부족한 것이 문제라고 보는 것이다. 따라서 A의 문제해결 역량을 길러서 이 문제를 해결해 나가는 것이다.

이처럼 생각과 감정과 행동이 변화하게 되면 A는 인간이해 능력이 자라나서 자기이해나 타인이해 역량이 자라거나, 사랑하는 역량이 자라나서 좀 더 큰 사랑을 할 수 있게 된다. 또 의사소통 역량이 자라서 부모님과 좀 더 원활한 대화를 하거나, 리더십 역량이 자라서 부모님의 행동에 영향을 미칠 수 있는 힘이 자라나기도 한다. 이런 경우에 A의 어떤 역량이 자라나면 문제해결이 효과적일 것인가는 A의 특성과 문제의 상황에 따라서 달라질 수 있다.

한상담에서는 이러한 두 가지 방법을 모두 사용하지만 대부분의 경우에는 인간중심의 접근 방법을 더 많이 사용하며, 필요하다면 구체적인 문제해결 방법을 사용한다.

2) 인간관

한상담에서는 인간을 소아와 대아로 나누어 생각하며, 소아적인 존재로 태어난 인간이 자라면서 우주적인 존재인 대아로 성장해 나간다고 본다. 이런 관점은 동학의 인내천 사상과 유사하다.

3) 지금−여기에서 느끼는 감정에 초점

한상담에서는 현재의 문제를 해결하기 위해서 과거의 사실적인 기억을 찾아 나서려 하지 않는다. 상담 도중에 내담자를 이해하기 위해서 필요하다면 과거에 경험한 사실 이야기를 들을 수도 있지만 그런 일은 드물다. 한상담에서는 사실은 이미 지나가 버렸고 남아 있는 것은 감정이라고 생각한다. 그 때문에 지금−여기(here and now)에서의 감정에 초점을 두고 감정 선택을 자유자재로 할 수 있는 역량이 자라면 과거의 사실적인 기억을 찾지 않아도 문제를 해결할 수 있다고 보는 것이다.

4) 생각, 감정 그리고 행동의 구체적인 변화

바른 생각과 착각을 구별하고, 착각을 알아차렸다면 관점 전환을 하는 구체적인 방법이 있다. 또한 감정 변화를 위해서는 감정 알아차리기, 잘못된 감정 선택의 습관 파악하기, 잘못된 습관에서 벗어나 자기 감정을 주도적으로 선택하기 등을 훈련할 수 있기 때문에 구체적인 변화가 가능하다. 행동 영역에서는 주체성과 관계를 다 같이 소중하게 생각하고, 나와 너를 다 같이 존중하는 상생 행동(win-win)을 한다.

5) 단기상담

한상담에서는 과거의 사실에 대한 이야기를 길게 늘어 놓아야 할 필요가 없기 때문에 비교적 단기에 상담이 끝난다. 이는 문제의 원인을 찾고 대책을 세우는 데 많은 시간을 사용하지 않고 문제가 있다면 바로 해결해 나가기 때문이다.

6) 뚜렷한 변화, 높은 지속성

한상담은 이성적으로 문제를 해결하는 게 아니라 감성적으로 문제를 해결하기 때문에 변화가 확실하다. 이성적으로 문제를 해결하는 것은 담배를 피우고 싶은 사람이 담배를 피우지 않아야겠다고 생각만 바꾸어서 변화를 시도하는 것과 같은 경우다. 그러나 생각이 바뀌었다고 하더라도 담배를 피우고 싶은 욕구는 그대로 있기 때문에 금연을 성공하기 어렵고 지속성도 낮다. 그러나 한상담에서는 감정을 바꾸어서 담배를 피기 싫어지도록 감정의 변화를 추구한다. 이처럼 감정이 바뀌면 변화도 확실하고 지속성도 높다.

5 한상담의 개입수단

1) 말을 바꾼다(말 바꾸기)

한상담에서는 사람에게 문제가 있다면 관계에서 발생한 문제라고 본다. 그래서 말을 바꾸어서 의사소통을 원활하게 할 수 있는 능력이 자라서 관계를 회복해 주면 문제는 사라진다고 본다.

말은 자기와의 대화와 상대와의 대화로 나누어 생각해 볼 수 있다. 우선, 자기와의 대화는 자기 말을 마음으로 받아들일 수 있어야 한다. 자신에게 한 말은 마음속에 저장되는데, 자기 말이 그대로 기록되고 저장되기도 하며 내면에서 반발이 일어나 부정적으로 저장되기도 한다. 가령 '나는 부자가 된다.'라고 마음속으로 이야기했다 치자. 이 말이 그대로 받아들여져서 자신감이 늘어나고 부자가 되는 행동으로 이어질 수도 있다. 그런데 자신에게 그렇게 이야기하는 동안에 마음속에서 '내가 어떻게 부자가 되겠느냐.'라든가 '그건 어림도 없는 소리다.'라는 반박이 일어날 수도 있다. 이렇게 되면 부자가 된다는 말이 무의식에 저장되는 게 아니라 내가 어떻게 부자가 되겠느냐라는 부정적인 말이 저장되고, 그 결과 자신감은 더욱 줄어들게 된다. 이럴 때에는 자기반박이 일어나지 않게 말하는 요령이 중요하다. 따라서 자기와의 대화는 바람이나 소망으로 말하는 게 좋다. 예를 들어, '나는 부자가 되고 싶다.' '나는 부자가 되기를 바란다.' 식으로 표현한다면 자기반박이 일어나지 않고 그대로 받아들일 수 있게 된다.

다음으로, 상대와의 대화는 여러 가지 기술이 필요하다. 우선, 상대와 마주 앉아 있으면서도 상대는 안중에도 없고 자기 이야기만 독백처럼 이야기하던 사람은 상대와 대화를 주고받을 수 있는 사람이 되어야 한다. 그런 다음에는 표면 감정을 선택하여 부정적으로 말하던 사람이 내면의 본심을 찾아 들어가서 긍정적인 표현을 할 수 있게 한다. 예를 들어, "어렵습니다." "힘들겠습니다."라는 말은 "잘하고 싶습니다."로, "이해가 안 되어서 답답합니다."는 "제대로 이해하고 싶습니다."로 바꾸면 좋다는 말이다.

그리고 정보를 주고받는 사실 지향적인 대화와 친밀감과 신뢰감을 주고받는 관계 지향적인 대화의 요령을 익힌다.

말을 듣는 요령도 표면에 주고받는 말만 들을 때와 말 속에 담긴 뜻과 심정을 들을 때가 확연하게 다르다. 그런가 하면 말 속에 담긴 상대의 성격을 받아 주고 나아가 본심을 듣고 받아들여 주면 더욱 좋다.

칭찬 인정에서도 상대를 인간적으로 칭찬하여 일생을 두고도 잊기 어려운 칭찬을 들었다는 생각이 들게 할 수 있어야 하고, 상대가 잘한 사실이 있을 때 그 사실을 알아주는 사실 칭찬 요령도 익힌다.

이처럼 듣고 받아들이고 칭찬 인정하는 기술이 부족하다면 아마도 당신은 매정하다, 몰인정하다, 사람을 몰라본다 따위의 이야기를 들을지도 모른다. 그러나 이것만으로는 안 된다. 만약에 듣고 받아들이기만 하고 따끔한 지적 한마디를 못한다면 나약한 사람이라는 이야기를 듣게 될 수도 있기 때문이다.

지적 대결하는 요령은 내 입장에 서서 상대가 한 말이나 행동을 있는 그대로 진술하고, 그 말이나 행동에 대한 자기 감정을 솔직하게 진술하는 것이다.

한상담에는 이런 대화의 요령이 하나하나 정리되어 있다. 그러나 대화에서는 요령도 중요하지만 진심이 바탕이 되지 않으면 상대의 신뢰를 얻기 어렵다.

2) 대화의 수준 분석

(1) 사실 및 의미 듣기

일반적으로 우리의 대화 태도는 상대의 이야기를 들으면 곧바로 자기 이야기를 하거나 혹은 묻고 대답하는 식이 되기 쉽다. 이런 식으로 대화를 하는 경우에는 말한 사람의 의도를 전혀 다르게 오해하고 있으면서도 자기는 상대의 말을 잘 알아듣고 있는 줄로 착각하기도 한다. 의사소통의 정확도를 높이려면 상대의 이야기를 들으며 자기가 어떻게 이해하고 있는가를 확인해 주는 것이 효과적이다.

이때 우리가 사용할 수 있는 기술로는 '반복, 요약, 자기표현으로 바꾸기'의 세 가지가 있다.

첫째, '반복'은 상대의 이야기를 듣고 그 이야기를 그대로 반복하는 것으로, 상대의 이야기를 제대로 이해하지 못하더라도 기억만 하면 할 수 있다.

둘째, '요약'은 상대방의 긴 말을 짧게 간추리는 것으로, 상대의 이야기를 이해하지 않고는 불가능하다.

셋째, '자기표현으로 바꾸기'는 상대 이야기의 핵심을 알아차리고 그것을 자기표현으로 바꾸어 확인해 주는 방법으로, 상대의 경험과 심정에 대한 깊은 이해가 필요하다.

> **상대방의 이야기 확인해 주기 예**
>
> [상 황]
>
> "제가 원하는 정보통신학과에 입학하기 위해서 지난해 합격했던 A대학도 포기하고 1년간 시험 준비만 해 왔는데, 드디어 오늘 아침 B대학 정보통신학과에 합격했다는 소식을 듣게 되었답니다. 게다가 과 수석을 하게 되어 장학금까지 받게 되었습니다. 정말 기분 끝내줍니다!"

[반 복]

"B대학의 정보통신학과에 들어가려고 지난해 합격했던 A대학까지 포기하고 1년간 시험 준비를 해 왔는데, 드디어 오늘 아침에 합격 통보를 받았고, 더구나 과 수석을 해서 장학금까지 받게 되니 더욱 기분이 좋다는 얘기로군요."

[요 약]

"지난해 합격했던 A대학을 포기했는데, 금년에 바라던 B대학 정보통신학과에 수석 합격해서 장학금까지 받게 되니 기분이 그만이라는 얘기로군요."

[자기표현]

"와~! 하늘을 나는 기분이겠군요."

(2) 기분 듣고 받아들이기

우리가 사실을 주고받으면 단순히 상대의 생각을 받아들이는 것이 되지만, 상대의 감정을 받아 주면 비록 한순간에 느낀 단순한 감정을 받아들인다 할지라도 그 사람 전체를 만나는 것이 된다. 상대의 말을 듣고 그 속에 담겨 있는 의미를 알아듣는 것을 넘어서 그 사실의 밑바탕에 담겨 있는 감정을 속속들이 받아 주는 일은 매우 중요하다. 그렇게 하면 상대는 자신의 심정을 마치 자기처럼 알아준다고 느낄 것이기 때문이다.

(3) 알아주기(성격, 숨은 뜻과 숨은 기분)

상대를 알아준다는 것은 상대의 말 속에 담긴 의도를 확인한 뒤에 상대의 성격을 파악하여 그 사람을 알아주고, 그의 내면 가장 깊숙한 곳에 깔려 있는 숨은 뜻과 숨은 기분을 알아주는 것이다.

① 성격 알아주기

사람들의 말 속에는 그 사람의 감정뿐만 아니라 그 사람의 성격도 담겨 있다. 성격 알아주기를 제대로 하려면 성격 이론을 체계적으로 공부하고 심리검사에 대한 연구를 통해 상대의 특성을 정확하고 분명하게 파악한 후 반응할 수 있다면 더할 나위 없이 좋다. 하지만 전문가가 아닌 사람들은 상대의 말을 듣고 그 말 속에 담겨 있는 상대방의 특성을 짐작으로나마 알아주고, 거기에 맞게 반응할 수 있으면 '사람을 알아본다'는 소리를 들을 수 있을 것이다.

예를 들어, 상대방에게 '소심하다'고 말하는 사람은 자신은 대범하게 보이고 싶은 욕구가 강한 사람이고, 상대의 성격이 너무 급하다고 말하는 사람은 자신은 느긋하고 여유 있는 사람으로 보이고 싶은 욕구가 강한 사람인 경우가 많다. 또 상대를 냉정하다고 보는 사람은 자신을 따뜻하고 인정이 많은 사람으로 보이고 싶고, 상대가 정이 약하다고 보는 사람은 자신이 결단력이 있고 냉철한 사람으로 생각하는 경향이 많은 사람이다.

② 숨은 뜻과 기분 알아주기

사람들이 표면으로 주고받는 말이나 태도가 부정적일 때는 먼저 그 사람의 부정적인 감정을 공감 수용해 주면 좋다. 그런 다음에 그 사람의 마음속 깊은 곳에 있는 긍정적인 의도를 받아 줄 수 있을 때 '정말 너그러운 사람이다'라거나 '그릇이 큰 사람이다'라는 소리를 들을 수 있을 것이다.

표면의 말	내면의 의미
"미워 죽겠다."	"사랑한다." 혹은 "사랑받고 싶다."
사표를 던지면서 "도저히 근무 못 하겠다."	"믿고 맡겨 주면 소신껏 일해 보고 싶다."

그런가 하면 표면으로 주고받는 말의 뜻조차 제대로 알아듣지 못하고 한두 가지 단어 따위에 걸려서 화를 내는 사람은 '속이 좁다'는 소리를 들을 것이다.

(4) 칭찬하기(사실 칭찬, 사람 칭찬)

칭찬은 인간관계를 개선하는 최고의 수단이다. 칭찬을 받는 사람은 기쁘고 즐거워지며, 자신감이 생기고, 고통이 가시거나 줄어들며, 용기가 생긴다. 뿐만 아니라 칭찬한 사람에게 호감을 갖게 된다. 칭찬에는 사실 칭찬과 사람 칭찬이 있다.

① 사실 칭찬

상대가 잘한 사실을 칭찬하는 것은 다음과 같이 3단계로 구성할 수 있다. 1단계는 그 사람이 무엇을 잘했을 때 그 점을 꼬집어서 칭찬한다(사실). 2단계는 왜 그런 칭찬을 하는지 이유나 근거를 분명히 밝힌다(근거). 3단계는 "이와 같은 결과가 나온 것은 당신의 성품이 ~해서 그렇습니다."라고 성품을 알아준다(성품).

상대를 칭찬할 때 단순히 사실만 칭찬하면 듣는 사람은 이유를 궁금해하거나 때로는 무슨 다른 의도를 가지고 칭찬하는 것이 아닌지 의심할 수도 있다. 그러므로 사실 칭찬은 1단계에서 그치지 말고 2단계 사실의 근거까지 분명하게 밝혀 주는 것이 좋다. 또한 3단계에서 사실의 근거로 알 수 있는 그 사람의 특성(성품, 신념, 가치관 등)을 밝혀 주면 상대는 자신을 알아준다는 인상을 받게 되므로 더 효과적이다.

사실 칭찬의 예

[상황] 어느 환경운동가의 강연

"저는 오늘 환경운동의 중요성에 대해서 말씀드리고자 합니다.
제가 강조하고자 하는 것은 세 가지입니다.
첫 번째는 환경파괴의 현황과 문제점이고,
두 번째는 환경파괴가 사람들에게 미치는 영향과 중요성이며,
세 번째는 환경운동의 실태와 앞으로의 방향입니다.
첫 번째 환경파괴의 현황과 문제점에 대해서는……."

[사실 칭찬]

1단계(사실): "말씀을 참 잘하시네요."

2단계(근거): "제가 왜 그렇게 생각하느냐 하면 말씀이 참 조리 있고 설득력 있게 들리기 때문입니다."

3단계(성품): "조리 있게 말씀하시는 것은 객관성, 논리성, 합리성, 분석력이 있기 때문일 테고 설득력이 강한 것은 선생님의 진심 어린 태도, 성실성, 열정이 있기 때문 아니겠습니까!"

② 사람 칭찬

사람 칭찬이란 상대가 잘한 사실을 칭찬하는 것이 아니라 상대방을 알아주는 것이기 때문에 언제라도 할 수 있다. 다만 자주 하는 것이 아니라 한 번을 듣더라도 일생을 두고 잊지 못할 그런 칭찬을 하는 것이 좋다.

사람 칭찬은 보통 4단계로 하는 경우가 많은데, 1단계는 도입 단계다. 본격적으로 상대를 칭찬하기에 앞서서, 예를 들면 "내가 당신이 대단하다고 보는 점은……." "그동안 함께 일하는 동안에 내가 본 당신의 장점은……." "당신의 정말 놀라운 점은……." 등으로 시작한다. 2단계는 상대의 탁월한 면 하나를 꼬집어 칭찬한다. 예를 들면, "사람이 어쩌면 그렇게도 의욕이 넘치고 적극적일 수가 있단 말입니

까?" 식이 된다. 그다음 3단계는 2단계에서 칭찬한 성품과 정반대의
성품을 찾는다. "그동안 내가 보았던 적극성이 뛰어난 사람들은 대부
분 치밀하거나 세심한 부분이 부족한 사람들이 많았는데, 당신은 적
극적이면서도 치밀한 면까지 함께 갖추고 있어서 어떤 일을 맡아도
빈틈없이 해내지 않습니까?" 4단계는 2단계와 3단계에서 칭찬한 성
품 이외에 다른 면을 찾아서 칭찬한다. "그런 부분도 놀랍지만 당신
의 또 다른 장점은 항상 유머가 넘쳐서 어디를 가더라도 당신 주변에
는 늘 웃음이 그치지 않는다는 것이죠. 한 사람이 이렇게 세 가지 장
점을 골고루 갖추고 있는 분은 당신이 아니고는 정말 드물다고 생각
합니다."

물론 반드시 공식에 대입하듯이 꼭 이렇게 해야 하는 것은 아니지
만 이런 형식에 따라 하면 도움이 될 것이다.

(5) 지적 대결하기

상대가 하는 말이나 행동을 보고 상대의 말이나 행동이 부적절하
다고 생각했을 때 그것을 상대에게 되비추어 주는 것을 '지적 대결'이
라고 한다. 이때 상대의 말과 행동이 먼저 한 말이나 행동과 일치하
지 않거나 혹은 상대의 말이 행동과 일치하지 않을 때에 이러한 불일
치한 점을 알려 주는 것을 '지적'이라고 하고, 상대의 입장과 관점이
나의 입장이나 관점과 달라 분명하게 알려 주고 싶을 때 사용하는 기
술을 '대결'이라고 한다.

지적 대결을 할 때에는 상대의 불합리한 말이나 행동을 보고 고치
라고 강요해서는 안 되며, 그 순간 느낀 내 심정을 상대에게 알아달
라고 요구하는 것이 효과적이다.

지적 대결의 예

지 적	"좀 전에 너는 혼자 있는 것을 아주 좋아한다고 이야기했지. 그런데 지금은 외로운 것은 아주 싫다고 이야기하는구나. 이럴 때 나는 너의 진심이 무엇인지 이해하기가 참 힘들다. 내가 어느 것을 너의 진심으로 믿어 주면 좋겠니?"
	"너는 답답하다고 얘기를 하면서도 표정은 웃고 있구나. 이럴 때 나는 너의 표정을 믿어야 할지 말을 믿어야 할지 혼란스럽다."
대 결	"당신은 지금 당신 과거의 경험들에 대해 10분 동안 계속 이야기하고 있습니다. 그것을 듣는 동안 저는 몹시 지루하고 따분해졌는데, 왜냐하면 저는 당신의 이야기가 모두 자기자랑만 하는 것 같고 약간은 과장된 것처럼 들리기 때문입니다."

3) 생각, 감정 그리고 행동의 바른 선택

(1) 생 각

사람이 대인관계에서 자기 자신에 대해서나 다른 사람에 대한 생각을 할 때에는 바른 생각을 할 수도 있고 착각을 할 수도 있다. 그런데 착각을 하고 있으면서도 자기가 착각하고 있다는 것을 알아차리지 못하고 그 착각을 계속하고 있는 사람들이 많다. 자기가 어떤 생각을 했을 때 그 생각이 바른 생각인지, 착각인지 알아차리는 방법이 있다면 착각에 사로잡혀 있는 시간을 최대한 줄일 수 있을 것이다.

생각과 착각을 구분할 수 있는 방법은 의외로 간단하다. 그것은 한 생각을 떠올렸을 때 감정이 편안해지는가, 불편해지는가를 관찰하면 된다. 이때 감정이 불편해지면 착각을 한 것이고, 감정이 편안해지면 바른 생각을 한 것이다. 성경말씀 중에는 항상 기뻐하고 항상 감사하라는 구절이 있다.

대부분의 사람들은 외부의 상황 때문에 기뻐지기도 하고 슬퍼지기도 한다. 그러나 외부 상황과 상관없이 늘 기쁘고 감사하게 살아가는 사람들도 있다. 그렇게 되려면 항상 바른 생각을 할 수 있어야 한다. 만약에 어느 순간에 감정이 불편해지면 착각하고 있다는 것을 알아차리고 바로 관점 전환을 해서 감정이 편안해질 때까지 생각을 바꾸면 된다.

관점 전환의 포인트

❖ 과거, 현재, 미래를 통해서

'과거는 무조건 용서하는가?' '현재는 무조건 이해하고 사랑하는가?' '미래에는 무조건 희망을 가지고 있는가?'를 확인한다. 이 세 가지는 상담이라는 학문이 생기고 난 이후에 찾아낸 최고의 지혜라고 생각된다. 이 지혜를 사용하면 행복하고 그렇지 못하면 불행하다. 중요한 것은 이 지혜에는 어떤 조건도 해당되지 않는다는 것이다. 무조건적이며 또 나와 너 모두에게 공통적으로 적용되어야 한다. 나는 용서하고 남은 못 한다든가, 혹은 이 세상 모든 사람은 용서가 되는데 도저히 용서할 수가 없는 사람이 있다면 그만큼 불행하다는 것이다.

❖ 주체성과 관계

또 다른 관점 전환의 기준은 주체성과 관계다. 이 두 가지는 어느 것이 더 중요하고 어느 것이 덜 중요하지 않다. 두 가지가 다 함께 좋아야 한다. 주체성을 지키기 위해 관계를 단절하거나 관계를 맺기 위해 주체성을 잃어버리면 한쪽 다리로만 걷는 것과 같은 불편을 겪게 된다.

(2) 자기 감정의 주인 되기

사람들은 한순간에도 수많은 감정을 느낀다. 그러나 그중에서 몇 가지 감정을 선택적으로 지각해서 행동으로 옮긴다.

습관적으로 억울한 검정을 잘 선택하는 사람은 모든 게 다 억울하다고 한다. 첫째로 태어나지 못하고 둘째로 태어난 것도 억울하고, 시험에 떨어진 것도 억울하단다. 그런가 하면 고독을 잘 선택하는 사람도 있다. 이런 사람들은 떠오르는 태양을 보아도 고독하고, 흐르는 강물을 보아도 고독하다고 한다. 혼자 있으면 혼자이기 때문에 고독하고, 군중 속에서는 군중 속의 고독이 더욱 힘이 든다고 한다. 이처럼 많은 사람이 잘못 형성된 습관 때문에 부정적인 감정을 선택하는 경우가 많다. 그러나 이들은 이런 부정적인 감정을 자신이 선택했다는 것을 모르고 상황이 자신에게 이런 감정을 불러일으킨 줄로 안다. 누구라도 이런 경우에는 자기처럼 느낄 것이라고 생각한다. 그리고 만약 자기와 다르게 느끼는 사람이 있다면 그 사람이 이상하다는 것이다. 이런 과거의 습관에서 벗어나 상황에 상관없이 자신의 감정 선택을 자유자재로 할 수 있게 되는 것을 '감정의 주인 되기'라고 한다.

감정을 바르게 선택하는 방법은 수평분석과 수직분석의 두 가지 방법이 있다.

- 수평분석: 한순간에 느끼는 다양한 감정을 될 수 있는 한 많이 찾아내어 그중에서 긍정적인 감정을 주도적으로 선택하는 방법
- 수직분석: 표면에 느끼는 부정적인 감정의 내면에 있는 긍정적인 감정을 통찰해 들어가 인간의 내면 가장 깊숙한 곳에 내재되어 있는 한없는 사랑을 찾아가는 방법(유동수 외, 2004)

(3) 행 동

사람이 몸을 받아서 이 세상에 태어나는 순간 '사이'에 갇혀 버린다. 때와 때의 사이인 시간, 빔과 빔의 사이인 공간, 사람과 사람의 사이인 인간, 이 세 가지 사이를 어떻게 살아가느냐에 따라서 삶의 질이 결정된다고 볼 수 있다.

이 중에서 사람과 사람의 사이를 생각해 보자. 사람은 사회적인 동물이라는 말에서 알 수 있듯이 이 세상 어느 누구도 다른 사람의 도

움을 받지 않고는 살아갈 수 없다. 우선 부모님이 계시지 않으셨다면 이 세상에 태어날 수 없었을 것이고, 의식주 중에 어느 것 하나 남의 도움을 받지 않고서는 생존이 불가능할 것이다. 그런데 만약에 이 지구상에 다른 사람들은 아무도 없고 자기 혼자만 있다면 그 사람에게는 아무런 문제도 없을 것이다. 그러던 사람이 다른 사람을 만나서 관계를 맺기 시작하면 그때부터 문제가 발생한다. 오해나 갈등이 생기고 마찰이 생기는 것이다.

이처럼 사람에게 문제가 있다면 그것은 관계에서 발생한 문제다. 오죽하면 성철 스님 같은 분도 마음 공부하는 데 가장 큰 어려움은 번뇌 망상도 아니고 화두를 잡고 있는 것도 아니며, 다른 사람들과 함께 마음 공부를 하는 것이라고 말씀하셨다. 함께 공부하는 사람들과의 사이에서 발생하는 크고 작은 마찰들이 그렇게 신경을 쓰이게 만든다는 것이다.

남들과 좋은 만남을 가지려면 다음 두 가지 행동을 주의해야 한다.

① 인정 욕구와 애정 욕구

이 두 가지 욕구는 인간의 가장 기본적인 욕구다. 이 세상에 태어나는 순간부터 타인, 특히 부모님으로부터 인정받고 사랑받고자 하는 욕구가 시작되어 평생 동안 개인의 거의 모든 행동의 밑바탕이 된다.

이 두 가지 욕구가 충족된 사람들은 건강한 사회생활을 할 수 있게 되지만 이 욕구가 결핍된 사람들은 부적응 행동을 하게 된다. 부적응 행동의 가장 큰 예는 누구를 만나든 간에 이 욕구를 가장 먼저 충족하려고 하는 것이다. 이들은 자기 욕구를 채워 주는 사람을 사람 알아보는 사람 또는 내 심정을 나같이 알아주는 사람이라고 하며 매우 좋아한다. 이들이 흔히 하는 착각은 무언가 탁월한 성과를 내거나 잘해야 인정받을 수 있거나 사랑받을 수 있다는 착각이다. 이런 착각에 빠지게 되면 좀처럼 헤어나지 못한다. 사람은 존재하고 있다는 그 사실만으로도 충분히 인정받고 사랑받을 가치가 있다. 이것을 깨닫지 못하면 한평생 이 욕구를 채울 수 없어서 갈증을 느끼게 된다.

이들이 흔히 하는 또 다른 착각은 인정과 사랑은 하는 것이지 받는 것이 아니라는 것을 모르는 것이다. 노래에도 '당신은 사랑받기 위해 태어난 사람'이라는 가사가 있다. 많은 사람이 이런 착각을 한다. 사랑받기 위해 태어났다는 사람과 사랑하기 위해서 태어났다는 사람은 삶의 태도가 다르다.

아마도 가장 많은 고생을 하는 사람들은 마음속에서 인정에 대한 욕구와 애정에 대한 욕구를 뿌리째 뽑아 없애겠다는 무리한 목표를 가지고 있는 사람들일 것이다. 이들은 이 두 가지 욕구가 존재의 기본 속성이며, 문제는 이 욕구를 가지고 있느냐 없느냐가 아니라 이 욕구를 어떻게 사용하는 것인지를 배워야 한다.

인정 욕구가 있기 때문에 남들이 가지고 있는 인정 욕구를 제대로 알아차리고 먼저 남들을 인정할 수 있는 사람과 자기 인정 욕구에 눈이 멀어서 남들은 눈에도 들어오지 않는 사람은 차이가 크다. 애정 욕구도 마찬가지다. 무조건적으로 남들에게 이해받고 사랑받기만 원하는 사람과 먼저 남들을 이해하고 사랑하는 사람은 차이가 크다. 이런 욕구들은 자동차의 엔진과 같은 동력이다. 엔진이 같은 출력을 내더라도 기어를 전진으로 넣는가, 후진으로 넣는가에 따라서 차의 방향이 달라지는 것과 같은 이치다. 차가 후진을 하려면 기어를 바꿔야지 시동을 끄면 안 되듯이, 인정 욕구나 애정 욕구도 사용 방법을 바꿔야지 욕구 자체를 없애려 들면 안 된다.

② 상생 행동

유아기에는 자아가 형성되지 못했기 때문에 아이들은 부모의 자아를 빌려서 사용한다. 그래서 상대를 존중하고 자기를 무시하는 행동을 한다. 그러다가 차츰 자라면서(한국에서는 미운 일곱 살이라고 하는

데 이때부터) 자기주장이 강해지다가, 사춘기에 접어들면 자기주장이 더욱 강해지면서 남들의 영향을 거부하는 때가 온다. 그다음 차츰 성숙해지면 그때는 나와 남을 다 같이 소중하게 생각하는 상생 행동을 익히게 된다.

한상담에서는 타인과 관계를 맺을 때 나를 소중하게 생각해서 상대를 무시하거나 상대를 소중하게 생각해서 나를 무시하는 행동은 하지 않는다. 어떤 경우라 할지라도 나와 상대를 다 함께 존중한다.

4) 허구적 자아를 버리고 실제적 자아를 찾는다

(1) 자기가 보고 있는 자기와 자기에게 보인 자기

사람들이 자기를 볼 때에는 두 가지의 자기가 있다. 하나는 자기에게 보인 자기이고, 다른 하나는 자기를 그렇게 보고 있는 자기다. 그런데 거의 대부분의 사람이 자기에게 보인 자기를 자기의 전부라고 착각하고 자기를 보고 있는 자기는 보지 못하는 경향이 있다.

예를 들어, 자기를 소심하게 보고 있는 사람은 자기에게 소심하게 보인 자기만 보고 있으며, 자기를 소심하게 보고 있는 실제의 자기가 별도로 존재한다는 사실을 인식하지 못한다. 이 때문에 자기에게 보인 자기를 자기의 전부인 양 착각하고 자기를 대범한 사람으로 바꾸고 싶다는 사람들도 많다. 이럴 때에는 자기를 소심한 사람이라고 보고 있는 대범한 자기를 보게 되면, 자기는 소심한 면도 있지만 대범한 면도 있는 사람이라는 사실을 알아차리고 자신이 미처 못 보고 사용하지 않고 있는 대범한 면을 찾아서 사용하는 쪽으로 자기 능력을 개발할 수 있다.

(2) 잘못 만든 자아상

거울을 보지 않고서는 자신의 얼굴을 모르듯이 남들의 이야기를 듣지 않고서는 자기가 어떤 사람인지 알 수 없다. 이런 경향 때문에 남들이 나에 대해서 이야기하면 저 사람은 저런 성격을 가지고 있고 저런 입장에서 나를 대하고 있으며, 저런 감정을 가지고 있기 때문에 나를 저렇게 보고 있구나라고 생각해야 한다. 이때 그 사람이 나를 그렇게 본 것을 가지고 마치 내가 그런 특성의 사람인 줄로 착각해서는 안 된다.

한상담에서는 이런 허구적인 자아상들을 자각하고 벗어나게 한다. 예를 들어, 상대가 나를 고집이 세다고 이야기한다면 다음과 같은 이유 때문일 수 있다.

- 상대는 나보다 고집이 약한 사람이어서 나를 그렇게 볼 수도 있다.
- 나한테 답답한 감정을 느끼거나 자기가 감정적으로 불편해서 내가 고집을 부린다고 볼 수도 있다.
- 자기 고집을 받아 주지 않는다고 내가 고집을 부린다고 볼 수도 있다.

이 외에도 많은 이유가 있을 수 있다. 이런 것을 생각하지 않고 상대의 말을 그대로 받아들여서 '내가 고집이 센 사람이구나!'라는 잘못된 자아상을 만들어서는 안 된다. 더욱 깊이 생각해 보아야 할 것은 내가 나 자신이 누구인지 알 수 없듯이 상대도 자기 자신이 누구인지 알 수 없다는 것이다. 따라서 내가 모르는 나를 알기 위해서 자기가 누구인지도 모르는 상대가 하는 말을 믿고 나는 이런 사람이구나 하는 허상을 만들지 말아야 한다. 이럴 때 여러 사람이 나를 보고 같은 말을 하면 마치 최면술에 걸리듯이 그 말을 믿게 될 가능성이 커진다.

6 한상담의 주요 개념

이미 이야기한 것처럼 한상담은 최근에 만들어진 모델이다. 이 때문에 한상담의 기법들이 분명하게 정리되려면 많은 사례와 연구가 필요할 것이다. 더구나 이 접근법은 인간 중심의 성장 상담을 주로 하지만, 필요하다면 언제라도 문제해결식 접근 방법을 사용한다. 따라서 한상담은 아주 독특한 철학과 이론을 바탕으로 한 모델이지만, 때로는 기존의 상담 방법과 차이를 크게 느끼지 못할 수도 있다.

여기서는 한상담의 접근 방법에서 말하는 성장의 의미를 이야기하고자 한다.

1) 주도성 책임

한상담 전문가는 내담자에게 항상 주인정신을 가지고 자기 삶의 주인이 되라고 강조한다. 어느 누구도 자신의 삶을 대신해 줄 수 없으며, 대신하게 해서도 안 된다. 자신에게 일어난 모든 일은 의도적이든 의도적이지 않든 상관없이 자신의 선택이며, 그 선택의 결과에 대해서는 어떤 형태로든 책임을 면할 수 없다. 인간에게 자유가 있다는 것은 상황을 자기 마음대로 바꿀 수 있는 부분도 있지만, 그것보다는 그 상황을 어떻게 받아들이고 그 상황에서 어떻게 행동할 것인가를 선택할 자유가 있다는 것이다. 그러나 어떤 선택을 했든 간에 그 선택의 결과에 대해서는 반드시 책임을 져야 한다. 이런 생각은 불교에서 이야기하는 인과응보와 같다.

한상담자는 내담자가 어떻게 주인정신을 잃어버리고 과거의 경험이나 습관의 노예가 되어 버렸으며, 남들에게 의뢰심을 가지고 자기 자신을 상실했는가를 알아차리고 자기 자신의 주인이 되도록 돕는 일을 한다. 이런 일을 사람을 살리는 일이라고 생각한다. 또한 주인 정신을 잃어버리고 무기력해져서 자기 목표조차 모른 채 상담자에게 의지하려고 드는 내담자에게도 그 내담자가 자신을 외면하고 있다는 것을 알아차리도록 돕는다. 자기가 보기 싫고 인정하기 싫은 자기 자신을 직면한다는 것은 어렵고 힘든 일이다. 그러나 자신을 외면하면 문제는 해결되지 않을 뿐만 아니라 고통의 시간만 연장된다는 것을 알아차리게 돕는다. 상담자는 내담자로 하여금 자기 자신을 직면하는 도전을 시도하도록 지지하고 격려한다. 그리고 결과적으로 자기 자신이 얼마나 존귀한 존재이며 소중한 존재인지 알아차리도록 돕는다.

내담자들은 스스로 자신의 문제를 해결할 수 없다고 생각하기 때문에 상담자를 찾아온다. 그런 내담자들에게 문제가 있다면 그 문제를 가지고 있는 사람이 그 문제를 해결할 수 있는 능력도 있다는 것을 알게 하고, 그 문제를 누군가가 대신 해결해 주면 좋겠지만 결국은 자기 자신이 해결해야 된다는 사실을 받아들이게 도와야 한다. 또한 그동안 자신의 생각과 감정과 행동 중에서 어떤 선택을 잘못했기 때문에 문제를 해결하지 못했는가를 알아차리고 바른 선택을 할 수 있는 능력을 개발하도록 도와야 한다.

이 세상을 살아가는 동안 나한테 일어나는 모든 일은 모두 다 내 책임이라는 생각을 확고히 가진 사람은 이 세상 모든 일이 다 자기 마음먹은 대로 된다는 것을 알게 된다.

2) 상황과 인식

이 세상에 태어난 사람들은 각자 자기의 경험을 바탕으로 사물을 인식하는 틀을 만들고 그 틀을 통해서 외계 사물을 받아들이게 된다. 이런 틀을 가지고 있지 않은 사람들은 상황과 인식 사이에 차이가 없이 사물을 있는 그대로 볼 수 있다고 한다. 그러나 이런 것은 도통이라도 한 사람들에게나 가능한 일이고, 일반인은 각자 자기 나름대로의 틀을 색안경처럼 쓰고 세상 사물을 받아들이게 된다. 그래서 사람들은 자기가 인식한 현실을 실제 현실이라고 믿고 살아가는 것이다.

자신이 만들어 놓은(대부분은 자신이 인식도 못하면서 만들게 되지만) 인식의 틀이 건강하다면 모르지만 그렇지 못한 틀을 가지고 있는 사람들은 늘 왜곡된 현실 지각을 하면서 살아가게 된다. 이들은 허구적인 자아상을 가지게 되거나, 비합리적인 정신적 명령어를 가지게 되거나, 왜곡된 대인 지각을 하게 되는 경우가 많다. 허구적인 자아상을 가지고 있는 사람들은 영웅심리에 들떠 있기도 하고 자기비하를 하기도 한다. 비합리적인 정신적 명령어를 가지고 있는 사람들 중에는 항상 남보다 잘해야 되고 타인의 기대에 반드시 부응해야 된다는 식의 무리한 명령어들을 가지고 있는 경우가 많다. 왜곡된 대인 지각을 하는 예를 보면 '이 세상에 내 심정을 알아주는 사람은 한 사람도 없다.' '믿을 사람이 없다.' '남자는 모두 도둑놈이다.'와 같이 착각하고 있는 경우도 있다.

상담자는 내담자가 가지고 있는 이런 인식의 틀을 파악하고 그 틀이 비합리적이라는 것을 알려 주며, 그 틀에서 자유로워질 수 있도록 도와야 한다. 이런 상태가 되면 사람이 사랑받거나 존중받기 위해서 완전한 존재가 되어야 할 필요가 없다는 것을 알게 된다. 사물과 달리 사람은 부족한 면을 가지고 있기 때문에 완전한 존재라는 사실을 깨닫게 된다.

3) 주체성과 관계

내담자 중에는 주체성을 상실한 사람들이 많다. 이들은 돈이나 인기, 명예 따위를 목적으로 삼고 자기 자신을 그 목적을 달성하기 위한 수단으로 삼는다. 이들은 애당초 자기를 잃어버리고 있었기 때문에 자기가 목적하는 바를 성취했다고 하더라도 만족하지 못하고 더 큰 목표를 만들게 된다. 그 때문에 이들에게는 만족이란 있을 수 없다.

이 외에도 자기상실감으로 고통받거나 자신이 이방인처럼 느껴져 고통받는 사람들이 있다. 이들은 남들을 너무 많이 의식해서 남들의 기대에 부응하는 삶을 살아가고 있기 때문에 고통을 받는다. 이처럼 자기를 소외시키는 사람들은 자신의 내적 경험에 기초하는 삶보다 다른 사람에 의해 윤곽이 그려지고 결정되는 경향이 있다. 그리고 다른 사람의 기준에 따라서 자기정체감을 형성하는 사람들은 자기 자신에게서 이방인이 되어 간다. 이것은 '비자발적 실존(inauthentic existence)'이라고도 불리는 것으로 다른 사람들이 기대하는 대로 행동하는 사람이 된다. 이런 사람들은 인정을 받거나 사랑을 받기 위해 너무도 엄청난 대가를 치르는 것이다. 남들의 인정이나 사랑은 그것을 받아서 자신이 행복해지거나 만족감을 느끼기 위해서 필요한 것이다. 그런데 이런 사람들은 이 인정과 사랑을 받기 위해서 자기 자신을 상실한다. 이들이 오직 자기 자신이 유일한 목적이라는 것을 받아들이고 자기 삶은 자신이 주도해야 된다는 것을 받아들이는 것은 쉬운 일은 아니지만 매우 중요한 일이다.

관계의 영역은 자기와의 관계와 남들과의 관계로 나누어 생각해 볼 수 있다. 자기와의 관계는 자기가 보고 있는 자기와 자기에게 보인 자기와의 관계, 남들에게 보이는 자기와 자기가 보고 있는 자기와의 관계, 되고 싶은 자기와 되어져 있는 자기와의 관계, 이성, 감정, 양심과의 관계 등 여러 부분으로 나누어 생각해 볼 수 있다. 이런 관계가 원만하고 조화를 이루면 건강한 삶을 누릴 수 있을 것이다.

남들과의 관계는 생각을 주고받는 관계에서 서로가 심정을 주고받는 관계로 나아가서 진정한 만남을 이루는 단계로 생각해 볼 수 있다. 이 세상 누구와도 만나지 못하는 자폐증 환자에서부터, 온 세상 모든 사람을 만나고 나아가서 우주 만물과의 관계가 좋은 사람도 있다.

한상담에서는 내담자로 하여금 만남의 낯섦과 상대의 고통을 자기 고통으로 받아들이는 어려움을 넘어서서 두 사람이 하나가 되어 성장하는 기쁨을 선택할 수 있도록 돕는다. 그리고 그러한 만남을 이룰 수 있도록 의사소통 능력을 향상시킬 수 있는 훈련을 한다. 단순히 말만 주고받는 게 아니라 말 속에 담긴 상대의 마음을 듣고 받아들이며 나아가 사람을 듣고 받아들이는 능력을 익힌다.

4) 성 장

인간이 이 세상에 태어나기 위해서는 몇 가지 과정을 거친다. 가장 먼저 정자와 난자가 결합되어야 하는데, 이때 정자는 꼬리를 끊어 버리고 수정을 한다. 수정란은 자궁벽에 착상하고 세포분열을 하며 성장한다. 자궁 속에서 태아는 태와 함께 있다. 자궁에 가득 찰 정도로 성장한 태아는 어머니 배 속을 벗어나서 이 세상에 나오게 된다. 이때 가장 먼저 하는 일은 탯줄을 끊어 버리는 것이다.

이처럼 인간이 성장해서 다음 세상으로 나갈 때는 자신의 절반을 떼어 낸다. 이 세상에 태어나서 성장이 거듭되면 몸을 벗어 버리고 다음 세상으로 향하게 된다. 우주 공간에 태어난 신생아는 몸이 아닌 정신으로 이 우주에 가득 찰 만큼 성장한다. 사람은 이처럼 하늘에 이를 수가 있다.

한상담에서는 우주를 기준으로 생각하면 티끌만도 못하게 작은 인간이 이런 소아적인 관점을 벗어나서 한없이 성장하여 온 우주를 가슴에 품을 수 있는 존재인 대아로 성장해 나간다고 생각한다. 이런 사람을 '한사람'이라고 생각했으며, 한사람은 절대 자유인이어서 어느 것 하나에도 걸림이 없고(원효의 '무애'), 우주 만물과 관계가 좋으며(동학의 '인내천'), 항상 기쁘고 감사하는 사람(성경)이라고 생각한다. 이 끝없는 길을 가는 것을 성장이라고 보았고 인간의 문제는 성장이 정지된 것으로 보았다. 그런데 오늘날 많은 사람은 살기 위해서 먹는 게 아니라 먹기 위해서 살아가기 때문에 삶의 목표를 잃어버리고, 빅터 프랭클(Victor Frankl)이 이야기하는 소위 실존적 공허에 빠진다.

한상담자는 내담자에게 진정한 자기 주인이 되고 모든 사물과 관계가 좋은 사람이 되도록 끊임없이 자극을 준다. 이런 과정에서 내담자는 사랑이란 받는 게 아니라 하는 것이라는 것을 깨닫게 되고, 나와 너의 관계에서 너도 나와 똑같이 소중한 존재라는 것을 알게 된다.

5) 자유와 책임

한상담자는 이 세상에서 자기 자신에게 일어나는 모든 일이 의도적이거나 의도적이지 않거나 모두 자기가 선택한 것이며, 그 책임은 면할 수 없다는 것을 강조한다. 사람이란 무한한 자유와 무한한 책임을 함께 누리는 존재라고 본다. 그 때문에 자신의 문제의 원인을 상황이나 유전의 탓으로 돌릴 수가 없다.

많은 내담자가 자기 문제의 원인에 대해서 상황이나 다른 사람의 탓을 하고 싶어 한다. 그러나 자기 문제에 대해서 대신 책임을 져 줄 사람을 찾고 있는 한 문제는 해결되지 않는다. 이 생각에 대해서 어빈 얄롬(Irvin D. Yalom)은 "만약 내담자가 자신의 상황에 대한 책임성을 인식하고 수용하지 않으면 그는 개인적인 변화를 할 수 있는 계기를 갖지 못하게 된다."라고 이야기했다.

이 세상의 모든 상황에는 늘 양면성이 존재한다. 책임을 회피하는 동안에는 그만큼 자유가 줄어든다. 상담자는 내담자에게 그가 어떤 방식으로 책임을 회피해 왔으며, 그 결과로 어떤 자유를 잃어버렸는지를 알게 한다. 자기를 외면하고 책임을 회피하던 사람들에게는 자기를 직면하고 스스로 책임을 진다는 것이 어렵고 힘든 일이 될 수도 있다. 그러나 이런 도전에서 성공하는 사람들은 자유와 책임을 함께 누리며 살아갈 수 있는 존재라는 것을 알게 된다.

6) 조화와 평등

자유와 평등은 인간이 추구하는 지고의 가치다. 여기에는 많은 사람이 동의할 것이라 믿는다. 그러나 책임을 회피한 자유, 즉 질서를 무시한 자유는 방종에 이르기 쉽고 조화를 이루지 못하는 평등은 분열의 씨앗이 된다.

많은 내담자가 평등의 개념을 잘못 생각한다. 평등에는 동등적 평등과 차별적 평등이 있다. 평등의 개념을 잘못 이해한 사람들은 대인관계에서 동등적 평등의 개념을 적용하려 든다. 이들은 다른 사람들에게 님들과 동등한 대접을 받기를 원하고 그렇지 못하면 차별대우를 받았다고 억울해하기도 한다. 남들에게 자기가 어떤 대접을 받아야 한다고 미리 기대를 걸어 놓고 그 기대에 미치지 못하면 억울해하는 것도 같은 경우다. 이와는 달리 남자와 여자는 평등하지만 동등하지는 않다는 것이 차별적 평등이다. 이처럼 다르지만 조화롭게 사는 지혜가 필요하다.

서양인들은 자유와 평등을 지고의 가치로 생각하지만 동양인들은 조화와 질서를 더욱 강조했다.

7) 낱과 온

이 세상에는 낱낱인 개체들을 합하면 온갖 것인 전체가 된다고 믿는 사람들이 있다. 이들은 상대관으로 사물을 인식하며, 모든 사물을 관계가 단절된 개체로 인식한다. 대인관계에서도 이들은 너의 것은 너의 것이고 나의 것은 나의 것이라는 가치관을 가지고 있다. 물론 물건에 관한 한 네 물건은 너의 소유이고 나의 물건은 나의 소유다. 그러나 심정에 관한 한은 너의 심정이 나의 심정이 될 수도 있다.

오랜 옛날에 중국의 한족과 우리 배달민족은 이 두 가치관의 차이 때문에 문화 충돌이 일어났다. 한족은 나의 것은 나의 것이고 너의 것은 너의 것이라는 상대관을 진리로 믿었고, 우리 배달민족은 너의 것이 나의 것이라는 상즉관(相卽觀)으로 살았다. 이 두 문화의 충돌을 공자가 나서서 조정했는데, 그의 중용사상은 사물을 대할 때에는 중국의 한족처럼 대하고 사람을 대할 때는 배달민족처럼 대하라는 것이다.

이런 오랜 전통을 바탕으로 우리는 낱과 온이 대립하는 개념이 아니라 여일한 개념이라고 믿고 살아왔다. 개인은 전체를 위하고 전체는 개인을 위하는 조직을 이상적인 조직이라고 생각해 왔고, 자유도 질서를 위한 자유가 참 자유이고 질서도 자유를 위한 질서를 참 질서라고 믿었다.

8) 의미와 사명

한상담에서는 사람이 이 세상에 태어나는 것 자체를 기적이라고 본다. 태초부터 지금까지 거의 무한에 이르는 조상들이 생명의 끈을 이어 주었기에 오늘의 한 사람이 태어날 수 있다는 것이다. 그중에 단 한 명의 조상이라도 생명의 끈을 이어 주지 않았다면 새 생명은 태어날 수가 없다. 그 무수한 조상들이 생명을 이어가기 위해서 먹은 음식물, 사용한 공기, 태양열 등도 무한대에 가깝다. 그리고 하나의 생명이 태어날 수 있는 확률도 0에 가깝다. 우선 두 사람의 부모가 만날 수 있는 확률도 너무나 적은 데다가 결혼한 부모라 해도 두 부부의 정자와 난자가 만나서 수정이 될 확률도 매우 적다. 이처럼 오랜 세월에 걸쳐서 그렇게 많은 조상이, 그렇게 많은 물질을 사용해서, 그렇게 낮은 확률로 한 생명이 태어난 것이다.

이렇게 태어난 생명은 태초부터 지금까지 단 한 번도 같은 생명이 없었고 영원히 같은 생명이 없을 유일무이한 존재다. 이런 존귀한 생명체가 이 세상을 살아가는 동안에 겪는 일은 어느 것 하나라도 의미 없는 일은 없을 것이다. 사람들은 이 세상에 태어날 때에 이런 의미와 사명을 알아차릴 수 있는 가능성만 가지고 태어난다. 사람들 중에는 무척 드물기는 하지만 자기 삶의 의미를 제대로 알아차리고, 투철한 사명의식을 가지고 사명을 완수하기 위해서 생명을 바칠 수 있는 사람들이 있다. 물론 많은 사람이 자기 삶의 의미를 모르고, 생명을 위해서 사명을 버리는 사람들도 있다.

한상담자는 내담자에게 아무리 고통스럽고 어려운 일을 겪고 있더라도 그 속에서 자기 삶의 의미를 찾도록 돕고 자신의 사명을 정립하고 그 사명을 완수해 나가도록 돕는다.

9) 부정적 감정

대부분의 내담자는 부정적 감정 때문에 고통을 호소하고 도움을 받기 위해서 상담을 요청한다. 그들은 부정적 감정을 제거해 주거나 아니면 최소한 그런 감정을 줄일 수 있는 방법이라도 배우기 위해서 상담을 받으러 온다.

그러나 한상담은 단지 부정적 감정을 제거하거나 그 감정을 감소시키는 것을 목표로 하지는 않는다. 왜냐하면 사람의 감정은 양면성이 있어서 부정적 감정을 억압하거나 회피하면 긍정적 감정도 동시에 억압되거나 회피하게 되기 때문이다. 따라서 오히려 부정적 감정은 더욱 또렷하게 느끼면서 이 감정이 내가 느끼는 감정의 전부인가 아니면 부분인가, 그 부정적 감정을 느끼는 바로 그 순간에 내가 느끼는 다른 감정들은 없는가, 그리고 나는 왜 이 부정적 감정을 선택했는가 등을 통찰하도록 한다. 그런 다음에는 이 부정적 감정의 내면 감정들을 찾아서 여러 감정의 층을 지나 내담자의 본심을 탐구하게 한다. 이처럼 자신이 느끼는 부정적 감정과 긍정적 감정을 함께 알아차리고 그중에서 자신이 부정적 감정을 선택한 것이라는 사실을 이해하는 것은 아주 중요한 일이다.

많은 사람이 부정적 감정을 선택하고서도 자신이 선택했다는 사실조차 알지 못하고 그 상황에서는 누구라도 그렇게 느낄 것이라고 생각한다. 그러나 인간은 어떤 상황에 처했다 할지라도 그 상황에서 긍정적 감정과 부정적 감정을 함께 느낄 수 있으며, 그중에서 어떤 감정을 느끼는가 하는 것은 자신의 선택일 뿐이다. 이처럼 주도적으로 자기 감정을 선택할 수 있어야 비로소 자기 감정의 노예가 아니라 주인이 될 수 있는 것이다.

예를 들어, 내담자가 행동의 변화를 시도했을 때 불안감을 느낄 수 있다. 이때 한상담자는 내담자의 불안을 제거하거나 줄이기 위한 노력을 하기보다는 불안을 느끼는 그 순간에 불안과 동시에 희망과 용기를 함께 가지고 있다는 것을 보게 하고, 실패할 것 같아서 불안해하는 마음의 내면에는 정말로 성공하고 싶다는 본심이 있다는 것을 함께 찾아 나선다.

불안해하는 것이 실패할 것 같아서 불안한 것이 아니라 성공하고 싶은 마음 때문에 불안해진다는 것을 알아차리는 것은 쉬운 일은 아니지만 참 멋있는 통찰이다. 이런 통찰을 경험해 본 사람들은 더 이상 불안 따위의 부정적 감정에 사로잡히지 않는다. 이런 사람들은 언젠가는 부정적 감정이란 모두 바다의 파도와 같은 표면 감정일 뿐이고 그 내면에는 한없는 평화가 항상 그대로 존재하고 있다는 것을 체험할 수 있을 것이다.

10) 말

한상담에서는 말이 바뀌면 사람이 바뀐다고 보고 말을 바꾸는 것을 아주 중요하게 생각한다.

많은 내담자가 독백만 하고 있으면서 대화를 하고 있다고 착각하고 있다. 습관적으로 모놀로그(monologue)만 하고 있던 사람들에게 다이얼로그(dialogue)를 사용할 수 있도록 훈련하는 일은 단시간에 되는 일은 아니다. 그러나 이런 의사소통 능력이 훈련되지 않으면 다른 사람들과 관계를 맺지 못한다. 이런 바탕 위에 관계 지향적인 대화와 사실 지향적인 대화, 칭찬 인정, 질문, 자기주장 등의 훈련을 한다.

많은 내담자가 문제를 해결하기 위해서 자신의 성격을 고쳐야 한다고 착각하고 무리한 목표에 도전한다. 그들은 거의 대부분 실패하게 된다. 그렇게 하고서는 잘못된 방법을 사용했다는 생각은 못하고 '노력이 부족했다'라거나 변화란 정말 어려운 것이라는 착각을 하게 된다.

한상담에서는 의사소통의 요령을 하나하나 체계적으로 정리해 두었다. 이것을 통해서 말을 듣고 마음을 듣고 사람을 들을 수 있게 되면 참만남에 이를 수 있게 되고, 이 만남을 통해서 상대의 체험을 간접 체험으로 받아들여서 두 사람이 하나가 되는 성장이 가능해진다.

11) 사람과 사물

이 세상에 태어나서 반드시 배워야 할 것은 사람은 사랑하고 사물은 사용해야 한다는 것이다. 그런데 많은 내담자가 사물을 사랑하고 사람을 사용하려고 한다. 심지어 남들을 사용하는 것이 아니라 자기 자신을 사용하는 사람들이 너무 많다. 지위, 돈 등을 사랑하거나 자기가 맡은 일을 사랑하고 자기 자신은 일하는 도구로 전락시킨다. 이런 순간이 바로 중독이 되는 순간이다.

사람과 사물의 가장 큰 차이점은 사물은 부족한 면이 없어야 완전한 제품이 되나, 사람은 부족한 면도 포함하고 있어야 완전한 사람이 된다는 것이다. 그런데도 많은 사람이 자신이나 타인의 부족한 면을 좀처럼 용납하지 못한다. 이런 사람들은 완전욕에 사로잡혀 헛된 노력을 부단히 하게 된다.

사람과 사물의 또 다른 차이점은 기계에서 만들어 낸 제품들은 똑같을 수 있으나, 사람은 같은 요소가 많이 있지만 모두가 다른 존재라는 것이다. 그 때문에 "내가 너라면 이렇게 하겠다." 따위의 이야기는 소용이 없다.

주인정신에도 차이가 있다. 사람은 모든 사람 각자가 자기 자신의 주인이다. 물론 많은 사람이 이것을 잘 알아차리지 못하고 살아간다. 그러나 설사 모르고 있다고 하더라도 자기 자신의 주인은 자기밖에 없다는 것은 분명한 진리다. 그러나 어떤 사물도 자기가 주인일 수는 없다. 동물도 본능에 의해서 움직이고 자유의지가 없기 때문에 주인이라고 할 수 없다. 주인에게는 자기 삶을 선택할 수 있는 권리가 있다. 인간은 모든 것을 선택할 수 있는 자유가 있다. 따라서 인간이 우주 만물 중에서 가장 귀한 존재인 것이다.

부분에 전체가 포함되어 있는 것도 다르다. 이것은 인간성이라기보다는 인간이 가지고 있는 동물성에 속하는 것이다. 기계는 아무리 좋은 기계라 할지라도 부품을 떼어 내서 완제품을 만들어 낼 수 없다. 3만 5,000개의 부품을 사용해서 만든 자동차를 새로 만들려면 다시 3만 5,000개의 부품이 모두 있어야 가능하다. 그러나 동물은 세포 하나만 떼어 내서 복제하면 완전한 복제가 가능하다. 부분 속에 항상 전체가 들어 있는 것이다. 이는 식물도 마찬가지다. 살아 있다는 것은 이런 것이다. 생명이 없는 물질은 항상 부분은 부분이고 전체는 전체일 뿐이다. 그런 존재들은 자라지 못한다.

또 다른 차이점은 기계는 동일한 자극에 동일한 반응을 한다. 그러나 사람은 같은 자극을 주어도 어떤 반응이 나올지 예측이 어렵다. 여기에는 성격도 큰 영향을 미치지만 기계에 없는 기분이 미치는 영향이 크다.

문제해결에서도 차이가 있다. 사실의 문제는 원인을 파악해야 한다. 그러나 사람의 문제는 원인을 파악하기보다는 해결에 더 많은 관심을 가져야 한다. 그 문제를 해결하고자 하는 의욕이 있느냐, 그리고 그 문제를 해결할 수 있는 능력이 있느냐를 생각해 보아야 한다. 상담자들 중에는 내담자가 지닌 문제의 원인을 찾아내려고 과거의 기억들을 이야기하게 하는 사람들이 있다. 그러나 한상담에서는 지금 내담자가 가지고 있는 문제를 해결하기 위해서 과거의 기억을 회상하는 일은 중요하지 않다고 생각한다.

사실 개선과 관계 개선도 많은 사람이 착각하기 쉬운 것이다. 갈등이 생겼다면 그 갈등을 불러일으킨 사실이 있고 그 사실 때문에 생긴 감정들이 있다. 이때 사실만 개선하면 감정이 남고 감정만 해소하면 사실이 남는다. 이런 경우에는 먼저 감정을 풀어서 관계를 개선하고 나중에 사실을 개선하는 게 효과적이다.

대인관계에서는 자기 개선과 관계 개선이 있다. 예를 들어, 상대에게서 말이 길다는 지적을 받았을 때에 말을 줄이는 것은 자기 개선이고, '그렇게 생각했으면 지루하기도 하고 답답했겠다.'는 식으로 상대의 심정을 알아주는 것은 관계 개선이다. 많은 내담자가 자기 개선에만 관심이 있고 관계 개선에는 별 관심이 없고 요령도 서툴다.

12) 마음 공부

한상담 전문가는 마음 공부를 할 때에 마음의 이치를 따지기도 하지만 그보다는 마음을 갈고 닦는 일을 우선시한다. 예로부터 우리나라에는 마음의 이치를 따지는 심리학은 존재하지 않았다. 우리가 중요하게 생각했던 것은 마음을 갈고 닦는 일이었다. 이는 심리학이 아니라 심학이다. 우리 조상들의 가장 큰 관심은 어떻게 하면 사람다운 사람이 되는가 하는 것이었다. 한상담 전문가는 내담자와 더불어 사람다운 사람으로 성장해 나가는 끝없는 길을 가는 사람이다.

7 한상담에서의 상담관계 개입수단

1) 상담자의 역할과 태도

(1) 한상담이 효과적인 내담자

상담자가 내담자를 대하는 입장은 크게 두 가지다. 하나는 자기가 도움을 줄 수 있는 내담자만 상담을 한다는 입장이고, 다른 하나는 모든 내담자를 다 상담해야 한다는 입장이다.

이러한 측면에서 제럴드 코리(Gerald Corey)와 짐 비터(Jim Bitter)는 큰 차이가 있었다. 코리는 집단상담을 하기 전에 참가자들에게 사전 인터뷰를 실시하고 부적격자는 참여시키지 않는다는 입장이 분명했다. 그런가 하면 짐 비터는 모든 사람의 참가를 환영했다. 그의 주장은 "상담자마저 외면하면 그 사람은 도대체 어디로 가야 한단 말인가?"라는 말로 잘 표현된다. 이 두 사람의 차이는 개인적인 철학의 차이도 있겠지만 접근 방법의 차이에서 오는 영향도 크다. 코리는 훈련 집단을 운영하기 때문에 참가자들의 상호작용이 많다. 그 때문에 심리적인 문제를 가지고 있는 사람들은 집단에 방해가 될 수 있다. 그러나 짐 비터는 상담집단을 운영하기 때문에 집단 참가자끼리의 상호작용보다는 상담이 주로 상담자와 일대일로 이루어지므로 문제가 있는 참가자라 하더라도 집단 운영에 크게 방해가 되지 않는다.

필자는 개인적으로는 코리의 입장을 좋아한다. 집단상담에서는 더욱 그렇지만 개인상담에서도 '아무리 뛰어난 상담자라고 해도 모든 내담자에게 다 같이 효과적일 수는 없다.'고 믿기 때문이다. 개인적으로 자기가 잘 도울 수 있는 내담자와 그렇지 않은 내담자가 어떤 사람인지 알고 있어야 하며, 자기가 사용하는 상담 접근 방법이 어떤 내담자에게 더욱 효과적인지 알고 있어야 한다.

한상담은 정신적으로 건강한 사람들이 개인적으로 문제가 있거나, 인간적인 성장을 위해 관점 전환이 필요하거나, 감정이 불안정하거나 부적응 행동을 하는 사람에게 효과적인 방법이며, 비교적 단기상담을 선호한다.

(2) 상담자는 내담자를 대할 때 선입견 없이 무심코 대할 수 있어야 한다

상담자는 사전에 얻은 정보나 다른 사람들에게서 들은 내담자의 정보는 가능하면 잊어버리려고 애써야 한다. 왜냐하면 같은 내담자를 두고도 사람에 따라서 다르게 보기 때문이다. 내담자의 정보를 주는 그 사람의 성격 특성, 두 사람의 인간관계 등 여러 가지 요인이 내담자를 오해하게 만들 수 있다.

내담자를 만나기 이전에는 가능하면 많은 정보를 수집하는 게 좋지만, 내담자를 만나는 순간에는 그 모든 정보를 잊어버리고 상담자 자신의 눈으로 그 내담자를 대해야 한다. 그렇게 해야 상담 과정에서 자신이 만나고 있는 내담자와 그 내담자의 정보를 전해 준 사람과의 관계를 객관적으로 이해하고 도울 수 있는 길이 생긴다.

(3) 내담자의 생각과 감정과 행동을 제대로 이해하려고 애써야 한다

상담자는 자신의 입장에 서서 이해하거나 공감해서는 안 되며, 내담자의 입장에 서서 공감하고 이해해야 한다. 내가 내담자와 같은 상황이라면 이런 생각이 들고 이런 기분이 들 것 같다고 생각하면서 내담자를 이해하고 있거나 공감하고 있다고 착각해서는 안 된다.

(4) 내담자를 도울 수 있는 역량이 있는지 스스로에게 물어보아야 한다

상담자는 우선 내담자를 돕고 싶은 마음이 있는지 또한 도울 수 있는 능력이 있는지 확인해야 한다. 또한 내담자의 문제는 무엇이며 그 문제의 가장 효과적인 해결수단은 무엇인지 알고 있어야 한다. 이러한 질문에 대한 답을 얻기 위해서는 사례개념화를 작성해 보는 것이 도움이 될 것이다.

(5) 내담자의 문제를 대신 떠맡지 말아야 한다

많은 초보 상담자가 이런 실수를 범한다. 그들은 내담자의 문제에 같이 마음 아파하고 내담자의 문제에 자기가 나서서 대신 해답을 내거나 해결해 주려고 한다. 이렇게 해서 문제가 해결될 수도 있겠지만 내담자의 의뢰심이 늘어날 수도 있다.

(6) 유능해지고 싶은 욕심이 없어야 한다

처음 상담을 시작한 사람들은 내담자의 문제가 해결되거나 내담자가 변화해 가면 그게 모두 상담자인 자신의 영향 때문이라고 착각하는 경향이 많다. 그 때문에 마음이 조급해지고 좀 더 빨리, 좀 더 효과적으로 내담자를 변화시키려 든다. 이런 태도는 내담자에게 도움이 되지 않거나 해로울 때가 많으며, 상담자를 소진시키는 지름길이 될 수 있다. 그러나 차츰 경험이 쌓이는 동안에 내담자의 변화에 미치는 상담자의 영향은 그리 크지 않다는 것을 알게 된다.

상담은 그 형태에 있어서 공업적이라기보다는 농업적이다. 공장에서 기계로 제품을 찍어 내듯이 상담을 할 수는 없다. 씨를 심고 물을 주고 가꾸는 심정으로 내담자를 돌보고, 그의 성장을 지켜보며 기다리는 것이 상담이다. 그 때문에 상담자는 내담자보다 앞질러 가지 않는다. 항상 내담자보다 한 발자국 뒤에 서서 따라가는 사람이 상담자다.

2) 한상담 내담자의 태도

내담자가 상담에 대해서 자발적인 동기를 가지고, 스스로 책임을 지며, 주도적인 태도를 갖는 것은 상담 성과에 큰 영향을 미친다.

대부분의 내담자가 상담의 초기 단계에는 자신의 삶뿐만 아니라 상담에 대해서까지도 스스로 책임을 지려는 태도가 부족한 경우가 많다. 이런 내담자들이 자주 하는 말은 "누가 가라고 해서 왔습니다." "그냥 한번 와 봤습니다." 등으로 다른 사람에게 책임을 돌리거나 아니면 상담사에게 의존하려는 태도를 보인다.

이런 내담자를 만났을 때는 제일 먼저 '내담자 자신이 이 상담의 주인공이다.'라는 것을 분명하게 해야 한다. 내담자로 하여금 '당신이 이 상담의 주인공이다. 이 상담은 당신이 주도적인 태도를 가져야 한다.'는 것을 명백히 하라는 것은 '당신이 이 문제의 소유주이기 때문에 당신의 문제는 당신이 해결해야 한다.'는 관점과는 구별되어야 한다. '이제부터 우리 두 사람이 함께 이 문제를 풀어 나가야 할 터인데, 그러기 위해서는 두 사람의 역할이 분명해져야 한다. 나는 당신이 이 문제 때문에 고통을 겪고 있고 이 문제를 해결하고자 하는 욕구를 가지고 있기 때문에 주도적인 태도를 가져야 한다고 생각한다.

나는 당신을 돕기는 하겠지만 내가 대신 해결해 줄 수는 없고 그렇게 해서는 안 된다고 생각한다.'는 것을 분명하게 이야기할 필요가 있다. 만약에 내담자가 자기 삶의 주인공이 되려는 태도가 부족하거나 책임지려는 태도가 부족하면 그만큼 상담이 어려워진다.

상담관계를 형성할 때에는 상담자는 내담자를 진심으로 돕겠다는 마음이 있어야 하겠지만 그 출발점은 내담자가 스스로를 돕겠다는 태도를 갖도록 돕는 것이다.

사례 A

상담자: 어떻게 상담실에 오게 되었니?

내담자: 저는 올 생각이 없었는데 부모님들이 가라고 해서 왔습니다.

상담자: 그랬다면 상담실에 오는 게 별로 좋은 기분은 아니었겠구나. 그런데 부모님들이 가라는 말을 듣고 상담실에 온 사람은 누구니?

내담자: 제가 왔지요.

상담자: 그렇다면 네 말은 부모님들에게 권유를 들었지만, 네가 이곳에 오는 것이 낫겠다고 생각해서 온 것이라는 말이니?

내담자: 예, 그런 셈이네요.

상담자: 그렇다면 너는 왜 상담실에 와야겠다고 생각했니?

내담자: 선생님이 보시기에는 제가 무슨 문제가 있는 것 같습니까?

상담자: 그게 궁금한 모양이구나. 그런데 내가 그것을 알려면 네가 네 자신이 어떤 문제를 가지고 있는 사람으로 보고 있는지를 알아야 네가 무슨 문제를 가지고 있는지 또는 없는지를 알겠거든. 그런데 네가 보기에는 너한테 무슨 문제가 있는 것 같니?

내담자: 저는 아무 문제가 없는데요.

상담자: 그래? 그렇다면 네가 보기에는 너는 아무 문제가 없는 사람인데 부모님은 네가 문제가 있다고 상담을 받으라고 한다면 조금은 억울하기도 하고 한편으로는 정말 문제가 있는지 없는지 궁금하기도 한 모양이구나. 그런데 네 생각으로는 부모님이 왜 너를 이곳에 보냈을 것 같니?

내담자: 엄마가 보기에는 제가 게으르고, 공부할 의욕도 없고, 열성이 없다고 합니다.

상담자: 그런 소리를 들으면 서운하고 오해받는 것 같아서 아쉽고 불편하기도 했겠다. 엄마 대할 때 기분이 어떠했니?

내담자: 오해받는 것 같아서 서운했죠.

상담자: 엄마와의 관계에서 오해를 받는 것 같아서 서운하다는 것은 네가 대인 관계에서 문제가 있다는 소리 같은데……

내담자: 그러고 보니 문제가 좀 있는 것 같기도 하네요.

상담자: 혹시 네가 여기에 올 때 오기 싫은데 온 것은 아니니? (네, 싫었지요.) 그랬다면 여기 올 때 네 마음속에 갈등이 있었을 것 같은데? (있었죠.) 이런 걸 보면 네 마음속에 문제가 있었니, 아니면 없었니? (있었겠죠.) 내가 보기에 너는 문제가 없는 사람이 아니라 문제가 있어도 별로 문제 삼고 싶어 하지 않는 사람 같은데?

내담자: ……네.

상담자: 네 생각에는 상담자가 어떤 일을 하는 사람 같니?

내담자: 문제 있는 사람을 도와주는 사람이지요.

상담자: 그렇지? 그런데 자기 스스로 문제가 있는 줄 알고 그 문제를 해결하려는 욕구가 강한 사람과, 문제가 있는 줄도 모르고 해결하려는 욕구도 없는 사람 중 어떤 사람을 더 잘 도와 줄 수 있을 것 같니?

내담자: 해결하려는 욕구가 있는 사람이요.

상담자: 그래, 나는 엄마가 시켜서 여기 와 있는 사람하고는 얘기를 하고 싶지 않거든. 네가 문제가 있다고 생각하고 네가 해결하고 싶은 것이 있으면 나하고 얘기를 더 계속했으면 좋겠고, 그럴 마음이 없으면 이야기해 봐야 시간만 낭비하고 별로 너에게 도움이 될 것 같지 않다. 만약 네가 여기에 와 있지 않았으면 그 시간 동안에 다른 할 일이 있었을 게 아니니? 네가 소중한 시간을 내서 찾아왔는데, 여기 와서 별 의미 없는 시간을 보낸다면 너도 아까울 것 같고. 나도 그렇게 시간을 낭비하고 싶지는 않거든. 나는 자기 스스로 뭔가 할 생각도 없고 문제의식도 없는 사람 하고 이야기한다는 것은 시간이 참 아깝거든. 어떻게 했으면 좋겠어? 네가 네 문제를 찾아서 해결하려는 욕구를 가지고 나하고 얘기를 더 해보는 것이 좋겠어? 아니면 너하고는 별 상관없으니까 이제 헤어지는 것이 더 낫겠어?

내담자: 좀 더 해 보는 것이 낫겠어요.

상담자: 그래. 그러면 네 안에 나에게 도움받아야 될 필요가 있는 부분이 있는 것처럼 생각이 된다는 이야기니?

내담자: 지금은 잘 모르겠지만 그럴 수 있을 것 같아요.

상담자: 그러니까 네가 찾아보고 싶은 욕구는 있다는 얘기니? (네.) 너를 보면서 굉장히 대단하다고 생각되는 것이, 처음 여기 왔을 때 너는 자발성이 없어 보였어. 그리고 문제의식도 별로 없어 보였어. 엄마가 보내서 어쩔 수 없이 왔는데, 잠깐 사이에 네 마음을 바꿔서 네 마음속에서 '내가 더 좋아져 봐야겠다. 내가 문제가 있으면 해결해 봐야겠다.'는 자발적인 욕구가 생긴 것 같거든. 그렇게 잠깐 사이에 네 마음이 바뀐 것이 네 스스로를 정말로 아끼고 좋은 사람이 되고 싶은 생각이 있는 것처럼 나에게 보이거든. 그렇게 쉽게 마음을 바꿔 먹는 것은 네 마음이 순수하고 내 이야기를 믿어 주니까 그런 것 아니겠어.

내담자: 좋게 봐 주시니까 그런 것 같네요.

상담자: 그런 생각이 드니? 그런데 내가 좋게 보는 것일 수도 있지만 내가 보기엔 네 성품이 아주 좋은 것 같아. 너처럼 그렇게 마음이 순수하고, 금방 금방 내 이야기를 알아듣고, 나를 믿고, 잘못되었다고 생각하면 즉시 자기 마음을 바꾸는 사람들이 많지는 않아.

내담자: 다음에 또 마음이 바뀔지도 몰라요.

상담자: 물론 그럴 수도 있겠지. 그런데 그것 때문에 마음이 조금 불안하니? 지금 잘 보였다가 나중에 네가 다시 마음이 바뀌면 내가 너한테 실망할까 봐 조금 불안해진 거니?

내담자: 네. 일단 그렇게 오늘 말했으니까요.

상담자: 그렇지. 나도 마음이 수시로 바뀌는데. 사람 마음은 수시로 바뀌는 거야. 그래서 우리는 바뀔 때 서로 바뀌었다고 얘기하고, 또 바뀐 것에 대해서 서로가 머리를 맞대고 이야기를 할 수 있었으면 좋겠고. 지금처럼 이렇게 주고받아서 좋을 때는 우선 좋은 생각만 하고 다음에 바뀔 거다 이런 생각은 안 해도 별 탈은 없을 것 같은데, 어때? (네.) 그치? 그때그때 우리 마음이 통할 때는 통한다 하고 안 통할 때는 안 통한다 하고 그럴 수 있겠니?

내담자: 그렇게 해 보도록 노력할 게요.

상담자: 너는 일관성이 높은 아이 같구나. 한번 좋게 보이면 그 사람에게 계속

좋게 보이고 싶고, 그 사람을 실망시키면 어떻게 하나, 좋게 봤다가 실
망하면 더 안 좋게 볼 것 아닌가, 이런 불안을 가진 것은 아닌지 모르겠어.

내담자: 원래 사람들은 다 그렇지 않아요?

상담자: 그렇게 생각하고 있구나. 물론 많은 사람이 그렇겠지. 그렇지만 내가 볼
때 너는 다른 사람들보다 그런 생각을 좀 더 많이 하는 것 같아. 보통 마
음이 착하고 순수한 사람들이 그런 경우가 많거든. 다른 사람들에게 좋
게 보이고 싶고, 또 좋게 보이면 지속적으로 좋게 보이고 싶고. 그런 마
음이잖아? 남을 실망시키고 싶지 않다는 소리 아니니? (네.) 잠깐 얘기
를 들어봐도 네가 나를 믿고 이렇게 편하고 솔직하게 얘기하는 태도가
참 좋구나. 어때? 마음속에 자발성이 좀 생길 것 같아?

내담자: 두고 봐야 할 것 같아요.

상담자: 그래, 두고 봐야 알겠지. 그렇지만 처음 상담실에 올 때와 지금은 마음
가짐이 상당히 달라진 것 같은데…….

내담자: 그야 다르지요.

 사례 B

상담자: 어떻게 상담실에 오게 되었니?

내담자: 그냥 뭐. 오면 엄마한테 야단 안 맞으니까 왔지요.

상담자: 여기 안 오면 엄마한테 야단맞을까 봐 그래서 온 것이란 말이니? (네.)
그랬구나. 그런데 네가 야단을 맞고 안 올 수도 있고, 안 맞으려고 올 수
도 있는데, 야단맞는 것보다는 여기 오는 것이 더 나을 것 같다고 생각
해서 온 것 아니니?

내담자: 당연하지 않을까요?

상담자: 그렇게 생각하니? 그런데 그 생각은 누가 했니?

내담자: 제가 했죠.

상담자: 그렇다면 여기 온 것은 단순히 엄마가 보내서 온 거니, 아니면 네가 오
는 게 낫다고 생각해서 온 거니?

내담자: 오는 게 낫다고 생각해서 왔죠.

상담자: 그럼 그 선택은 누가 했지?

내담자: 제가 선택했죠.

상담자: 그렇지? 그렇다면 여기에 온 것은 네가 네 뜻대로 선택해서 오고서도 너는 '내가 주도적으로 행동했다. 내가 선택했다.'라고 생각하는 것이 아니라 '엄마가 시켜서 어쩔 수 없이 왔다.'라고 생각하고 있는 것처럼 보이거든.

내담자: 선생님이 말을 이상하게 하시는 것 같아요.

상담자: 그렇게 생각되니? 그런데 어떤 점이 이상하게 생각되니?

내담자: 저는 엄마가 가라고 해서 왔는데, 선생님은 제가 선택해서 왔다고 하니까 그렇죠.

상담자: 네 말은 네가 여기에 온 것은 엄마가 가라고 해서 왔다고 생각했는데, 나하고 이야기하다 보니까 네가 선택해서 온 것이라고 하니까 이상한 느낌이 든다는 말이구나. 많은 학생이 너처럼 생각하지. 그렇게 생각하면 내가 말을 이상하게 하는 것 같을 게다. 그런데 내가 보기에는 네가 생각을 이상하게 하고 있는 것 같아. 상담실에 온 것도 겉으로는 엄마가 시켜서 온 것 같아도 따져 보니 속으로는 네가 오는 게 좋겠다고 생각해서 온 부분도 있는 게 아니니?

내담자: 하긴 그렇기도 하네요.

상담자: 내가 보기에 너는 소신이 있고 주도적인 행동을 하고 싶어 하는 것 같은데, 나도 그런 사람을 좋아하거든. 단순히 엄마가 보내서 온 것이라면 별로 할 이야기가 없고 네가 할 말이 있다면 상담을 했으면 좋겠고…….. 어떤 것을 선택하는 것이 좋겠니?

내담자: 제가 왔으니 상담을 받아 보겠습니다.

앞의 두 사례에서처럼 상담 초기에 주도적인 태도를 갖게 하고 스스로 책임지도록 하는 일은 상담을 성공으로 이끄는 지름길이다. 이때에 상담자는 내담자가 표면적으로 이야기하는 말만 듣지 말고 내담자의 말 속에 담긴 내면의 소리를 들을 수 있어야 한다. 가령 끌려왔다고 얘기하는 사람은 끌려온 부분도 있지만 자기 스스로 오고 싶어 하는 사람, 주체적으로 행동하고 싶어 하는 사람이라고 볼 수 있어야 한다.

한편, 상담자는 내담자가 자기 자신이나 현실을 인식하는 관점과 전혀 다른 관점에서 바라봐야 할 때가 많다. 예를 들어, 어떻게 나를 찾아왔느냐고 물었더니 "선생님을 무척 만나 뵙고 싶었습니다."라고 대답하는 내담자를 만났다고 하자. 이런 경우에는 그냥 지나치지 말고 다음과 같이 물어 나가야 한다.

사례 C
상담자: 나를 왜 만나 보고 싶었는데?
내담자: 선생님이 상담의 대가라고 해서요.
상담자: 그래? 그렇다면 상담의 대가를 만나서 무엇을 하고 싶었는데?
내담자: 저는 저 자신이 누구인지 잘 모르겠습니다. 그래서 선생님을 만나면 제
　　　　가 누구인지 알 수 있을 것 같아서요.
상담자: 그랬구나. 그랬다면 네가 진정으로 만나고 싶은 사람은 내가 아니라 너
　　　　자신이 아니니?

앞의 사례에서 내담자가 상담을 받으러 온 목적은 자기 자신을 만나는 것이고 그 목적을 달성하기 위한 수단으로 상담자를 만나러 왔다. 이와 같이 상담자는 내담자가 수단과 목적을 혼동하고 있는 것을 바르게 알려 주기도 해야 한다.

3) 상담자와 내담자의 관계

전통적인 한국 사회에서는 누가 누구를 치료하고 누가 누구를 상담하는 것과는 사뭇 다른 상담이 있었다. 우리는 사람들이 만나면 서로 사랑하고 마음을 터놓고 이야기하면서 더불어 사는 삶을 살아왔다. 이러한 과정 속에서 어른들은 어린 사람들을 따뜻하게 받아 주고

가르치면서 함께 성장해 나갔다. 이런 관계는 일방적이 아니라 비록 어른이라고 해도 어린 사람에게서 배우는 것을 부끄러워하지 않는 사람이 훌륭한 사람이라고 믿는 것이다.

또한 우리는 "사람이면 다 사람이냐, 사람이라야 사람이지. 사람이면 사람 노릇을 해라."라는 말에서 보는 것처럼 먼저 인간이 되는 것을 중요하게 생각하면서 살아왔다. 이렇게 서로의 성장을 돕는 것이 한국적 상담이었다. 이것은 서양식 개념으로 상담자가 있고 내담자가 있는 이분법적 사고와는 상당한 차이가 있는 것이다.

상담자가 내담자를 볼 때, 서구의 상담자는 '내담자는 문제가 있어서 상담자를 찾아왔다.'고 보며, '상담자인 내가 이 내담자를 도와서 그의 문제를 해결한다.'라는 관점에 서 있다. 이처럼 상담자가 내담자를 돕는다는 관점은 인간을 상대관으로 보고 있는 것이다.

이런 관점은 한상담 이론과는 다르다. 한상담에서는 인간을 절대관으로 바라본다. 내담자가 상담자와 만나면 바로 그 순간부터 내담자와 상담자의 관계는 '너'와 '나'가 아니라 '우리'의 관계가 된다. 내담자의 문제는 '너'의 문제가 아니라 두 사람 공동의 문제가 되며, 상담자가 아닌 내담자가 문제해결을 주도하는 것은 문제의 소유주이기 때문이 아니라 그 문제의 해결 욕구를 가지고 있기 때문이다.

한상담 전문가는 내담자의 '문제'에 초점을 두고 문제를 풀어 나가는 것이 아니라 문제를 가지고 있는 '내담자'에게 초점을 두고, 내담자와 더불어 두 사람이 함께 성장해 나가는 동안에 문제였던 것이 문제시되지 않거나 문제가 저절로 사라져 버리는 상담 접근 방법을 사용한다. 예를 들어, 남편과 갈등이 심한 부인을 상담할 때 그 갈등에 초점을 두고 해결해 나갈 수도 있지만, 그보다는 부인이 인간적으로 성숙해서 인간이해 능력, 공감수용 능력, 용서할 수 있는 능력, 감정 선택을 바르게 할 수 있는 능력 등이 자라 더 이상 그 문제는 문제가 되지 않을 수도 있다는 것이다.

한상담에는 내담자를 보는 다양한 입장이 있다. 우선, 상담자 자신의 입장이 있다. 개업한 상담자로서 내담자를 대할 때, 교수로서 학생을 상담할 때, 상사의 입장에서 부하를 상담할 때는 그 입장에 차이가 있다. 또한 내담자도 다양한 입장이 있다. 자발적으로 찾아온 사람, 권유나 강요로 찾아온 사람, 불려온 사람 등 그 입장의 차이가 크다. 그런가 하면 내담자가 보는 상담자의 입장도 다르다. 노동조합의 간부들은 상담자를 회사의 입장에서 자기들을 세뇌하러 온 사람으로 볼 수도 있고, 자녀들은 상담자를 부모님의 말을 듣고 자기를 설득하려고 든다고 볼 수도 있으며, 어떤 내담자는 상담자가 진정으로 자기를 도우려고 한다고 믿을 수도 있다. 상담자가 보는 내담자도 다양하다. 내담자를 사고뭉치로 볼 수도 있고, 오해받고 있는 억울한 사람으로 볼 수도 있다. 때로는 가해자로 볼 수도 있고 피해자로 볼 수도 있다. 여기에서 이런 입장들을 넘어서는 우리의 입장이 있다. 예를 들면, 상담을 성공적으로 끝내는 것이 두 사람 모두에게 유익하다는 것 등은 우리의 입장이다.

이처럼 상담 장면에서는 ① 상담자의 입장, ② 내담자의 입장, ③ 상담자가 보는 내담자의 입장, ④ 내담자가 보는 상담자의 입장, ⑤ 우리의 입장이 함께 어우러져 있다.

상담자는 내담자와 더불어 나와 너의 입장을 넘어서서 우리의 입장으로 가는 길을 안내해야 한다. 두 사람의 입장 차이를 분명히 하고 어느 때에 어느 입장에 충실해야 하는가를 분명히 해야 한다. 상담의 단계별로 이러한 입장을 달리하면서 유연하게 상담을 이끌어나가야 할 것이다. 비교적 상담 초기에는 내담자의 입장이나 내담자가 보는 상담자의 입장을 공감 수용하는 일이 많고, 상담 중기에는 상담자의 입장이나 상담자가 보는 내담자의 입장을 다루다가, 상담의 마지막 단계에 들어가면 우리의 입장이 가장 중요하게 된다.

한상담에서 가장 중요하게 생각하는 것은 만남이다. 한상담에서 일컫는 만남이란 나는 나이면서 너이고, 너는 너이면서 나인 상태를 말한다. 이런 절대관적인 입장에 서야 한상담을 정확히 이해할 수 있다.

8 한상담과 타 상담 이론의 비교

1) 한상담

한상담과 타 상담의 가장 큰 차이점은 한상담은 한철학이라는 아주 독특한 우리의 철학을 바탕으로 만들었다는 것이다. 한철학에서는 인간을 소아와 대아로 나누어 생각하고 대아란 우주 전체라고 생각한다. 우주의 정기를 받아서 생명체인 소아로 이 지구에 태어난 인간은 끝없는 성장을 통해 하늘에 이르는 대아적인 존재로 성장해 나간다. 이처럼 인간이란 무한한 가능성을 가지고 있으며, 우주적인 존재로 성장해 나갈 수 있는 가능성을 가지고 있는 존재라고 본다. 또한 한철학에서는 자신, 타인, 사물을 보는 기본적인 개념이 상대관이 아닌 상즉관이다. 즉, 전체 속에서의 나를 보며, 나 속에서 전체를 본다. 그런가 하면 이성적인 기준으로 세상을 판단해서 옳고 그름, 좋고 나쁨을 구별하기보다 모든 것이 조화를 이루는 상생(相生)을 추구한다.

한상담의 주요 개념은 세 가지로, 첫째는 문제해결도 하지만 주로 내담자의 성장을 도와서 그 문제가 저절로 사라지게 하는 성장 상담이다. 둘째는 사람에게 문제가 있다면 그것은 관계에서 발생한 문제라는 관점이다. 만약 세상에 자기 홀로 있다면 어떤 문제도 발생되지 않는다고 보고 관계에서 발생한 문제는 관계를 통해서 풀어야 한다는 관점이다. 셋째는 감정에 초점을 두고 문제를 해결하기 위해서 지금 이 순간에 느끼는 감정들을 찾아내서 풀거나 바른 감정을 선택하면 문제에서 벗어날 수 있다고 보는 관점이다.

한상담에서는 상담자와 내담자의 관계도 독특하다. 상담자와 내담자는 일여적(一如的)인 관계를 형성한다. 상담자가 내담자의 문제를 돕는 너와 나의 관계가 아니라 만남을 통해 공동으로 성장해 나가는 우리의 관계다. 상담관계 안에서 내담자가 가진 문제는 더 이상 내담자가 소유한 문제가 아니라 상담자와 내담자의 공동 과제로 본다.

한상담에서 사용하는 상담 기법은 크게 네 가지다. 첫째, 우선 말을 바꾸면 사람이 달라진다고 보고 말을 바꾸는 훈련을 한다. 사실 지향적 대화와 관계 지향적 대화, 적극적인 경청, 칭찬, 인정, 질문, 대결, 지적의 요령들을 구체적으로 훈련한다. 둘째, 생각을 변화시키기 위한 '관점전환 훈련', 셋째 감정을 변화시키기 위한 '감정의 수평분석'과 '감정의 수직분석', 넷째 행동을 변화시키기 위한 기법으로는 '상생행동 훈련'을 한다.

이러한 한상담은 주로 개인의 문제해결과 심리상담, 집단심리상담, 부부심리상담, 가족심리상담, 의사소통 훈련, 인간관계 훈련 등에 유용하다.

서양심리학이 한계에 직면해 있는 시점에서 한상담이 동양적인 관점에서 상담의 새로운 방향을 제시하고, 인간을 바라보는 새로운 관점을 제시하며, 다양한 문화를 가진 사람들을 그들의 모습 그대로 수용하고 그 가치를 이해할 수 있는 새로운 철학(한철학)적 근거를 제시할 수 있기를 바란다.

한편, 한국 사람, 한국 문화와 특성에 적합한 상담 문화를 만들었으면 한다. 그리고 이러한 시도가 다문화권의 사람들이 각자 고유의 특성과 문화에 적합한 상담 이론을 개발하고자 하는 시도에 자극이 되기를 바란다.

한상담 접근의 가장 큰 공헌이 있다면 그것은 현재의 문제를 해결하기 위해 과거가 아닌 현재를 다룬다는 관점이다. 즉, 현재 당면한 문제를 해결하기 위해 과거의 사실적인 기억(생의 초기 기억, 초기 대상관계 등)을 탐색하거나 분석하지 않고, 대신 지금-여기에서 느끼는 감정에 초점을 맞추고 주도적으로 감정을 선택하는 것으로 문제를 해결해 나갈 수 있는 가능성을 제시한다는 것이다. 또한 생각, 감정, 행동을 변화시키는 구체적인 전략을 제안하고 있으며, 사람의 성격이나 태도가 아니라 말을 바꿔서 관계를 개선하는 방법을 제안하고 있는 점이다.

이런 한상담도 접근의 어려움은 있다. 우선 다른 문화의 사람들이 한상담의 전문가가 되기 위해서는 배경이 되는 철학과 상즉관의 논리 구조를 새롭게 익혀야 하는 어려움이 있다. 즉, 일반 논리나 역설의 논리를 사용하던 사람들이 일여의 철학과 논리를 자유자재로 사용할 수 있을 때까지는 많은 노력과 시간이 요구될 것이다.

반면에, 한철학을 바탕으로 하는 상담자는 일여적 논리 구조로 인해 보다 자연스럽게 다양한 문화적 배경을 가진 사람들을 이해하고 수용할 수 있다는 장점이 있다. 한국인이 사용하는 논리는 서양인이 사용하는 일반 논리나 인도인이 사용하는 역설의 논리를 다 포함한 변화의 논리를 사용하고 있기 때문이다.

예를 들어, 한국에서는 외래 종교나 문화가 들어올 때에 문화적 충돌이 거의 없었다. 중국에서 주역이 들어올 때나 유교, 도교와의 충돌을 거의 찾아볼 수가 없다. 불교나 기독교가 들어올 때도 집권 세력과는 마찰이 있었고 순교자들도 있었지만 일반 대중과는 거의 마찰이 없었다. 신라가 온전한 부처님의 나라가 되었다는 의미에서 기념으로 지은 절이 바로 불국사다. 유교만 하더라도 이조 500년을 통해서 우리에게 미친 영향은 절대적이었다. 그 이후에 기독교는 서양 선교사가 들어오기도 전에 몇몇 선지자들이 성경을 읽고 신앙을 받아들였다. 그들은 최근에 천주교에서 성인으로 인정받았다.

이처럼 우리가 외래 사상이나 종교를 받아들이기 쉬웠던 것은 이들의 철학이나 논리가 이미 우리가 가지고 있던 천부경의 한사상과 마찰이 없기 때문이다. 그러나 외래 사상이나 종교가 가지고 있는 철학이나 논리는 우리가 가지고 있는 철학이나 논리의 한 부분이기 때문에 우리가 그들에게 이해를 받으려면 한계가 생길 수밖에 없을 것이다.

한편, 한상담이 가지고 있는 약점은, 우선 내담자의 과거 기억이나 초기 아동기 경험, 무의식, 전이 등의 탐색의 중요성을 평가절하한다는 점이다. 그리고 깊은 정서적인 문제나 정신분열증의 치료에는 한계가 있다. 또한 감정을 너무 중요시하기 때문에 문제의 사실적인 원인을 소홀히 보는 경향도 있다. 무엇보다도 가장 큰 문제는 인지적인 능력이 부족하거나 행동수정 능력, 자기통찰 능력이 부족한 사람들에게는 적용에 어려움이 있다는 점이다.

2) 한상담과 정신분석

한상담에서는 내담자의 현재 문제를 해결하기 위해서 초기 기억이나 어린 시절을 집중적으로 분석하지 않고 지금-여기에서 느끼는 감정에 초점을 둔다.

정신분석에서는 "인간은 기본적으로 생애 초기의 정신적 에너지에 의해 결정되며, 현재 행동의 핵심은 무의식적 동기와 갈등이다."라고 믿는다. 또한 "후기의 성격적 문제는 아동기 갈등이 억압된 것에 기인하므로 초기 발달이 매우 중요하다."라고 생각한다. 그리고 무의식적인 과정은 현재 행동과 깊은 관련이 있다고 믿는다. 어린 시절에 심리·성적 발달 단계를 성공적으로 거치지 못한다면 잘못된 성격이 발달하고 기본적인 갈등을 억압한다면 불안이 발생한다고 믿는다.

이런 관점은 한상담에서도 그대로 수용된다. 그러나 차이는 이런 성격적인 문제나 불안을 해결하기 위해서 과거의 기억을 탐색하는 것을 중요하게 생각하지 않는다는 것이다. 내담자가 성격적인 문제나 불안이 있다면 그것이 지금 나타나고 있을 것이기 때문에 지금-여기에서의 감정에 초점을 두고 해결하는 것이 효과적이라는 관점이다. 그리고 문제에 초점을 두고 해결해 나가기보다는 내담자가 성숙해지면 문제는 저절로 사라진다는 관점이다.

정신분석의 가장 큰 약점은 오랜 시간이 걸린다는 점이다. 그래서 내담자에게 많은 시간과 경비가 소요된다. 그 때문에 주로 상담 전문가가 되려는 사람들에게 교육 분석을 하거나 내담자들 중에서 넉넉한 시간과 비용이 있는 사람들에게 적절하다. 이에 비해 한상담은 비교적 단기치료이며, 해결하고자 하는 문제를 가지고 있는 내담자에게 효과적이다.

3) 한상담과 대상관계이론

사람의 문제가 관계에서 발생한다는 관점은 두 이론이 아주 비슷하다. 그러나 정신분석과 마찬가지로 대상관계이론에서도 어린 시절의 기억을 중요하게 분석하는 것이 한상담과의 차이점이다.

그러나 한상담에서도 지금 내담자가 가지고 있는 정신적인 강요나 비합리적 신념을 해결하기 위해서 이런 것들이 언제 만들어졌으며 어떻게 지금까지 지켜질 수 있었는지 찾아보기도 한다. 내담자가 지금 가지고 있는 정신적인 강요나 비합리적 신념들이 어려서부터 가지고 있었다는 것을 알게 되면 일생 동안 자기가 겪어 왔던 많은 문제의 실상이 객관적인 상황 때문이 아니라 그 상황을 어떻게 지각하고 받아들였는가 하는 자기착각 때문이라는 것을 알 수 있을 것이다.

예를 들어, 한 내담자는 유난히 억울한 일을 많이 겪는 사람이었다. 초등학교 교사인 내담자의 말에 의하면 교장이 유독 자기에게만 어려운 일을 맡기고 자기가 잘해도 인정을 해 주지 않는다는 것이었다. 그가 봤을 때는 교장의 행동이 부당하고 교장으로서의 자질이 부족하다고 했다. 그러나 상담이 진행되는 동안 이 내담자는 교장이 다른 교사들과 동등하게 자신을 대해야 한다는 비합리적 신념을 가지고 있다는 것을 알아차렸다. 그리고 이것은 어렸을 때 어머니가 돌아가신 후 새어머니가 데려온 자식과 차별대우를 한다고 느꼈던 때부터 시작된 신념이라는 것을 알아차렸다. 그리고 교장이 자신에게 어떻게 대접해 주어야 한다고 미리 정해 놓고 그 기대에 미흡하면 자신이 억울해한다는 것도 알아차렸다.

이처럼 과거의 기억을 탐색하기도 하지만 항상 현재를 초점으로 하는 것을 우선하는 것이 한상담이다.

4) 한상담과 인간중심치료

인간중심치료자의 인간관은 긍정적이다. 그들은 인간이란 존재는 완전히 기능하려는 경향이 있다고 보며, 내담자는 자신의 문제와 문제의 해답을 알아차릴 수 있는 잠재능력이 있다고 본다. 인간중심치료에서 상담이란 단순히 문제를 해결하고 정보를 주는 것이 아니라 내담자의 성장을 도와서 현재와 미래의 문제를 더 잘 다룰 수 있도록 돕는 데 목표를 둔다.

인간중심치료자의 필요충분조건은 다음의 세 가지다.

- 진실성과 솔직성: 상담자는 내담자를 대할 때 속마음을 있는 그대로 솔직하게 표현해야 한다. 이처럼 거짓이 없고 진실된 태도가 상담관계의 기본이다.
- 무조건적인 긍정적 수용: 내담자를 판단하거나 평가하지 않고 존재 자체를 있는 그대로 존중하고 긍정적으로 수용한다. 이런 태도는 내담자로 하여금 방어적인 태도를 줄어들게 하고 진정한 자기 자신이 되도록 돕는다.

- 공감적 이해: 내담자의 심정을 자기 심정처럼 공감하고 이해한다. 이런 감정이입적 이해는 내담자로 하여금 자기 자신을 발견할 수 있도록 돕는다.

내담자는 상담자와 맺은 이런 진정한 관계에서 배운 것을 다른 사람들과의 관계에도 적용해 본다. 이런 면들을 보면 인간중심치료는 배경이 되는 인간관이나 내담자를 대하는 방식이 한상담과 아주 유사해 보이기도 한다.

그러나 다음과 같은 점에서 차이가 있다.

- 인간관: 인간중심치료에서는 인간을 대아와 소아로 나누어 보았을 때 소아적인 인간을 인간이라고 보고, 인간의 한평생은 어머니한테서 태어나서 늙어 죽을 때까지라고 본다. 한상담에서는 대아적인 인간과 소아적인 인간을 함께 본다.
- 상담 기법: 상담자가 내담자를 무조건 긍정적으로 수용한다는 것은 아주 중요하다. 그러나 이것은 목적이 아니라 수단이다. 중요한 것은 이런 경험을 통해서 내담자가 자기 자신을 무조건 긍정적으로 수용하게 되어야 한다는 것이다. 그래서 한상담에서는 내담자를 무조건 긍정적으로 수용하기도 하지만 내담자로 하여금 자기 자신을 무조건 긍정적으로 수용하도록 훈련한다. 자기가 보는 자기와 자기에게 보이는 자기를 구분하며, 관점 전환, 감정의 수평분석, 수직분석을 통한 감정선택 훈련, 본심 찾기 훈련, 상생행동 훈련 등이 그것이다. 또한 무조건 긍정적인 수용도 하지만 때에 따라서는 따끔한 지적도 서슴지 않는다. 그 때문에 적극적이고 지시적인 방법도 함께 사용한다.

5) 한상담과 합리적 정서행동치료

합리적 정서행동치료(rational emotive behavior therapy: REBT)는 내담자가 가지고 있는 비합리적 신념이나 자기패배적 관념을 합리적 신념으로 바꾸도록 훈련한다.

이 이론에서는 잘못된 사고와 비합리적 신념들이 개인 문제의 기본이라고 본다. 그리고 이런 것들을 해결하기 위해서 사고하기, 평가하기, 분석하기, 질문하기, 행동하기, 연습하기, 재결정하기 등의 기법을 사용한다. REBT 전문가들은 죄책감이나 우울, 증오감 등 부정적인 정서를 일으키는 것은 객관적인 상황보다는 그 상황을 어떻게 받아들이는가의 문제, 즉 그 상황에 대한 평가나 신념이라고 믿는다. 이들은 사람들이 합리적 사고를 할 수 있는 잠재력을 가지고 태어났으나 계속해서 주입된 비합리적 신념 때문에 합리성을 상실한다고 믿는다.

이들이 말하는 합리적 신념이란 건강하고, 생산적이고, 적응적이며, 사회적 현실에 부합하는 생각이다. 이와 같은 신념은 선호(preference), 바람(desires), 소원(wants)의 형식을 취하고 있다. 반면에 비합리적 신념은 경직되고, 독단적이고, 건강하지 못하고, 부적응적이며, 목표를 이루고자 하는 노력을 상당히 방해한다. 비합리적 신념은 요구(demand), 당위(shoulds) 및 강요(musts)의 형식을 취하고 있다.

REBT 치료자는 인간 중심적이고 실존적인 모델을 따르며, 무조건적으로 내담자를 수용하기 위해서 최선을 다한다. 이는 인간이 효율적으로 기능하기 위해서는 무조건적인 수용이 그만큼 중요하기 때문이다. 하지만 치료자가 내담자를 무조건적으로 수용만 하다 보면 내담자는 치료자가 자신을 수용하기 때문에 자신을 수용할 수 있다는 식으로 오히려 조건적인 수용을 하기 쉽다. 따라서 REBT 치료자는 내담자를 무조건 수용하는 것에 더하여 내담자 스스로가 자신을 무조건적으로 수용할 수 있어야 한다고 강조하며 가르칠 필요가 있다(Ellis & Maclaren, 2007).

이런 부분은 한상담과 아주 유사하다. 내담자에 대한 무조건적인 수용이나 적극적인 가르침을 병행하는 것이 효과적이라는 생각은 너무나 상식적인 이야기라고 생각한다. 또한 한상담에서도 사람의 문제는 상황 때문이 아니라 그 상황을 어떻게 받아들이느냐 하는 마음가짐의 문제라고 믿는다. 사람의 생각은 바른 생각과 착각이 있는데, 사람은 착각에서 벗어나서 바른 생각을 선택할 수 있는 잠재능력이 있다고 믿는다. 그리고 착각을 하면 감정이 불편해진다고 믿는다. 한 생각을 했을 때 마음이 불편해지면 착각이라는 것을 알아차리고 관점 전환을 해서 바른 생각을 하는 훈련을 한다.

그러나 이 두 이론의 가장 큰 차이점은 합리적 정서행동치료는 생각이 바뀌면 사람이 바뀐다고 보고 비합리적 신념을 변화시키는 데 중점을 두고 있으나, 한상담에서는 감정의 선택을 바로 해서 감정을 변화시키는 것에 가장 중점을 두고 있다는 것이다.

6) 한상담과 현실치료

현실치료에서는 내담자가 선택한 행동에 의해서 운명이 좌우된다고 믿기 때문에 내담자가 가지고 있는 실패 정체감을 문제시한다. 내담자 중에는 자신이 사랑받지 못하고, 부족한 점이 많으며, 자신의 삶을 변화시킬 수 없다고 느끼는 사람들이 많다. 이런 내담자들에게 자신이 사랑을 주고받을 수 있는 사람이며, 삶의 의미를 되찾고, 바람직한 가치관을 형성하고, 남들과 좋은 관계를 맺고, 자신의 삶을 풍요롭고 충만하게 이끌어 나갈 수 있다는 성공 정체감을 기르도록 돕는 것이 현실치료다.

현실치료의 기본 목표는 자기 행동을 제대로 보지 못하고 과거의 경험에 대해 비생산적으로 집착하고 있거나 죄책감이나 불안감에 사로잡혀 있는 내담자가 생산적인 행동 변화를 할 수 있도록 돕는 것이다.

현실치료에서는 사람들은 그들의 선택과 행동에 따라서 감정을 만들어 낸다고 본다. 그리고 무의식이나 과거의 영향 등을 중요하게 생각하지 않는다. 현실치료 전문가는 내담자가 지금 하고 있는 행동이 자기 자신이나 다른 사람들과의 관계에서 효과적인가 아닌가를 평가하는 방법에 관심이 많다. 내담자가 무엇을 원하고, 어떤 선택을 하며, 어떻게 행동하는가를 평가하고 바람직한 변화 계획을 만들며 그러한 변화를 추진하게 한다.

현실치료는 8단계로 이루어지는데, ① 관계 형성, ② 자신의 행동 검토, ③ 자신의 행동이 도움이 되는 정도 평가, ④ 변화 계획 수립, ⑤ 실천 약속 받아 내기, ⑥ 변명을 못하게 하기, ⑦ 처벌을 사용하지 않기, ⑧ 포기하지 않기 등이다. 이 단계들 중에서 변화 계획을 수립하고 실천 약속을 받아 내기까지는 그리 어려운 일이 아니다. 그러나 실천 과정에서 어려움이 생겼을 때 처벌하지 않으면서 변명을 못하게 하고 또 끝까지 포기하지 않는 것은 훈련이 필요하다.

가령 담배를 끊겠다고 계획을 세웠던 내담자가 지난주에 세 대를 피웠다고 하자. 이때 상담자는 약속을 지키지 않았다고 문책하거나 처벌할 권리는 없다. 이 약속은 내담자가 자기 자신과 한 약속이지 상담자와 한 약속은 아니라는 점을 분명히 해야 한다. 이럴 때 상담자는 다음과 같이 말할 수 있을 것이다.

"당신은 담배를 끊는 일이 왜 중요한지 알고 있습니까? 당신은 담배를 피우는 것이 좋은지 끊는 것이 좋은지 잘 알고 있을 것입니다. 나는 당신에게 담배를 끊으라고 말할 권리는 없습니다. 그건 당신이 결정해야 할 문제입니다. 그러나 제가 묻고 싶은 것은 이것입니다.

당신은 진정으로 금연을 하기를 원합니까? 아니면 담배를 계속 피우기를 원합니까? 그리고 언제 금연을 할 것입니까?"

이런 질문을 한 다음 상담자는 내담자가 하는 어떤 변명에도 귀를 기울이지 않는다. 이렇게 해서 내담자가 자신의 행동을 평가하는 방법을 익히고 자신의 계획을 실천하고 행동을 변화시켜서 성공 체험을 할 수 있도록 돕는다.

한상담에서도 내담자가 자기 행동을 선택할 권리가 있으며 스스로 책임을 져야 한다는 관점은 현실치료와 유사하다. 또한 선택 이론과도 매우 유사해 보인다. 그러나 가장 큰 차이점은 현실치료에서는 행동을 변화시키기 위해서 이성적인 작업을 하며, 변화의 계획을 세우고 실천 의지를 북돋우고 반드시 지키겠다는 확약을 한다. 그러나 한상담에서는 행동을 변화시킬 수 있는 힘은 감정에 있다고 믿는다. 그래서 행동을 변화시키기 위해서 감정 선택을 중요시한다.

예를 들면, 담배를 피우던 사람이 담배를 끊으려 할 때 현실치료에서는 담배를 피우겠다는 생각을 바꿔서 금연을 결심하게 하고 그 결심을 지켜 낼 수 있는 계획을 수립하고 실천한다. 그러나 한상담에서는 생각을 바꾸기도 해야겠지만 중요한 것은 담배를 피우고 싶은 감정을 바꿔서 담배 피우기 싫어지도록 돕는 것이다. 담배 피우기가 싫어지면 끊고 말고 할 게 없어진다. 이처럼 결심을 해서 행동을 변화시키는 것이 아니라 마음속에서 우러나오는 발심을 통해서 행동의 변화를 유도하는 것이 훨씬 자연스럽고 쉽다는 관점이다.

현실치료에서도 관계 형성을 중요하게 생각한다. 그러나 필자가 보기에는 그 관계의 깊이가 한상담에서처럼 너와 내가 함께 통하고 어우러지는 그런 깊은 관계는 아니다. 그리고 현실치료에서는 내담자의 문제해결에 더 많은 초점을 두고 내담자의 인간적 성장에는 비교적 관심을 덜 기울이는 것 같다.

제2장 | 한상담의 개인상담

제**2**장
한상담의 개인상담

1 한상담의 과정

상담의 과정은 상담자가 어떤 이론으로 상담을 추진하느냐에 따라서 달라진다. 예를 들어, 로저스(Rogers, 2002)는 상담의 단계를 다음과 같이 12단계로 구분한다.

① 내담자가 도움을 받으러 온다.
② 도움을 주는 상황, 즉 상담 상황이 규정된다.
③ 상담자는 문제에 관한 감정을 자유스럽게 표현할 수 있도록 내담자를 격려한다.
④ 상담자는 이런 부정적인 감정을 수용하고, 인정하며, 명확히한다.
⑤ 내담자의 부정적인 감정이 완전히 표현되면 뒤이어 성장에 도움이 되는 긍정적인 충동이 다소 시험적으로 약하게 표현된다.
⑥ 상담자는 부정적인 감정을 수용하고 인정한 것처럼, 긍정적으

로 표현되는 감정도 수용하고 인정한다.

⑦ 통찰, 즉 자신에 대한 이해와 수용은 전체 상담 과정 중 이 단계에서 나타나는 중요한 측면이다.

⑧ 가능한 선택과 행동 방향을 명확히 해 주는 과정이 통찰의 과정과 혼재되어 나타난다.

⑨ 약하기는 하지만 대단히 중요한 적극적인 행위가 개시된다.

⑩ 자신에 대해 더 완전하고 정확한 이해를 한다.

⑪ 내담자는 더욱더 통합된 적극적인 행동을 한다.

⑫ 내담자는 도움을 받을 필요가 점차로 없어진다고 느끼게 되고, 상담관계를 끝내야겠다고 인식하게 된다.

그런가 하면 이형득은 『본성실현상담』(2003)에서 개인상담의 발달 과정을 시작, 준비, 작업, 종결의 네 단계로 구분하고 각 단계의 특징과 상담자의 역할을 다음과 같이 제시한다.

 1. 시작 단계
　　1) 상담자 소개와 예상불안의 취급
　　2) 상담의 구조화
　　　(1) 상담의 성격과 목적
　　　(2) 상담자와 내담자의 역할
　　　(3) 비밀의 보장
　　　(4) 기타 지켜야 할 사항
　　3) 상담 목표의 설정

2. 준비 단계
　　1) 의존성
　　2) 주저, 저항, 갈등
　　3) 친밀관계

3. 작업 단계
   1) 자기노출과 감정의 정화
   2) 비효과적 행동 패턴의 취급
   3) 바람직한 대안행동의 취급

4. 종결 단계
   1) 상담 경험의 개관과 요약
   2) 내담자의 성장 및 변화에 대한 사정
   3) 피드백 주기
   4) 이별 감정 및 미진 사항의 취급
   5) 최종 마무리와 작별 인사

이러한 상담 단계 제시의 필요성에 대해 이형득은 '이야기하기 좋아하는(talkative)' 서양인들에 비해 '체면 문화' 또는 '겸양지도'의 영향으로 '수줍어하는(reserved)' 동양인에게는 어쩌면 어느 정도 상담자의 개입과 구조화가 도움이 될 것으로 여겨지기 때문이라고 언급하였다.

상담 과정이란 쉽게 말해서 상담 장면에서 어떤 일이 일어나는가에 대해서 차례대로 기록한 것이다. 이러한 상담 과정은 분명하게 구분되기도 하지만 때로는 앞뒤가 뒤바뀌기도 하고 겹쳐지기도 해서 일괄적으로 구분하는 것은 무리일 수도 있다. 그러나 상담을 오래 하다 보면 분명한 단계의 구분은 어렵더라도 상담 과정에서 어떤 경향이 나타나는 것을 경험적으로 확인할 수 있다. 때문에 학자들은 상담 과정을 보다 쉽게 이해하고 효과적으로 실시하기 위해서 통상 몇 개의 단계로 구분하여 그 특징을 제시하고 있다. 내담자를 보다 효율적으로 도우려는 상담자라면 이처럼 상담 과정에서 나타나는 상담 단계의 특징을 명확하게 인식하고 각 단계에서 상담자가 해야 할 역할을 충실히 수행하려는 노력이 필요하다.

이제 한상담의 상담 과정에 대해 살펴보자. 한상담의 과정을 간단하게 정의하면 내담자의 생각과 감정, 행동에 변화를 일으키기 위하여 상담자와 내담자 사이에서 일어나는 만남과 성장의 과정이라 할 수 있다. 다시 말해, 한상담의 과정은 내담자가 상담자를 만나 성장해 나가는 상담 발달 단계를 말한다. 한상담의 발달 단계는 사전 준비 단계, 관계 형성 단계, 문제 분석 단계, 개입 단계, 종결 단계로 구분된다.

1) 사전 준비 단계

상담을 받으러 오는 내담자는 그 자신이 도움을 받아야 할 필요를 느끼거나 또는 주변의 권유에 의해서 상담실을 찾게 된다. 이와 달리 누군가의 강요에 의해서 찾아오거나 직장이나 학교처럼 상사와 교사들이 부하나 학생을 불러서 상담이 진행되는 경우도 있다. 이들 중 어떤 경우라도 상담관계가 형성되려면 우선 내담자가 상담자에게 도움을 받으려는 마음을 먹어야 한다. 이를 위해 상담자는 상담을 시작하기 전에 우선 내담자가 왜 상담을 받으려고 하는지를 분명히 알아야 하고, 어떤 어려움이 있는지, 어떤 특성을 가지고 있는 사람인지, 개선의 가능성은 있는지 등 내담자에 대한 정보를 될 수 있는 한 많이 수집하는 것이 좋다.

수집하는 정보들은 크게 두 가지로 구분되는데, 내담자의 일과 대인관계에 대한 것이다. 첫째, 일과 관련된 면에서는 그가 무슨 일을 하고, 언제부터 했으며, 최근의 실적은 어떠한지 등을 확인한다. 둘째, 대인관계 면에서는 언제, 누구와 어떤 일들이 있었는지를 확인한다. 그 밖에 대체적인 내담자의 상황, 상태, 의뢰된 경우라면 의뢰 사유 등을 듣고 상담의 목적을 확인한다.

상담자는 이러한 정보를 토대로 우선 상담이 필요한 사람인지 아닌지를 결정한 뒤 내담자의 문제를 다루는 데 적합한 영역을 판단해야 한다. 정신적으로 건강한 사람인데 문제가 발생했다면 문제해결을, 심리적인 문제가 있는 경우라면 상담을, 정신병이 있다면 치료가 이뤄지도록 도와야 할 것이다. 아울러 상담자가 직접 도움을 줄 수 없는 내담자이거나 자신보다 더 효과적으로 도움을 줄 수 있는 전문가가 있다고 판단되면 그 전문가에게 안내를 하는 것도 상담자의 역할이다.

이 단계에서 내담자의 정보를 수집할 때는 몇 가지 주의해야 할 점이 있다. 첫째, 내담자의 정보를 미리 들으면 자칫 선입견에 빠질 수 있다. 이러한 선입견은 앞으로의 상담에 부정적인 영향을 미칠 수 있으므로 유의해야 한다. 둘째, 정보를 받아들일 때는 해당 정보를 제공하는 사람과 내담자의 관계를 고려해야 한다. 두 사람 사이의 친밀감과 신뢰감의 정도나 성격 차이 등이 정보의 신뢰도에 큰 영향을 미치기 때문이다. 셋째, 객관적인 정보를 수집해야 한다. 정보 제공자의 주관적 판단이나 평가는 될 수 있는 한 배제해야 한다.

2) 관계 형성 단계

이 단계는 상담자와 내담자가 처음 만나는 순간부터 시작된다. 상담자를 찾아온 내담자는 자기가 가지고 있는 문제의 효과적인 해결 방법을 찾지 못한 사람들이 대부분이다. 상담자는 내담자가 이 문제들의 효과적인 해결 방법을 찾을 수 있도록 도와야 한다. 이 때문에 상담자와 내담자의 관계는 일반적인 만남의 관계가 아닌 특수한 관계다. 단순한 인간관계라면 두 사람이 만나서 사이좋게 지내기만 하면 된다. 그러나 상담에서는 내담자의 문제를 해결하는 것이 일차적인 목표다. 따라서 상담자와 내담자 사이에 친밀감과 신뢰감을 형성하는 것도 내담자의 문제해결에 도움이 되기 때문에 하는 것이다. 이러한 맥락에서 한상담자는 관계 형성 단계에서 다음의 세 가지 일을 주로 한다. 첫째, 내담자와의 만남, 둘째 상담에 대한 설명, 셋째 상담의 목표 설정이다.

(1) 내담자와의 만남

한상담에서는 사람에게 어떤 문제가 있다면 그것은 거의 대부분 대인관계의 문제이고 관계의 문제는 감정상의 문제라고 본다. 내담자 개개인마다 문제는 다양하겠지만 공통적으로는 자신이 경험했던 만남에서의 문제, 즉 관계에 문제가 있었고 그 결과 감정상의 문제를 안고 있는 것이다. 따라서 한상담자는 내담자가 상담자를 만나는 순간부터 이제까지 자기가 경험했던 만남과는 다른 새로운 만남을 경험하도록 도와야 한다. 그렇게 하려면 먼저 내담자로 하여금 상담자가 자기 심정을 자기처럼 알아주고, 진정으로 내담자를 도우려는 마음이 있으며, 문제를 효과적으로 해결하도록 도울 수 있는 능력이 있다는 믿음을 가지게 해야 한다.

달리 말하면, 관계 형성 단계에서 상담자는 내담자로부터 친밀감과 신뢰감을 얻어 내야 하며, 그 정도에 따라 상담의 전체 과정과 상담의 질이 달라진다고 할 수 있다. 이러한 친밀감과 신뢰감을 얻어 내는 구체적인 방법을 살펴보자.

① 친밀감

내담자와 상담자가 만난 초기 단계에는 서로가 낯설다. 친밀감을 얻어 낸다는 것은 이 낯섦을 해결하고 터놓고 이야기할 수 있는 분위기를 조성하는 일이다. 그러기 위해서 상담자는 관계 지향적인 대화를 많이 사용하고, 내담자에게 모든 주의를 집중해서 매 순간순간 내담자가 느끼는 다양한 감정을 그 종류나 크기가 일치하도록 공감 수용해야 한다. 뿐만 아니라 내담자의 표면적인 말을 듣고 그 내면에 담긴 의미, 기분, 성격, 숨은 뜻과 숨은 기분 등을 듣고 받아들여야 한다. 이처럼 말만 듣는 게 아니라 말귀를 알아듣는 것은 두 사람 사이의 친밀감을 형성하는 데 큰 도움이 된다.

② 신뢰감

친밀감을 형성한 다음에 중요한 것은 내담자의 신뢰를 얻어 내는 일이다. 상담자는 내담자의 문제해결을 효과적으로 돕는 데 필요한 지식과 경험을 골고루 갖추고 있는 전문가라는 인상을 내담자에게 줄 수 있어야 한다. 이를 위해서는 자신의 상담 접근 방법, 상담 경험 등을 이야기할 수도 있다. 그러나 신뢰를 얻기 위해 자기과시를 하거나 자랑을 하게 되면 오히려 역효과가 난다. 특히 조심해야 할 일은 내가 누구를 상담했다느니 하면서 이전에 상담했던 내담자의 지위나 배경을 들먹이는 일이다. 이보다는 평소에 상담자 자신이 탁월한 인격과 역량을 갖추기 위해서 부단히 노력하고, 겸손한 마음으로 내담자를 존경하고 칭찬 인정하는 태도가 필요하다.

이러한 방법을 통해 형성된 친밀감과 신뢰감은 전체 상담 과정, 특히 개입 단계에서 상담자가 내담자의 문제에 효과적으로 영향을 미칠 수 있는 정도를 가늠할 수 있는 바로미터다. 참고로 상담자의 내담자에 대한 영향력 정도를 '권력'이라는 리더십의 개념으로 살펴보자. 대인관계에서 발생하는 영향력은 그 사람이 가지고 있는 지위에서 비롯되는 지위 권력과, 지위와는 아무 상관이 없는 개인 권력으로 나눌 수 있다. 그런데 상담자가 내담자를 만날 때는 지위 권력을 갖고 있지 않는 경우가 많다. 물론 직장의 상사가 부하 사원들을 상담할 때처럼 지위 권력이 있을 때도 있지만 이런 조건에서도 상담을 하려면 지위 권력은 사용하지 않는 것이 효과적이다. 그 때문에 상담자는 개인 권력으로 내담자에게 영향을 미쳐야 한다. 개인 권력은 두 사람 사이의 친밀감과 신뢰감에서 우러나온다. 내담자와 상담자가 친하면 친할수록, 믿으면 믿을수록 영향력이 커진다.

(2) 상담에 대한 설명

내담자가 편안하고 친밀하게 이야기할 수 있게 되면 첫 만남 후반부에 상담이란 무엇을 하는 것이며, 어떻게 하는 것인지 안내할 필요가 있다. 상담 경험이 없는 대부분의 내담자는 자기 나름대로 상담에 대한 선입견이나 가정들을 가지고 있는 경우가 많기 때문이다. 예를 들면, 많은 내담자가 자기들의 문제를 내놓으면 상담자가 해답을 줄 것이라는 기대를 가지고 온다. 이처럼 내담자와 상담자가 상담에 대한 관점이 다른 경우에는 미리 견해를 일치시킬 필요가 있다. 상담의 초기에 이런 관점들을 함께 이야기하는 것은 불필요한 오해를 줄이는 데 도움이 된다.

또한 이 단계에서 상담을 시작한다는 사실에 대한 내담자의 느낌을 확인해 보는 일이 중요하다. 어떤 내담자는 상담을 시작한다는 것에 대해 희망을 가지고 임하기도 한다. 이처럼 편안하게 상담을 받아들이는 사람도 있지만 많은 내담자가 복잡한 감정을 가지고 있다. 상담자가 어떤 사람인지, 정말 도움을 받을 수 있을지 불안해하기도 하고, 또 상담을 통해 도움을 받고 싶은 욕구와 상담 과정의 어려움을 피하려는 욕구 사이에서 갈등을 느끼기도 한다.

오래전 이야기지만, 불면증으로 고통받던 한 내담자가 찾아와서 "잠만 좀 잘 수 있도록 해 주시면 제 재산의 반이라도 드리겠습니다." 라고 하였다. 어찌 들으면 이 말은 '잠을 자게만 해 준다면 상당한 사례를 하겠다.'는 말이다. 그러나 이 말을 통찰해서 듣는다면 두 가지 메시지로 해석할 수 있다. 하나는 '잠을 못자서 너무나 고통스럽다.' 는 것이고, 다른 하나는 '아마도 당신은 내 증세를 고치지 못할 것이다.'라는 것이다. 심리적인 증세를 가지고 있는 사람들은 표면적으로는 고통을 호소하지만 다른 한편으로는 그 증세 때문에 누리는 이득이 있게 마련이다. 비록 그 이득이 불합리하거나 아니면 무의식화되어 있어서 본인이 알아차리지 못한다 하더라도, 그 이득을 포기해야 할 때가 오면 저항을 불러일으키게 되고 갈등하게 된다. 관계 형성 단계에서 이런 갈등을 나타내는 내담자가 있다면 이를 당장 해결하려 들기보다는 우선 알아차리고 공감 수용하는 것이 필요하다. 내담자들은 막상 결심을 하고 상담을 하겠다고는 했지만, 시작하려면 무슨 말을 어떻게 해야 할지 몰라서 긴장하기도 하고 불안을 느끼기도 한다. 상담자는 이런 심정을 이해하고 공감해서 긴장을 풀어 주고 불안을 해소해 주어야 한다.

그런 다음에는 효과적인 상담을 위한 안내가 필요하다. 상담 시간의 사용이나 상담자와 내담자의 역할, 상담 진행 절차 그리고 지켜야 할 태도 등을 이야기한다. 예를 들어, 상담 시간은 반드시 지켜야 하며, 약속 시간에 늦어도 마치는 시간은 지켜야 한다는 사실을 알려 주어야 한다. 50분 상담 약속을 하고 30분 늦었다면 상담은 20분 진행한다는 것이다. 그리고 미리 알리지 않고 상담 시간에 오지 않았더라도 해당 회기 상담 비용을 부담해야 된다는 것도 알려 주어야 한다.

이 단계에서 한상담자가 반드시 해야 할 일은 '자기개방'에 대한 설명이다. 다른 상담 이론의 전문가와 상담 경험이 있는 사람들은 자기개방이란 자기가 겪은 사실적인 이야기를 하는 것으로 알고 있는 경우가 많다. 그러나 한상담에서는 사실적인 이야기에 대한 개방이 아니라 그런 사실을 겪으면서 경험한 사실에 대해 지금-여기에서 느끼는 감정을 개방하는 것을 '자기개방'이라고 한다. 내담자들 중에는 사실적인 이야기를 하지 않아도 된다는 것을 알고 안심하는 사람들도 많다. 그러나 사실 설명 없이 감정만 표현해도 문제를 해결할 수 있다는 것을 믿기 힘들어하는 사람들도 있다. 그런 이들에게는 사실적인 설명도 중요하겠지만 그보다는 그 심정을 공감 수용하는 일이 중요하다.

(3) 상담의 목표 설정

내담자들 중에는 구체적인 목표를 가지고 있는 사람들도 있지만 막연한 목표를 가지고 찾아오는 사람들도 많다. 이 단계에서 상담자는 내담자가 주도적으로 자기 목표를 분명하고 구체적으로 설정하도록 돕는다. 사람들은 스스로 의사결정을 하지 않으면 그 결과에 대해서 책임을 지려 하지 않기 때문이다. 이 단계에서 목표 설정을 한 내담자는 상담자에게 도움은 받아야 하지만 상담의 전 과정에 걸쳐서 자기가 주도해서 문제를 해결해 나가야 한다는 사실을 분명하게 인식하게 된다.

내담자가 주도적으로 목표를 설정하려고 하면 목표 설정의 원칙과 단계에 따라 목표를 설정하도록 돕는다. 목표 설정의 원칙은 ① 내담자가 주도적으로 설정한다, ② 구체적이어야 한다, ③ 달성 가능해야 한다, ④ 반드시 수량화하고 측정 가능해야 한다, ⑤ 행동의 변화를 목표로 삼아야 한다, ⑥ 변화 기간이 설정되어 있어야 한다는 것 등이다.

목표 설정의 단계는 다음의 순서를 따르는 게 효과적이다.

① 목표 진술

내담자에게 상담을 받고자 하는 목표가 무엇인지 묻는다. 그리고 지금 어떤 어려움이 있으며 어떤 상태가 되면 상담을 마쳐도 될지를 묻는다. 내담자가 이 질문을 받고 구체적인 대답을 한다면 이 대답을 목표로 생각하면 된다. 그러나 많은 내담자가 목표가 불분명하거나, 너무 광범위하거나, 아니면 한꺼번에 너무 많은 목표를 이야기하기도 한다. 이런 경우 막연한 목표를 그대로 상담 목표로 설정하는 것은 상담 실패의 중요한 요인이 된다.

② 목표 정리

내담자가 진술한 목표가 분명하지 않다면 내담자를 도와서 그 목표를 정리하게 하는 단계다. 이때 내담자가 감정적으로 불안정하면 자기 목표를 명료하게 정리해 내기 어렵다. 따라서 내담자의 심정을 충분히 공감 수용하고 감정적으로 안정이 된 다음 목표 정리를 위한 질문을 하도록 한다. 질문 과정에서도 감정적으로 불안정해지면 공감 수용하여 감정적으로 안정되게 하는 일을 늘 유의해야 한다.

목표 정리를 위한 질문으로 가령 의사소통을 잘하고 싶다고 한다면 지금 의사소통에서 어떤 불편을 느끼는지, 누구와 의사소통이 잘 안 되는지, 그 이유는 무엇이라고 생각하는지, 듣는 것이 잘 안 되는지 아니면 말하는 것이 잘 안 되는지, 어떻게 되기를 바라는지 등을 질문할 수 있다.

이런 질문과 답을 주고받은 다음에는 "지금까지 우리가 한 이야기를 정리하자면, 의사소통을 잘하고 싶다는 말씀은 부인과 다툴 때에도 심하게 상처를 주는 말은 피하고 내용은 분명하게 전달하면서도 부인이 편하게 받아들일 수 있는 표현 방법을 익히고 싶다는 말씀입니까? 그렇다면 '부인과 의사소통을 원활하게 하는 것'을 목표로 정해도 되겠습니까?" 식으로 정리가 가능할 것이다.

이처럼 목표 정리 단계에서는 막연한 목표는 구체적으로 분명하게 하고, 너무 많은 목표는 단순화하며, 무리한 목표는 달성 가능한 목표로 조절하는 일 등을 한다.

③ 중간 목표 설정

목표가 설정되고 나면 그 목표를 달성하기 위한 중간 목표를 설정한다. 마치 등산을 하는 사람들이 고지를 정복하기 위해서 먼저 베이스 캠프를 세우는 것과 같다. 이를 위해 정리한 목표인 '아내와 의사소통을 원활하게' 하려면 먼저 무엇을 어떻게 하면 좋을지를 물어본다. 만약 '마음의 여유를 가졌으면 좋겠다, 말하는 요령을 익혔으면 좋겠다, 듣는 훈련을 했으면 좋겠다, 아내의 성격을 이해했으면 좋겠다.' 등의 여러 중간 목표가 나오면 그중에서 어느 것이 가장 효과적일 것 같은지를 묻는다. 간혹 내담자가 제안하는 중간 목표들이 부적당하다고 생각되면 상담자도 함께 참여해서 중간 목표의 설정을 돕는다. 이러한 과정을 거쳐 "당신은 부인과의 의사소통을 원활하게 하기 위해서 우선 말하는 요령을 익혔으면 좋겠다는 말씀입니까? 그렇다면 '부인에게 상처를 주지 않고 자기주장을 하는 요령을 익히는 것'을 중간 목표로 삼아도 좋겠습니까?" 식으로 정리가 가능할 것이다. 중간 목표를 설정할 때에 유의해야 할 일은 이 중간 목표가 최종 목표 달성에 결정적인 도움이 되어야 한다는 것이다.

④ 행동 목표 설정

중간 목표를 설정하고 나면, 중간 목표를 달성하는 데 필요한 구체적인 행동 목표를 설정한다. 행동 목표는 '어떤 행동을, 언제까지, 어느 정도로 실천하겠다.'는 구체적인 계획을 말한다. 이때 상담자와 내담자가 변화 정도를 측정할 수 있는 기준도 마련하는 것이 좋다. 예를 들어, '부인에게 상처 주지 않고 자기주장을 하는 요령을 익히기 위해서 우선 하루에 세 명에게 피드백을 하는 것을 실습하고 그들에게 어떤 느낌이 들었는가를 확인한다.' 그리고 '세 명 중에 평균 두 명 이상이 불쾌하지 않았다고 대답하면 부인에게 직접 시도해 보겠다.' 식이면 좋다.

이상과 같은 단계를 밟으면 효과적으로 목표 설정을 하도록 도울 수 있다. 그런데 여기서 든 사례는 문제해결을 위한 아주 간단한 목표 설정 사례에 해당된다. 실제의 경우에는 아주 복잡할 수도 있고 때로는 처음에 목표를 설정했다고 하더라도 중간에 새로운 목표가 나오거나 변경해야 할 때도 있다. 그 때문에 학자에 따라서는 상담의 초기 단계보다는 중기 단계에 가서 목표를 설정하는 것이 효과적이라는 사람도 있다. 그러나 한상담에서는 상담의 시작 단계에 분명한 목표를 세우는 것이 상담 진행에 효과적이라고 생각한다. 다만 이 단계에서는 '완벽하고 엄밀한' 목표 설정에 주안점이 있는 것이 아니다. 자기 목표를 분명히 하여 변화의 방향을 뚜렷이 하고, 목표 의식을 가짐으로써 변화 동기가 강화되며, 내담자가 주도하여 목표를 설정함으로써 상담 전체 과정에서 내담자 주도적인 태도를 형성하는 데 중점을 둔다. 아울러 말로 선언함으로써 자기 책임성을 갖게 하는 것도 놓치지 말아야 할 점이다.

끝으로 만약 처음 세운 목표와는 다른 목표를 설정해야 할 필요가 있다면 처음에 설정한 목표를 달성하고 난 뒤에 새로운 목표를 추구하는 것이 효과적이다.

3) 문제 분석 단계

상담관계가 형성되면 내담자는 자신의 문제를 이야기하고자 한다. 이 단계에서 해야 할 일은, 첫째 터놓고 이야기하게 하기, 둘째 내담자가 보는 내담자의 문제 정리, 셋째 상담자가 보는 내담자의 문제 정리다.

(1) 터놓고 이야기하게 하기

상담자를 만났다고 해서 모든 내담자가 처음부터 자기 속내를 솔직하게 털어놓고 이야기하는 것은 아니다. 상담자를 만나서 이 세상 누구에게도 하지 못했던 자기 이야기를 하려면 비난받거나 비판받거나 무시당하지 않을 수 있다는 믿음이 생겨야 가능할 것이다. 솔직한 자기 이야기를 하려면 안전이 보장되고 도움을 받을 수 있을 것이라는 믿음이 있어야 한다.

이를 위해서 상담자는 전적으로 내담자의 입장에 서서 수용적인 자세로 내담자의 이야기를 듣고 받아들여야 한다. 그리고 필요하다면 이 세상 모든 사람에게 손가락질 받을 만한 일을 했다고 하더라도 그렇게 할 수밖에 없었던 내담자의 심정을 이해하는 것이 상담자의 역할이라는 것을 알려 줘야 할 것이다.

또한 상담의 비밀 보장에 대한 안내가 필요하다. 상담자는 내담자에게 상담 도중에 주고받은 어떤 이야기라도 절대 비밀이 보장되며, 내담자의 동의 없이는 어떤 경우에도 공개하지 않는다는 사실을 분명히 해야 한다. 만약 수련 중의 상담자라면 슈퍼비전을 받기 위해 자신의 슈퍼바이저에게 공개할 경우에도 미리 내담자에게 동의를 받겠다는 것을 약속한다.

(2) 내담자가 보는 내담자의 문제 정리

내담자가 마음의 문을 열고 터놓고 이야기하게 되면 '내담자가 보는 내담자의 문제', 즉 해결하고자 하는 자신의 본질적인 문제를 명확히 할 필요가 있다. 문제가 명료화되면 나아가 그 문제가 어떻게 해결되기를 바라는지, 즉 내담자의 소망을 분명하게 정리하도록 돕는다. 이를 위해 상담자는 주로 질문을 많이 사용하게 되는데, 그 과정을 좀 더 상세히 살펴보자.

① 상황 정리

내담자가 자신이 처한 상황을 어떻게 인식하고 있는지를 질문과 대답을 통해 명료하게 정리해 가는 과정이다. 앞선 과정에서 공감 수용이 충분히 이뤄졌다 하더라도 이 과정에서 감정적으로 불안정해지면 언제든지 공감 수용을 통해 감정적으로 편안해지도록 돕는 것을 잊지 말아야 한다. 질문하는 요령은 다음과 같다.

- 질문에 대한 허락을 받는다. "내가 당신을 효과적으로 도우려면 사전에 알고 싶은 게 있는데 물어보아도 괜찮겠느냐?" 식으로 허락을 받는 것이 좋다. 내담자가 허락을 하면 "상담 받으러 올 때까지 최근의 상황이 어떠했느냐?"라고 묻는다. 주로 생활 현장에서의 상황(직장, 가정, 심리 상태 등)과 상담을 하러 오게 된 직접적인 계기를 확인한다.
- 내담자의 대답에는 반드시 공감 수용, 칭찬 인정 등으로 반응한다.
- 상황을 있는 그대로 듣는다. 이때 내담자가 이야기하는 현실은 그가 처한 객관적인 현실이라기보다는 자기가 지각한 주관적인 현실인 경우가 많다. 그러므로 내담자의 말을 들으면서 비판하거나 판단 평가하지 말고 '저 사람이 저 상황을 저렇게 이야기하는구나!' 하고 무심코 들어야 한다. 만약에 마음에 걸리는 부분이 있다 하더라도 듣기만 해야 한다. 한상담자가 또 하나 놓치지 말아야 할 점은 상황에 대해 이야기를 듣는 동안에 상황도 들어야 하지만, 그 상황을 그렇게 지각하는 내담자를 이해해야 한다는 것이다.

② 문제 정리

내담자가 인식한 상황 속에서 '내담자가 보는 문제가 무엇인지'를 질문과 대답을 통해 명료하게 정리해 가는 과정이다. 문제에 대한 질문을 하는 단계에서도 내담자가 불편한 심정을 이야기하면 항상 공감 수용해야 한다. 질문하는 요령은 다음과 같다.

- 상황 이야기를 듣고 난 후에는 그 상황에서 내담자에게 무엇이 문제이고 무엇이 불편한가를 묻는다.
- 문제가 분명하지 않고 여러 개가 나오면 많은 문제 중에서 자신에게 가장 중요하게 생각되는 것부터 이야기하도록 안내한다. "당신이 지금 10여 가지 문제를 이야기했는데, 그 문제들 중에서 가장 중요한 문제 세 가지만 뽑으라고 한다면 어떤 것을 이야기하겠는가?" "그중에 당신에게 가장 불편을 주는 문제는 무엇인가?" "우선적으로 해결하고 싶은 문제는 무엇인가?" 등을 묻는다.
- 중요한 문제와 급한 문제가 같지 않을 때가 많다. 건강한 사람일수록 중요한 문제부터 풀어 가는 경향이 있고, 건강하지 않은 사람일수록 급한 문제부터 풀어 가는 경향이 있다. 이러한 점에 유의하여 내담자의 '문제를 대하는 태도와 문제해결 방법' 등은 어떠한지를 파악해 두는 것이 중요하다. 즉, 한상담자는 내담자의 상황에 빠지지 말고 그 상황을 보는 내담자를 보고, 내담자의 문제에 사로잡히지 말고 그 문제를 보는 내담자를 보아야 한다.

③ 소망 정리

문제가 분명해지면 그다음 단계는 '그 문제가 어떻게 해결되기를 원하는지' 내담자의 소망과 이를 달성할 방법에 대해 질문과 대답을 통해 명료하게 정리해 가는 과정이다. 질문하는 요령은 다음과 같다.

- 그 문제가 어떻게 해결되기를 희망하는가?
- 그렇게 되기 위해서 내담자가 할 수 있는 일이 무엇인가?
- 혹시 다른 사람의 도움이 필요하지는 않은가?
- 그동안 이 문제를 해결하기 위해서 어떤 노력을 해 보았는가?
- 그 노력을 통해 성공한 부분은 어떤 부분이고 성공하지 못한 부

분은 어떤 부분인가?

- 소망을 달성할 방법을 찾고 있는데, 성공하려면 어떤 태도나 능력이 필요한가?

* 앞서 '관계 형성 단계'에서 다루었던 '목표 설정' 요령을 이 단계에서 활용할 수도 있다.

(3) 상담자가 보는 내담자의 문제 정리

한상담에서는 다음과 같은 관점들로 내담자의 문제를 분석한다. 앞서 '한상담의 특징'에서 다루었던 관점들 중 대표적인 관점들만 간략하게 언급한다.

① 주체성과 관계성의 조화와 균형

한상담자가 내담자를 볼 때에 가장 중점적으로 보아야 할 측면이 주체성과 관계성이다. 한상담에서 말하는 건강한 사람이란 주체성과 관계성이 다 함께 높은 사람이기 때문이다. 어떤 사람은 주체성은 강하나 관계성이 낮은 사람이 있고, 어떤 사람은 관계성은 높으나 주체성이 낮은 사람도 있다. 간혹 주체성과 관계성이 다 함께 낮은 사람도 있다.

② 생각과 감정과 행동

그다음에 보아야 할 측면은 내담자가 바른 생각을 하고, 감정적으로 안정이 되어 있으며, 적응 행동을 하고 있는지를 보아야 한다.

- 생각: 바른 생각과 착각. 한상담에서는 내담자가 바른 생각을 하고 있는지, 착각을 하고 있는지를 판단하는 기준으로 그 생각을 했을 때 감정이 편안해지면 바른 생각이고, 감정이 불편해지면 착각을 하고 있는 것으로 판단한다.

- 감정: 불안정한 감정과 안정된 감정. 불안하거나 화가 나 있거나 억울하거나 따위의 부정적인 감정을 느끼고 있거나, 양가감정을 느껴서 갈등을 겪고 있지는 않은가 등 감정의 안정 여부를 살펴본다.
- 행동: 적응 행동과 부적응 행동. 부적응 행동은 나를 중요시하고 남을 무시하거나, 남을 중요시하고 나를 무시하거나, 나도 남도 다 함께 무시하는 행동이다. 적응 행동은 항상 나와 남을 다 함께 살리는 행동이다.

③ 자아개념

'내담자가 자기 자신을 어떻게 보고 있는가?'는 그의 삶과 행동에 큰 영향을 미친다. 어떤 내담자는 자신의 별명을 복덩이라고 부르며 이 세상의 복이란 복은 다 가지고 태어났다고 생각하는가 하면, 어떤 사람은 이 세상의 모든 불행을 다 짊어지고 살아간다고 생각하는 사람도 있다.

또 '어느 것을 자기 자신이라고 보고 있는가' 하는 것도 사람에 따라서 차이가 난다. 어떤 사람은 '자기에게 보인 나'를 자기라고 생각하고 어떤 사람은 '자기를 보고 있는 자기'를 자기라고 생각한다. 예를 들어, 자기의 소심한 면을 보고 '자기에게 보인 나'를 자기라고 생각하는 사람은 자기는 소심한 사람이라고 굳게 믿어 버린다. 그러나 '자기를 보고 있는 자기'를 자기라고 생각하는 사람은 자기에게 대범한 면이 있기 때문에 소심한 부분을 알아차릴 수 있다고 믿는다. 그들은 자기가 소심하게 보일 때가 있고 소심한 부분이 있을 뿐이지 소심한 사람은 아니라는 것을 안다.

그런가 하면 '내가 보는 나'와 '남한테 보이고 싶은 나'가 다른 사람도 많다. 예를 들어, 남들이 자기를 우울하게 볼까 봐 일부러 명랑한 척하는 경우와 같은 것이다.

한편, '내가 보는 나'와 '남이 보는 나'가 일치하면 일치할수록 관계가 좋고, 불일치한 점이 많으면 그만큼 관계가 어렵게 된다.

④ 기본적인 욕구(인정, 애정)의 결핍 상태

인간은 이 세상에 태어나면서부터 죽을 때까지 거의 본능적으로 인정 욕구와 애정 욕구를 가지고 살아간다. 어쩌면 이 두 가지 욕구는 인간 행동의 원동력인지도 모른다. 그런데 이 두 욕구 중에서 어느 한 가지 아니면 두 가지 다 결핍을 느끼는 경우 그 욕구를 우선적으로 충족시키고 싶어 하기 때문에 이 욕구를 이해하는 것이 한 사람의 행동을 이해하는 지름길이 된다.

상담자는 내담자를 만났을 때 내담자가 ① 인정 욕구와 애정 욕구 중 어느 쪽을 자신의 삶에서 더 중요하게 가치를 두고 있는가, ② 인정 욕구와 애정 욕구 중 어느 쪽에서 균형을 잃었는가, ③ 결핍의 정도는 어느 정도인가, ④ 어느 정도 인정해 주고 사랑해 줘야 만족할 것인가, ⑤ 욕구(인정, 애정)를 갖고 있는 것 자체가 부족하거나 이상한 것이라는 착각을 갖고 있지 않은가 등을 살펴보아야 한다. 이들을 도우려면 가장 먼저 욕구 자체는 나쁘거나 잘못된 것이 아니라 아주 자연스러운 것임을 받아들일 수 있도록 도와야 한다. 그리고 그 욕구를 어떻게 사용하고 있는가를 확인하고 건강하게 사용할 수 있는 길을 안내해야 한다. 이들 욕구에 대해 좀 더 자세히 살펴보자.

• 인정 욕구: 인정 욕구는 주로 아버지와의 관계에서 시작되는 것이다. 아버지에게서 충분한 인정을 받지 못했다고 생각하면서 자란 아이들은 성장하고 난 뒤에도 어떤 일을 성공해서 자신의 유능함을 증거하고 싶은 끝없는 욕구를 가지게 되는 경우가 많다. 대체로 이런 사람들은 아버지로부터 인정받고 싶었던 욕구가 온 세상 사람으로부터 인정받고 싶은 욕구로 확장되어 있으

며, '잘해야 되는 병'에 걸려 있는 경우가 많다. 이들은 자신이 뛰어나야 하고 탁월해야 인정받는다고 믿고 있다. 그런 착각 때문에 끝없이 부족함을 느끼고, 해도 해도 더 잘하는 사람을 만나기 때문에 열등감과 부족감에서 헤어나기 어렵다. 이들은 성공을 위해서 자기 자신을 수단화하게 되고 '해야만 합니다.' '그럴 수밖에 없습니다.' 등의 비합리적 신념들을 많이 사용한다. 또한 이들은 자신의 잘못을 인정하고 수용하기가 힘들다.

한편, 자신보다 잘난 사람을 인정하는 것을 힘들어하고 다른 사람을 존중하는 태도를 갖기가 어렵다. 이들의 주장은 존중할 가치가 있는 사람은 존중하고 존중할 가치가 없는 사람은 무시한다는 것이다. 그 대신 자신을 인정해 주고 알아봐 주는 사람, 믿고 맡겨 주는 상사에게는 충성스러운 태도를 갖는다.

이들 중에는 이런 자기 특성을 알아차리고 인정 욕구가 없는 사람이 되는 정말 무리한 목표를 세우는 사람들도 있다. 이들이 배워야 할 것은 인정 욕구가 없는 사람이 되는 것이 아니라 자신에게 인정 욕구가 있듯이 다른 사람도 인정 욕구가 있다는 것을 알아차리고 상대를 인정해 줄 수 있는 사람으로 대화 스타일을 바꿔 나가는 것이다. 그렇게 하다 보면 남들과의 관계도 원만해지고 점점 인정 욕구가 충족될 것이다.

또 하나의 방법은 다른 사람에게서 인정받기 위해서가 아니라 자신이 자신의 주인으로서 자신을 실현해 나가는 것이다. 이는 세상의 인정에 상관없이 자신이 원하는 이상과 소망을 향해 나아가는 길이며, 성공에 있어서도 세상의 기준이 아닌 자기 자신의 기준을 중요시하는 길이다. 이렇게 해 나가면 언젠가는 결핍감이 줄어들고, 인정받고 싶던 사람이 남을 인정할 수 있는 사람이 되며, 부족한 사람도 무조건적으로 존중할 수 있게 될 것이다.

• 애정 욕구: 애정 욕구는 어머니와의 관계에서 시작된다. 어머니

에게서 충분한 애정을 받지 못했다고 느끼는 아이들은 자라서도 끝없이 이해받고 사랑받고 싶어 하는 욕구를 가지게 된다. 그 때문에 다른 사람을 사랑하기가 어렵게 되며, 자기 방식대로 사랑받고 싶어 한다. 이들은 끊임없이 자신이 어렵고 힘든 과정에 있음을 알리려고 노력하고 남들의 관심을 끌려고 한다. 남들에게 먼저 다가가지 못하고 상대가 다가오더라도 기본적인 불신과 불안이 있기 때문에 이 사람이 진심인가 아닌가를 계속해서 테스트한다. 이들의 테스트 기준이 너무나 까다롭기 때문에 다가오던 사람들은 그것을 만족시키기 어려워 포기하고 떠나게 되는데, 그런 사람들을 보면서 '역시 아무도 나를 이해할 수 없다.'는 또 하나의 증거로 삼는다.

이들에게 정말로 필요한 것은 무조건적인 이해를 받고 사랑을 받아 보는 경험이다. 그런 경험을 통해서 애정에 대한 결핍감이 줄어들고, 사랑받고 이해받고 싶어만 하던 사람이 남을 사랑할 수 있는 사람이 되는 것이다.

한편, 이 두 가지 욕구가 모두 결핍된 사람들이 있다. 이들은 두 가지 욕구 중에서 한 가지 욕구만 결핍된 사람들보다 더 많은 상담 시간이 필요할 것이다.

⑤ 대인관계

상담자가 내담자의 문제를 파악하려면 내담자의 대인관계를 살펴보는 것이 효과적이다. 내담자들은 다양한 대인관계를 맺고 있지만, 여기에서는 가족관계, 직장관계, 친구관계를 우선적으로 살펴본다.

• 가족관계: 인간관계의 원형은 가족관계다. 그러므로 상담의 초기 단계에 내담자의 가족관계를 파악하는 것은 내담자의 대인

관계를 이해하는 지름길이다.

　　　－내담자의 가족들은 어떤 사람들이 있는가?

　　　－가족 내에서 어떤 역할을 하고 있는가?

　　　－가족 내에서 어떤 기대를 받고 있는가?

　　　－그리고 그 역할이나 기대에 어떻게 부응하고 있는가?

　　　－가족관계의 재구성이 필요한가?

• 직장관계: 직장에 다니는 사람이라면 내담자의 직장 내에서의 인간관계가 가장 현실적인 문제가 될 때가 많다.

　　　－상사와의 관계는?

　　　－후배와의 관계는?

　　　－동료와의 관계는?

• 친구관계: 어떤 친구와 어떻게 만나고 있는가는 내담자의 사회생활을 파악할 수 있는 중요한 수단이다.

⑥ 정서적인 안정성

사람에게 문제가 있다면 그 문제는 관계에서 발생한 것이고 관계의 문제는 감정상의 문제다. 그러므로 내담자의 정서적인 안정성은 그의 문제를 이해하고 해결하는 가장 중요한 수단이다.

• 내담자는 감정적으로 안정되어 있는가, 아니면 불안정한가?

• 양가감정을 느끼고 있지는 않은가?

• 표면 감정과 내면 감정 중 어느 것을 잘 표현하는가?

• 가장 자주 선택하는 감정이 무엇인가? 자신이 그 감정을 잘 선택 한다는 것을 알고 있는가? 그리고 그 감정에 어떻게 대처하고 있는가?

⑦ 의사소통

사람들이 다른 사람들과 관계를 맺는 가장 중요한 수단은 말이다. 한상담에서는 내담자가 말을 바꿔서 의사소통을 원활하게 하면 사람이 달라진다고 믿는다. 그 때문에 내담자의 말을 듣는 방식과 말하는 방식을 주의 깊게 살펴본다.

- 말을 듣는 방식
  - 말을 듣는 태도: 안 들음/귀로 들음/눈으로 들음/표정이나 태도로 들음/말로 반응을 함
  - 말을 듣는 수준: 사실 및 의미를 들음/기분을 들음/성격을 들음/숨은 뜻과 숨은 기분을 들음

- 말을 하는 방식
  - 자기 입장에서 사실 위주의 이야기를 하는가?
  - 자기 입장에서 감정 이야기를 하는가?
  - 관계 지향적인 대화와 사실 지향적 대화의 양상은 어떠한가?
  - 자기 의도와 다른 표현을 하는가? 자기 의도를 솔직하게 표현하는가?
  - 칭찬 인정을 어떻게, 얼마나 하는가?
  - 피드백을 효과적으로 하는가?

4) 개입 단계

한상담에서 상담 초기에는 내담자가 문제시하고 있는 부분을 문제로 다룬다. 물론 어떤 경우에는 '내담자가 보는 문제'를 다루는 과정만으로 충분하거나 또는 사정상 이 과정을 거친 후 곧바로 종결 단계를 거쳐 상담을 마칠 수도 있다. 그러나 상담이 진행되면서 내담자가

주도적으로 자신의 삶에 대한 책임을 질 만큼 건강해지고 다른 사람의 의견을 받아들일 수 있는 여유가 생기면 '개입 단계'에서 '상담자가 보는 문제나 내담자가 호소하는 문제'들을 다뤄 볼 수 있을 것이다.

개입 단계에서 한상담자는 자신이 어떤 관점에 입각해서 개입하고 있는지를 분명하게 파악하고 있어야 하며, 지금 사용하는 개입 수단들이 효과적인지를 알고 있어야 한다.

(1) 주체성 세우기

한상담에서 가장 중요하게 생각하는 목표는 주체성이 있고 관계가 좋은 사람이 되는 것이다. 우리 민족은 이런 사람을 '한사람'이라고 했으며, 한사람이 되는 길은 끝없이 가고 또 가야 할 길이라고 하였다. 그러나 많은 사람이 자기 자신을 상실하고 주체성을 잃어버린 채 헤매고 있다.

몇 가지 이유를 생각해 보면 우선 목적과 수단을 혼동하기 때문이다. 간디는 "인간은 자기 자신이 목적이다. 유일한 목적이기 때문에 평등하다."라고 이야기했다. 그런데 목적과 수단을 혼동하는 사람들은 지위나 명예, 돈 따위를 목적으로 삼고 자기 자신은 그런 목적을 달성하기 위한 수단으로 삼는다. 그 순간에 그는 이미 자기 자신을 잃어버렸기 때문에 어떤 것을 성취해도 행복해지기 어렵다.

의뢰심도 큰 요인이 된다. 이런 사람들은 자신의 일에 대해서 누가 대신 의사결정을 해 주고 그 결과에 대해서도 대신 책임을 져 주기를 바라는 허황된 기대를 가지고 있다. 권리는 누리고 싶지만 책임은 피하고 싶은 것이다.

착각도 큰 원인이 된다. 과거의 경험에서 비롯되어 잘못 형성된 가치관이나 대인관계의 태도, 불합리한 신념, 정신적인 명령어 등도 주체성을 잃어버리게 만드는 큰 요인이 된다.

중국의 임제 선사는 '수처 작주 입처 개진(隨處作主立處皆眞)'이라고 하였다. 이는 '어디서나 주인정신을 가지고 있으면 가는 곳마다 진리의 자리다.'라는 말이다. 이런 관점에서 한상담에서는 주체성 세우기를 한다. 주체성 세우기를 할 때에 주로 강조하는 것은 다음의 세 가지다.

① 목표를 설정하게 하기

많은 내담자가 상담의 초기 단계에는 구체적인 목표를 설정하지 않고 막연히 찾아오는 경우가 많다. 상담자는 이런 내담자들을 만나서 분명한 목표를 설정하고 중간 목표, 행동 목표, 실천 계획을 세우도록 돕는 일을 최우선으로 한다. 이렇게 되어야 내담자가 상담에서 자기가 무슨 일을 해야 할 것인지가 분명해진다.

초기 단계에서 목표 설정이 분명해질수록 상담의 성과가 높아지게 된다. 물론 상담이 진행되는 동안에 초기에 세운 목표 이외의 다른 목표들이 나타날 수도 있다. 그렇게 되면 목표를 수정하거나 다시 설정할 수도 있다. 그런 경우에도 초기에 설정한 목표를 달성하고 난 다음에 새로운 목표를 다룰 것인지, 아니면 초기의 목표를 유보하고 새로운 목표를 다룰 것인지를 내담자가 결정하도록 돕는다.

② 자기 책임 강조하기

내담자들 중에는 상담을 한다는 사실 자체에 대해서 자기가 책임을 지지 않으려는 사람들도 있다. '누가 가라고 해서 왔다.' 혹은 '실은 오고 싶지 않았는데 어쩔 수 없어서 오게 되었다.' 하는 식이다. 이런 내담자들에게는 상담의 초기에 상담을 받는다는 것은 자기가 책임을 지고 선택하는 일이라는 것을 분명히 해야 한다.

이 상담에 대해서는 어느 누구도 대신 책임질 사람이 없을 뿐만 아니라 어느 누구의 강요도 없어야 한다는 점을 분명히 하고 시작해야 한다. 내담자가 비록 타인의 권유로 상담실에 왔다고 하더라도 상담 초기에 자발적인 동기가 형성되어야 하며, 스스로 책임지는 태도가 필요하다는 것을 분명히 해야 한다. 한상담자는 이 과정에서 의뢰심을 받아 주거나 핑계를 묵인해서도 안 되며, 내담자가 스스로 책임지는 태도를 길러 갈 수 있도록 일관된 태도로 도와야 한다.

③ 질문에 되묻기

내담자들은 "이런 경우에 어떻게 하는 게 좋겠느냐?"는 질문을 자주 한다. 한상담자는 이 같은 질문에 대답을 하는 사람이 아니다. 이런 질문을 받으면 "당신은 어떻게 하시고 싶으십니까?" 하고 내담자가 자기 마음을 탐색하도록 되묻는 사람이 한상담자다. 많은 사람이 상대가 물으면 대답하는 태도에 너무 익숙하다. 그러나 상담은 대답을 하는 게 아니다. 상담은 질문을 효과적으로 해서 내담자로 하여금 스스로 답을 찾아낼 수 있도록 돕는 일이다.

(2) 관계성 세우기

한상담에서의 관계란 만남의 관계다. '나는 온전히 나이면서 너가 되고 너는 온전히 너이면서 내가 되는 것'이다. 내가 너에게 함몰되어서도 안 되고 너를 나에게 함몰해 버려도 안 된다. 너와 나 두 사람이 온전히 주체성을 가지고 반듯하게 서 있으면서도 우리가 되어서 두 사람이 다 같이 존재가 확장되는 것이다.

이런 경험을 하려면 우선 상대의 입장에 서는 훈련이 필요하다. 진실로 인간이 집착해서 놓지 못하는 것은 '자아'다. 이 자아를 벗어 버리고 열린 마음으로 상대의 입장에 서서 있는 그대로의 상대를 만나는 것이 관계의 출발점이다. 이를 위해서는 마음가짐과 요령이 필요하다. 한상담에서 '관계성 세우기'를 할 때에 강조하는 것은 다음의 세 가지다.

① 상대의 입장에 서기

관계를 잘 맺으려면 가장 쓸데없는 말이 '나'이고 가장 중요한 말이 '너'다. 내가 무슨 생각을 하고 무슨 기분인지가 중요한 것이 아니라 마주 대하고 있는 상대가 무슨 생각을 하고 무슨 기분인지에 모든 관심을 집중해야 한다. 상대의 말만 듣지 말고 표정 하나하나에도 관심을 집중하고 그 말 속에 담긴 내면의 소리를 들어야 한다. 이런 태도가 바탕이 되면 상대를 만날 수 있는 준비가 된 것이다.

② 말 바꾸기

한상담에서는 말이 달라지면 운명이 바뀐다고 생각한다. 그 때문에 다른 사람들과 만나는 수단으로서 말의 중요성을 특별히 강조한다. 내담자가 대화를 하는 사람인지, 독백만 하는 사람인지를 파악하여 대화를 할 수 있도록 가르치고, 관계 지향적인 대화, 칭찬 인정, 자기주장 등을 분명하게 할 수 있도록 내담자를 훈련해서 말을 변화시킨다.

이 가운데 말을 듣는 훈련은 매우 중요하다. 말만 듣던 사람이 상대의 마음을 듣고 나아가 말을 통해 상대방이라는 사람을 있는 그대로 받아들이게 되면 관계는 아주 좋아진다. 이처럼 의사소통 역량이 자라면 비로소 상대를 만날 수 있는 역량이 생긴다.

③ 상생 원리

한상담에서는 상대를 나에게 맞추려 들지 않고 나를 상대에게 맞추려 들지도 않는다. 두 사람을 다 함께 존중하고 상생(相生)하는 새로운 길을 모색하는 것이 한상담의 특징이다.

예를 들어, 남편에게 매를 맞고 가정폭력 상담을 받으러 온 부인이 있다고 하자. 이때 한상담자가 가장 먼저 할 일은 부인의 심정을 공감 수용하는 일일 것이다. 그렇게 부인의 입장에 서서 듣다 보면 남편은 정말 나쁜 사람이라는 인상을 받게 되기 쉽다. 그러나 이런 경우에 남편의 말을 들어 보면 거의 대부분의 남편은 부인이 맞을 짓을 한다는 것이다. 상담을 한다는 것은 부인 편을 들어서 남편의 태도를 개선하는 일도 아니고, 남편 편을 들어서 부인의 태도를 개선하는 것도 아니다. 부인이 감정적으로 안정되고 나면 자신과 남편에 대한 탐색을 해서 자신의 어떤 행동이 남편을 감정적으로 자극하게 되는지를 알아차리고 먼저 자신이 변화를 시도하도록 돕는다. 그다음에 남편이 폭력을 사용하지 않게 하려면 어떻게 해야 할 것인가를 탐색하게 한다. 이처럼 자기 자신과 만나고 상대와 만나 두 사람이 다 새로워질 수 있어야 제대로 만남이 이루어진 것이다.

(3) 수평분석

대부분의 사람은 자기가 한순간에 얼마나 다양한 감정을 느끼고 있는지를 잘 알아차리지 못한다. 그 이유는 우선 감정에 관심이 없어서 외면하고 있거나 회피하고 있는 경우도 있을 것이고, 또는 한순간에 느낀 감정 중에서 특정 감정 한두 가지를 선택적으로 크게 느껴서 다른 감정들은 잘 알아차리시 못하는 경우도 있을 것이다.

사람은 이성의 도움 없이 지혜롭고 현명하게 살아가기가 어렵지만, 정서 기능의 도움 없이는 행복하게 살아가기 어렵다. 따라서 자기가 느끼는 감정들을 잘 알아차리고 어떻게 활용하는가는 그 사람의 행, 불행을 좌우하는 가장 중요한 요소다.

사람은 실제의 현실이 아닌 자기가 인식한 현실을 실제 현실이라고 지각한다. 그러므로 상황과 인식에서 상황을 변화시킬 수 없다고 하더라도 인식을 변화시키면 전혀 다르게 지각할 수도 있다. 이렇게 본다면 한순간에 느끼는 수많은 감정 중에서 긍정적인 감정을 선택하거나 부정적인 감정을 선택하는 것은 전적으로 자기 자신에게 달려 있다.

실직이라는 똑같은 상황에서 어떤 사람은 억울해하고 좌절하며 갈등을 느끼는데, 어떤 사람은 희망과 용기를 가지고 재도전의 기회로 삼는다. 상황이 그렇기 때문에 나는 도저히 어쩔 수 없다는 사람도 있지만 아무리 어려운 상황이라고 해도 기회를 찾을 수 있다고 믿는 사람도 있다.

많은 사람이 과거의 경험 때문에 습관의 노예가 되어서 한순간에 느끼는 다양한 감정들 중에서 습관적으로 특정한 감정을 선택한다. 이처럼 감정 선택의 습관이 형성되고 나면 대부분의 사람들은 상황과 관계없이 습관적인 감정 선택을 하거나 아니면 그 선택을 선호하는 경향을 가지게 되는 것이다. 다행히도 긍정적인 감정을 선택하는 습관 형성이 된 사람은 어려운 상황이 발생해도 긍정적으로 받아들여 문제를 잘 해결해 나갈 것이다. 그러나 부정적인 감정 선택의 습관이 형성된 사람은 아무리 긍정적인 상황이 주어져도 부정적으로 느끼며 불행에 빠지게 된다.

많은 감정 중에서 습관적으로 선택하던 감정이 아니라 다른 감정을 선택하게 되면 상황과 관계없이 자기 자신이 감정 선택의 주인이 될 수 있다. 물론 긍정적인 감정을 많이 선택하면 할수록 인생이 행복해질 것이다. 흔히들 자신이 습관적으로 선택하고 사로잡혀 있는 감정을 '핵심 감정'이라고 한다. 그러나 핵심 감정이라고 부르는 감정은 거대한 감정의 바다에서 나타나는 하나의 작은 파도일 뿐이다. 한상담자는 내담자가 이와 같은 감정의 노예 상태에서 벗어나서 감정의 주인이 되도록 훈련한다. 그것은 감정 알아차리기, 습관적으로 선택하는 감정 찾기, 긍정 감정 선택하기의 과정을 통해 이루어진다.

① 감정 알아차리기

감정 알아차리기는 자신이 한순간에 느끼는 다양한 감정을 알아차리는 것이다.

상담자: 학생들이 수업 태도가 너무 안 좋고 선생님 말씀은 아예 들으려고 하지 않는다는 말씀이시네요.

내담자: 네, 그래서 우울해지고 이러고도 교사 생활을 해야 하나 의문이 생깁니다.

상담자: 그런데 제가 선생님을 좀 도우려면 물어보고 싶은 것이 있는데 괜찮겠습니까?

내담자: 네, 그렇게 하시지요.

상담자: 그런 생각을 하셨을 때 학생들에게 어떤 감정들을 느끼셨습니까?

내담자: 화가 나고, 밉고, 답답하지요.

상담자: 그리고요.

내담자: 안타깝고, 야속하고, 속상하고, 언짢고, 못마땅하지요.

상담자: 그렇습니까? 그건 모두 학생들에 대한 선생님의 감정이고요. 그 학생들을 잘 지도하지 못하는 선생님 자신에게는 어떤 감정들을 느꼈습니까?

내담자: 그것도 답답하고, 한심하고, 무기력해지고, 우울해지고, 안타깝고……

상담자: 그중에서 우울한 감정이 가장 크게 느껴졌나 봅니다.

내담자: 네, 그렇습니다.

상담자: 그렇다면 이제부터 다른 관점으로 이 상황을 한번 보시면 어떻습니까?

내담자: 이 상황에서 다른 관점이 있을 수 있습니까?

상담자: 저는 선생님이 이 상황을 한 면으로만 보고 계시는 것 같습니다.

내담자: 무슨 말씀인지 잘 이해가 되지 않습니다.

상담자: 그러실 것 같습니다. 제가 보기에는 이 상황에서 선생님은 학생들이나 자기 자신에 대해서 부정적인 면만 보고 계신 것 같습니다.

내담자: 그렇습니까?

상담자: 제가 보기에는 학생들이 활발하고, 적극적이고, 소신 있고, 자기표현이 분명하고, 권위에 압도당하지 않는 등 여러 가지 장점을 가지고 있는 것 같습니다. 다만 학습 동기가 제대로 생기지 않아서 수업 태도가 조

금 안 좋은 것뿐 아닙니까? 그리고 제가 보기에 선생님은 학생들을 잘 가르치려는 열의가 대단하신 분 같고, 학생들의 문제가 무엇인지 잘 알고 계시고, 권위주의자도 아니며, 학생들에게 편안한 느낌을 주는 분인 것 같습니다. 그리고 자신의 부족한 면을 찾아서 개선하려는 욕구도 강한 분 같습니다.

내담자: 그렇게 보면 완전히 달라질 수 있겠습니다.

상담자: 그렇게 본다면 학생들이나 자기 자신에게 어떤 감정들이 느껴지십니까?

내담자: 학생들은 든든하고, 부럽고, 미덥고, 사랑스럽고…….

상담자: 선생님 자신에게는 어떻습니까?

내담자: 대견하고, 힘이 생기고, 편안합니다.

상담자: 그렇습니다. 이 상황을 어떻게 보는가 하는 것은 선생님의 선택입니다.

내담자: 왜 이런 생각을 하지 못했을까요?

상담자: 이런 생각을 못하는 것뿐만 아니라 학생들이 문제가 있다고 보고 학생들을 뜯어 고칠 생각을 하지 않았습니까?

내담자: 그랬지요.

상담자: 그럼 이제부터 학생들의 수업 동기를 유발하려면 어떻게 하면 좋을지를 생각해 볼까요?

이처럼 관점 전환을 해서 다양한 감정을 찾아내는 방법이 있다.

그러나 관점 전환을 유도하지 않아도 내담자의 감정을 공감하면서 탐색 질문을 하다 보면 내담자 자신이 다양한 관점에서 느낀 감정들을 찾아내기도 한다.

상담자: 지금 하신 말씀은 상사가 너무나 일방적이고 강압적이어서 함께 근무하는 것이 매우 힘이 든다는 말씀이군요.

내담자: 그렇습니다.

상담자: 그렇다면 그 상사를 생각하면 어떤 기분이 드는지 말씀해 주실 수 있겠습니까?

내담자: 답답하지요. 무섭기도 하고요. 불편하고, 섭섭하고, 못마땅하고, 짜증도 나고요. 그런가 하면 꼭 저렇게까지 해야 하나라는 생각이 들면서 애처롭고, 안쓰럽고, 불쌍하기도 합니다.

상담자: 그리고요?

내담자: 그런가 하면 한편으로는 속이 시원하고, 멋있고, 부럽기도 합니다.

상담자: 어떤 점이 그렇습니까?

내담자: 솔직하게 참지 않고 이야기하니 속이 시원하고, 상사들에게도 소신껏 이야기하는 걸 보면 당당하고 자신감이 있어 보이고 멋있어 보입니다. 그리고 능력이 뛰어나서 인정받고 있는 점은 부럽습니다.

상담자: 그렇다면 그분의 장점도 많다는 말씀이 아니십니까?

내담자: 그렇습니다. 그런데 왜 나는 단점만 보고 있었을까요?

상담자: 그야 화가 나고 못마땅하니 그랬던 것 아니겠습니까? 그럼 이제부터는 어떻게 보시겠습니까?

내담자: 가능하다면 장점을 보기 위해서 노력하겠습니다.

상담자: 참 마음이 너그러우시네요. 감정적으로 불편한데도 상대의 장점을 그대로 인정할 수 있는 여유가 있으시네요.

② 습관적으로 선택하는 감정 찾기

한순간에 자신의 마음속에서 일어나는 감정들을 골고루 찾은 다음에는 자신이 습관적으로 자주 선택하는 감정을 찾아본다. 이렇게 여러 가지 감정을 찾아보면 그 감정들 중에서 유독 자신이 자주 선택하는 감정을 찾을 수 있을 것이다. 당신이 만약 긍정적 감정을 잘 선택한다면 상황에 상관없이 밝고 명랑하고 감사하고 기쁘게 살아갈 수 있을 것이다. 그러나 습관이 잘못 형성되어서 부정적인 감정을 많이 선택하는 사람들도 많다.

한성렬 교수는 한국 사람들이 습관적으로 잘 선택하는 감정은 '억울'이라고 말한다. 억울한 감정이란 상대가 자신에게 어떻게 대해 주기를 바라거나 대접받기를 바라고 있는데, 그 기대에 못 미쳤거나 차별받는다고 지각했을 때 생기는 감정이다.

내담자 중의 한 사람은 유난히 질투심이 강했다. 그는 상사가 다른 직원과 이야기만 하고 있어도 질투심을 느낀다고 했다. 고독을 즐긴다는 사람도 있고, 불같이 화가 나서 감정 조절이 안 되는 사람들도 있다. 이런 사람들은 마치 색안경을 끼고 세상을 보고 있는 사람들 같아서 온 세상이 불공평하고 문제가 있다고 보게 되기 쉽다.

③ 긍정 감정 선택하기

수평분석의 마지막 단계는 긍정 감정 선택하기다. 이를 위해서는 먼저 부정적인 감정들을 표현하게 하고 충분히 공감 수용한 다음에 긍정적인 감정을 선택할 수 있도록 한다.

사람의 감정은 부정적인 감정과 긍정적인 감정이 있는데, 대체적으로 부정적인 감정이 표면에 있기 때문에 이 부정적인 감정을 억압하고 긍정적인 감정을 선택하려면 무리가 따른다. 미워하지 못하면 사랑도 못한다는 말이 그 말이다. 부정적인 감정은 원래 독자적인 감정이 아니다. 미운 감정이 처음부터 있었던 것이 아니다. 미움이란 병든 사랑일 뿐이다. 그 때문에 부정적인 감정을 충분히 공감 수용하면 내면에 잠재해 있던 긍정적인 감정이 나타나기 쉽다. 공감 수용 과정에서 긍정적인 감정이 떠오르면 그중에서 찾으면 되겠지만 만약에 그렇게 되지 않으면 관점 전환을 해서 긍정적인 감정을 찾는다.

이처럼 긍정 감정 선택을 훈련하면 어떤 상황에서도 기뻐할 수 있을 것이다. 사람에게 닥친 문제를 해결하는 방법은 상황을 바꾸든가, 마음을 바꾸든가의 두 방향이 있다. 긍정 감정 선택은 마음을 바꾸는 하나의 수단이다. 이처럼 표면 감정들을 탐색해서 한순간에 느끼는 다양한 감정을 알아차리고 자유자재로 선택하는 것을 수평분석이라고 한다.

(4) 수직분석

사람들이 느끼는 감정은 수많은 층이 있는데, 흔히들 가장 표면에 있는 감정만 알아차리게 된다. 만약 표면에 부정적인 감정이 일어났으면 그 감정을 통찰해 들어가서 그 내면에 있는 긍정적인 감정을 찾는 것을 수직분석이라고 한다.

우선 간단한 예를 들어 보면, 공감 수용을 가르치고 난 다음에 학생들에게 "잘할 수 있겠습니까?"라고 물었더니 "어렵겠습니다. 염려됩니다. 불안합니다. 자신이 더 없어졌습니다."라는 식으로 대답을 한다. 이 학생들은 이런 마음이 자기 마음의 전부인 줄 알고 있을 것이다. 그러나 이들의 마음속을 살펴보면 질문을 받고 가장 먼저 생각난 것은 '잘했으면 좋겠다.'는 욕구다. 그다음에 과거에 실패했던 경험들이 생각나고, 그 실패 경험들을 바탕으로 공감 수용하는 것에 대해 어렵게 느끼고, 염려가 되고, 불안하고, 자신감이 없어지는 것이다.

이때 이 부정적인 감정을 해결하려면 실패의 경험을 바탕으로 생각하지 말고 마음속에서 우러나온 일차적인 욕구인 본심을 찾아서 표현하는 게 좋다. 본심은 마음속 가장 깊숙한 곳에서 우러나오는 것으로 친부경에서는 '본심 본태양 앙명(本心本太陽昻明)'이라고 한다. 사람 마음의 본심에는 부정적인 감정이 없다. 앞의 경우에도 본심을 찾아서 표현하면 "예, 잘하고 싶습니다. 그렇게 할 수 있으면 아주 좋겠습니다."처럼 되어서 부정적인 감정에 사로잡혀 고생할 일은 없어진다.

이처럼 간단해서 본심을 바로 알아차릴 수 있으면 좋겠지만, 때로는 아주 복잡하게 뒤엉켜 있거나 아니면 겹겹이 쌓여 있을 수도 있다. 이런 경우에는 여러 단계를 거쳐야 할 수도 있다. 만약에 당신이 어떤 사람을 보고 '답답했다'고 느꼈다면 그 감정 하나를 잡아 보자.

상담자: 당신이 답답했다고 하는데, 왜 답답했습니까?

내담자: ……상대가 잘못하고 있는 것 같아서 답답했습니다.

상담자: 당신은 상대가 잘못하는 걸 보고 답답했다는 말이지요?
그런데 상대가 잘못하는 걸 보고 왜 당신이 답답해졌습니까?

이때 "상대가 잘못하는 걸 보고 왜 당신이 답답해졌습니까?"라고 물으면 대답하는 방법은 두 가지다. 하나는 "상대의 말이 조리가 없고 중언부언하기 때문에 잘못한다는 생각이 들어서 답답했다."는 식이다. 이런 식의 대답은 나의 속마음을 통찰해 들어가는 것이 아니고 상대의 질문에 사실적인 대답을 하는 것이다. 이처럼 대답을 하지 말고 자신의 속마음을 통찰해 들어가야 한다.

상담자: 잘못하고 있는 게 답답해서……? 그럼 왜 그 사람이 잘못하고 있는 게 답답했습니까? 당신 마음속에 어떤 마음이 있기 때문에 그 사람이 잘못하는 것이 답답했을까요? 당신 마음속을 파고 들어가 보세요!

내담자: 잘해 주었으면 하는 바람이 있어서…….

상담자: 네. 잘해 줬으면 좋겠는데, 그게 안 되니까 그런 거 아니겠어요? 그렇지요? 왜 그 사람이 잘해 주기를 바라나요? 왜 잘해 주기를 바랐을까요?

내담자: …….

상담자: 당신이 그 사람을 뭐하기 때문에 그 사람이 잘해 주기를 바라나요?

내담자: 신뢰하고 함께하려는 마음…….

상담자: 그랬지요. 신뢰하고 함께하기를 바라는 마음……. 그런데 왜 신뢰하고 함께하기를 바라는 마음이 생겼어요?

내담자: 사랑하니까…….

앞의 경우에서 표면에 있는 어떤 부정적인 감정들도 내면을 통찰해 들어가면 여러 단계를 거치는 경우가 있더라도 긍정적인 감정을 만날 수가 있다. 이렇게 내면 감정을 통찰해 들어가는 것을 수직분석이라고 한다.

5) 종결 단계

종결 단계는 어느 때에 상담을 마치며, 마칠 때에는 어떤 일을 하느냐에 대한 내용을 담고 있다. 이에 대해 다루기 전에 상담을 언제 종결하게 되는가에 대해 몇 가지 측면에서 살펴보자.

우선 리더십과 상담에 있어서의 종결에 대해서다. 리더십과 상담의 가장 큰 차이점은 문제의 해결 욕구를 누가 가지고 있느냐 하는 것이다. 리더십은 리더가 문제를 인식하고 문제해결 욕구를 발휘하여 상대의 행동을 바꾸려는 것이고, 상담은 원칙적으로 내담자가 문제를 인식하고 있으며 문제해결 욕구를 가지고 있다. 따라서 리더십은 상대의 행동 변화에 대해서 리더가 만족해야 종결하지만, 상담은 내담자가 만족해야 종결하게 된다.

다음으로 문제해결 상태와 관련해서 상담 종결을 두 가지 경우로 생각해 볼 수 있다. 하나는 내담자가 성숙해서 인간이해 능력이 자라거나 대인관계 역량이 자라서 상담 초에 문제시되었던 문제들이 아예 문제가 되지 않는 경우다. 이런 경우가 가장 이상적이다. 다른 하나는 문제에 초점을 두고 문제를 해결한 경우다.

끝으로 상담 목표 달성과 관련해서 생각해 볼 수 있다. 대부분의 경우 상담 초기에 어떤 상태가 되면 상담을 마칠 것인가를 설정해 놓고 상담을 진행한다. 그러나 상담을 진행하다 보면 가장 절실한 문제가 해결되고 나면 그 문제는 그렇게 중요하지 않게 생각되고 그다음 문제가 더 절실하게 느껴지기도 한다. 그 때문에 처음에 설정했던 목표와는 다른 목표를 다루어야 하기도 한다.

이상을 종합해 보면 상담을 진행하는 과정에서 내담자의 문제가 해결되고 마음이 편안해지면 상담을 종결하게 된다.

상담의 시작과 마찬가지로 상담의 종결 단계도 아주 중요하다. 어떤 일이든지 마무리를 깔끔하게 하지 못하면 중간에 이뤄 놓았던 많은 성과를 제대로 누리지 못하기 때문이다. 효과적인 종결을 위해 이 단계에서 해야 할 일들이 있는데, ① 상담 경험 전체를 돌이켜 보기, ② 문제가 어떻게 해결되었는지 확인하기, ③ 내담자의 변화 확인하기, ④ 미해결 과제에 대해 이야기 나누기, ⑤ 종합적인 피드백하기, ⑥ 사후 관리 및 작별인사 등이다. 이에 대해 좀 더 상세히 살펴보자.

(1) 상담 경험 전체를 돌이켜 보기

상담을 마치기 전에 상담 과정 전체를 돌이켜 본다는 것은 내담자가 상담의 과정에서 체험한 내용들을 이성적으로 재정리해 보는 것이다. 이처럼 체험을 이성적으로 정리하면 그 체험들을 사회에서 적용하는 데 큰 도움이 된다.

예를 들어, "이제 상담을 마칠 시간이 되어 가는 것 같은데, 상담 과정에서 어떤 일이 일어났으며 어떤 느낌을 받았는지 한번 돌이켜 보십시다."라고 이야기했더니, 내담자가 "저는 남편과의 관계를 이야기하면서 그동안 남편이 너무 나를 이해해 주지 않는다고 생각했었는데, 실상은 제가 너무나 이기적이고 일방적이라는 생각을 했습니다. 그래서 요즈음 남편을 보면 미안합니다."라고 이야기했다고 하자. 부인은 자기 행동을 돌이켜 보고 남편과의 관계도 좋아졌기 때문에 상담을 마치고자 한다. 그러나 이 단계에서 상담을 마치면 미안한 마음 때문에 남편과의 관계에서 새로운 문제가 발생할 수도 있다. 이 내담자가 이해해야 할 일은 남편한테 이해받고 사랑받고 싶어 하는 것은 잘못된 것이 아니며, 사람은 원래 이기적인 존재라는 것이다. 그리고 반드시 배워야 할 것은 이기심을 버리는 것이 아니라 '그런 이기적인 자신과 이기적인 남편이 만나서 어떻게 사랑하며 살아가느냐 하는 것'이다.

이처럼 상담 과정에서의 경험들을 내담자가 어떻게 받아들이고 정리하고 있는가를 이야기하다 보면 재정리할 필요가 있거나 다시 생각해 보아야 할 일들도 있게 마련이다.

(2) 문제가 어떻게 해결되었는지 확인하기

내담자의 문제가 해결되는 데에는 여러 가지 변화 요인이 관련되어 있다. 내담자가 자기이해, 자기개방, 자기수용, 자기통찰이 늘어나서 해결되기도 하고, 의사소통 능력이 늘어나고 문제해결 역량이 자라나서 해결되기도 한다. 바른 생각을 하기 위해서 관점 전환을 했거나, 감정 선택을 바르게 하기 위해서 수평분석이나 수직분석을 했거나, 상생 행동을 하기 위한 요령을 익히기도 했을 것이다. 이처럼 문제해결에 결정적 영향을 미친 요인들을 정리해 보는 것은 큰 도움이 된다. 예를 들면 다음과 같다.

> 상담자: 당신은 그동안 사람들을 만나면 억울한 감정을 너무 많이 느끼고 그 때문에 대인관계에서 많은 갈등을 느끼고 살았다고 했습니다. 그런데 이번에 상담을 해 보고 어떤 마음의 변화가 일어났습니까?
>
> 내담자: 저는 일한 만큼 대접받아야 한다는 착각을 하면서 살아왔습니다. 그러니 늘 사람들을 만나면 상대가 나를 어떻게 대접해 주기를 기대하고 그 기대에 못 미치면 억울해했습니다. 그런데 상담 과정에서 그 사람들이 나를 어떻게 대접하는가는 그 사람들이 결정할 문제이고 내가 대접받겠다고 요구할 권리가 없다는 것을 알았습니다. 그리고 기본적으로 대접이란 내가 상대에게 하는 것이지 받겠다는 생각을 가지는 것이 아니라는 것도 알았습니다.
>
> 상담자: 그처럼 생각이 하나 바뀌니까 온 세상이 달라 보인다는 말씀이시군요.

이처럼 내담자의 변화 요인들을 정리해 주는 일은 변화를 지속적으로 강화하는 데 도움이 된다.

(3) 내담자의 변화 확인하기

내담자가 어떤 상태에서 어떻게 변화했는가를 분명히 확인하는 것이다. 이 경우에는 "처음 상담을 받으러 올 때와 달리 지금은 무엇이 얼마나 달라졌습니까?"라는 식으로 묻는다. 이렇게 함으로써 상담자와 내담자는 상담 초기에 설정했던 목표를 얼마나 달성했는가에 대해서 평가할 수가 있다.

내담자 중에서 어떤 사람들은 이런 변화에 대한 보고를 아주 주관적으로 하기도 한다. 예를 들어, "제 삶이 완전히 바뀌었습니다." 또는 "제가 선생님을 만나지 못했다면 제 인생이 어떻게 되었겠습니까?"라는 식으로 말하기도 한다. 이때 가능하면 객관적이고 구체적으로 진술하도록 부탁한다. "삶이 그렇게 달라졌다면 구체적으로 어떤 점이 달라졌습니까?"라는 식으로 무엇이 어떻게 달라졌으며 어떤 행동을 하게 되었는지에 대해서 분명하게 진술하게 한다.

(4) 미해결 과제에 대해 이야기 나누기

사람이 살아 있는 한 문제는 끊임없이 생기기 마련이다. 그 때문에 상담을 종결하려고 해도 아직 미처 해결하지 못한 문제나 제대로 다루지 못한 문제가 있을 수 있다. 그런 문제들은 중요도나 우선도에서 밀려났을 수도 있다. 그러나 상담을 마칠 때 그동안 상담 과정에서 다루었던 문제가 무엇이고 미처 다루지 못한 문제는 무엇이며, 앞으로 나타날 가능성이 있는 문제들은 어떤 것인지 함께 생각해 보는 시간을 갖는 것은 아주 중요하다. 이때에는 우리가 어떤 문제들을 미처 다루지 못했으며, 그 이유는 무엇인지, 그리고 이 문제들을 어떻게 할 것인지를 이야기하는 것이 좋다.

(5) 종합적인 피드백하기

상담자가 내담자를 돕는 수단은 공감 수용해서 듣고 받아들이는 것과 피드백으로 반응하고 영향을 미치는 일이다. 물론 상담자는 그동안 상담하는 중간중간에 필요하다면 피드백을 했을 것이다. 그러나 이 단계의 피드백은 내담자에 대해서 종합적인 관점으로 피드백하는 일이다.

이때의 피드백은 주로 그동안 내담자를 보고 느낀 긍정적인 면을 칭찬 인정하거나 미래에 대한 희망적인 피드백을 위주로 하는 것이 좋다. 만약에 반드시 해 주어야 할 부정적인 피드백이 있다면 내담자에게 듣고 싶은지를 물어보고 하는 것이 좋다. 이런 배려는 내담자가 미래에 대해서 희망과 자신감을 갖게 하는 데 도움이 될 것이다.

(6) 사후 관리 및 작별인사

이제 마지막으로 해야 할 일은 상담을 마치고 난 뒤에 사회생활에서 그 결과를 성공적으로 응용할 수 있도록 인내히는 일이다. 특히 의사소통이나 대인관계의 변화를 시도하는 내담자들은 주변 사람들로부터 갑자기 이상해졌다거나, 진심이 잘 느껴지지 않는다는 식의 부정적인 반응을 얻을 가능성도 있다. 그런가 하면 내담자 자신도 어색하고 불편할 수 있다. 변화된 행동을 하려면 끊임없이 익혀야 하고, 부작용들을 감수해 나갈 수 있는 용기가 필요하다는 것도 안내해야 한다. 그리고 상담이 끝났다고 해서 상담자와의 관계를 단절하는 것이 아니라 언제라도 도움이 필요하면 연락을 주고받자는 약속도 필요하다.

이런 과정을 마치면 작별인사로 상담을 종결하게 된다.

2 한상담 사례개념화

상담의 초기 단계에 사례개념화를 작성하는 일은 상담의 목표를 설정하는 데 도움이 될 뿐만 아니라 전체 상담을 어떻게 추진해 나갈지 계획을 세우는 데에도 도움이 될 것이다.

사례개념화의 첫 번째 단계는 상담자가 내담자를 이해하기 위한 이론적 기준을 선택하는 것이다. 이것은 상담자가 자신의 경험을 바탕으로 내담자를 이해하거나 자기 방식으로 문제를 진단하는 오류를 피할 수 있기 때문에 아주 중요하다. 상담자가 자신의 경험의 한계를 벗어나서 객관적이고 과학적인 기준으로 내담자를 이해하고 내담자가 왜 그렇게 행동하는지 이해하는 것은 매우 중요하다. 다음으로 내담자가 이야기하는 문제들을 확인하고 정리하며, 상담자가 보는 내담자의 문제들도 분석한다.

이상을 토대로 내담자를 효과적으로 변화시키는 구체적인 상담 계획을 세우게 된다.

1) 이론적 관점의 선택

내담자를 돕기 위한 상담의 이론적 접근 방법은 많이 있다. 당신이 한상담 전문가라고 하더라도 모든 내담자에게 한 가지 방법만을 사용할 필요는 없다. 상담자가 내담자의 입장에 서서 그에게 가장 효과적인 방법을 선택하는 사람도 있고 자신이 선호하는 이론을 주로 사용하는 사람들도 있다. 그러나 상담자가 특정한 이론만을 고집한다면 내담자를 효과적으로 돕는 데는 제한이 있을 것이다.

만약 상담자가 행동주의적 접근법을 사용한다면 그는 내담자의 최근 행동에 초점을 맞추어 분석을 하고 행동수정 계획을 구성할 것이다. 그러나 정신역동적 접근법을 사용한다면 내담자 문제의 근원적인 원인으로서 무의식적인 심리적 갈등들에 초점을 맞출 것이다. 이를 위해서 내담자의 과거 사건들을 인식해 낼 필요가 있을 것이다. 예를 들어, 충족되지 못한 안전과 양육의 욕구, 충족되지 못한 욕구와 불안을 탐구할 것이다. 이 때문에 일반적으로 행동주의적 접근법에 비해 정신역동적 접근법이 내담자를 건설적으로 변화시키는 데에 더 긴 시간이 필요하다.

한상담은 내담자를 돕기 위해서 과거의 사실적인 이야기를 별로 필요로 하지 않는다. 주로 지금-여기에서 느끼는 생생한 감정에 초점을 맞춘다. 내담자의 문제는 더 이상 그때-거기에서의 문제가 아니며, 지금-여기에서 다른 사람이 아닌 상담자와의 관계에서도 나타나고 있을 것이기 때문에 지금-여기에서의 감정에 초점을 맞추어 해결해 나갈 수 있다는 관점이다.

이처럼 사례개념화의 첫 번째 단계는 상담자가 내담자를 이해하기 위한 이론적 기준을 선택하는 것이다. 이것은 상담자가 자신의 주관적 경험을 바탕으로 사람을 이해하는 오류를 피할 수 있기 때문에 아주 중요하다. 상담자는 이러한 이론적 기준을 갖고 내담자가 누구인지 또 왜 그렇게 행동하는지 이해하게 된다. 그런 다음 내담자가 이야기하는 자신의 문제들을 확인하고 정리하며, 상담자가 보는 내담자의 문제들도 분석해 내게 된다. 또한 내담자의 상황을 파악하는 이론적 시각을 제공한다. 끝으로 내담자를 효과적으로 변화시키는 계획을 세우게 된다. 이 같은 활동들은 상담 및 심리치료의 목표를 설정하는 데 도움이 될 것이다.

2) 사례개념화의 추진과 상담 계획 수립

이론적 관점이 선택되면 사례개념화를 추진한다. 한상담 사례개념화는 전제와 개입 방법으로 구성된다.

전제는 내담자가 진술하는 상황, 내담자가 생각하는 자신의 문제를 요약·기술한다. 그런 다음에 한상담 기준으로 주체성과 관계성에 있어서 내담자가 바른 생각, 안정된 감정, 적응 행동을 하는 경우와 착각하거나 감정적으로 불안정하고 부적응 행동을 하는 것을 철저하게 분석한다.

개입 방법은 내담자가 진술한 자기 문제와 상담자가 파악한 문제들을 검토하고 이를 효과적으로 해결해 나가는 방법을 이론에 근거해서 추구해 나가는 것이다.

3) 한상담 사례개념화 작성

 A. 상담의 시작

1. 어떻게 상담을 시작하게 되었는가?
2. 상담관계
   1) 상담자의 입장
   2) 내담자의 입장
   3) 상담자가 보는 내담자
   4) 내담자가 보는 상담자
3. 상담에 임하는 내담자의 태도
   −주도적인가?
4. 상담자의 태도
   1) 선입견
   2) 돕고 싶은 마음
   3) 동감되는 것
   4) 유능감
5. 관계 형성
   1) 친밀감: 이해/공감/칭찬 인정
   2) 신뢰감: 전문적인 신뢰/지식/경험

B. 문제
  1. 내담자가 보는 내담자의 문제
  2. 상담자가 보는 내담자의 문제
C. 개입 전략
D. 상담 종결
E. 사후지도

4) 한상담 사례개념화 사례

(1) 사례 1

사례개념화는 내담자마다 다르게 작성되어야 하기 때문에 모범 사례를 들기가 쉽지 않다.

다음 사례는 상담자들이 사례개념화를 작성하는 데 참고가 될 수 있을 것 같아서 인용했다.

❖ **내담자 인적사항**
  • 중학교 2학년 남학생
  • 전학을 자주 다녔음.

❖ **가족관계**

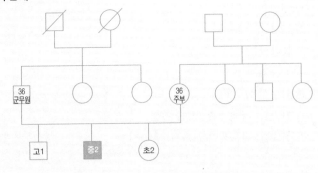

A. 상담의 시작

1. 어떻게 상담을 시작하게 되었는가?

지방도시에 위치한 전교생 1,200명 규모의 학교에서 시골에 위치한 전교생 113명인 소규모 학교로 2월 말에 전입한 학생이 교우 간에 잦은 마찰을 일으키는 등 부적응 행동이 계속되어 담임교사가 학생을 불러서 상담을 시작하게 되었음.

2. 상담관계

1) 상담자의 입장

학급의 학생들이 내담자의 짓궂은 장난으로 매우 힘들다고 호소하고, 내담자가 지나치게 장난하는 것으로 보이는 장면들을 상담자도 여러 차례 목격한 바 있었으며, 무엇보다도 내담자의 얼굴이나 팔 등에 할퀸 자국이나 멍 자국 등 상처가 많이 나타나 상담을 하기로 하였음.

2) 내담자의 입장

대도시에서 전입하였기 때문에 아이들은 자기에 대해 공부 잘하는 학생으로 여길 것이라 생각하고, 자기가 그런 사람이 되어야 한다는 신념으로 열심히 노력했지만 그만큼 성적이 나오지 않아 아이들의 시선이 의식되며, 원하는 고등학교에 갈 수 없을 것 같아 고민임. 그리고 다른 아이들은 초등학교 때부터 오랫동안 함께해 온 절친한 친구들인데 그 사이에 끼어들어 그만큼 친하게 지낼 수 없음이 매우 힘들어 상담에 응하게 됨.

3) 상담자가 보는 내담자

중간 이상 정도의 키와 듬직한 외모로 호감이 가는 모습이나, 날카롭게 빛나는 눈빛에서 억눌린 분노나 억울함이 많이 쌓여 있는 것으로 보임.

4) 내담자가 보는 상담자

아무도 귀 기울여 들어주는 사람이 없었는데, 말할 수 있어서 좋았고 들어주는 것만으로도 매우 고맙다고 표현함.

3. 상담에 임하는 내담자의 태도

• 주도적인가?

상담자의 권유로 이야기를 시작하게 되었으므로 주도적이기보다는 상담자의 질문에 많이 의존하는 편임. 그러면서도 문제가 있다고 지각하고 나아지고 싶은 욕구가 있는 만큼 신중히 생각하고 성실하게 대답함. 그러나 사실을 있는 그대로 보고 받아들여야 하는 상황에서는 주저하고 인정하기 어려워함.

4. 상담자의 태도

1) 선입견
내담자 때문에 힘들다는 학생들의 호소와 거친 장난을 목격한 적이 있어 내담자에게 문제가 있을 것이라는 선입견을 갖게 됨.

2) 돕고 싶은 마음
거친 장난이 학급에 퍼져 나가는 것을 막고 싶고 학생들이 서로 잘 지냈으면 좋겠다는 바람까지 더해져서, 내담자가 정말 편안해지고 잘 지냈으면 좋겠다는 마음이 강함. 학급을 위한 마음 때문에 초조해지거나 앞서 나가지 않도록 조심해야 할 것 같음.

3) 동감되는 것
그다지 싹싹하지 않은 내담자가 기존의 친한 아이들 틈에 끼어들어 친해지기가 정말 어려울 것 같음. 그런 생각 때문에 내담자는 더욱 아이들과 잘 어울리고 싶을 것 같고 외로울 것 같음.

4) 유능감
내담자가 성장하고 어려운 관계를 잘 풀어 나가면 학급의 아이들도 좋아할 것이고 함께 생활하는 상담자도 기쁠 것임.

5. 관계 형성

1) 친밀감: 이해/공감/칭찬 인정
도회지와 달리 작은 시골 학교라 몇 명 되지 않는 아이들(한 학년에 34명)이 초·중등 기간을 함께 친밀하게 지냈는데 그 속에서 그 아이들과 친해지려 하는 과정이 매우 어려울 것임을 공감하고, 공부하기 어려움에 대해서 이해하고 그럼에도 불구하고 열심히 노력하는 모습과 글짓기라든가 대회에 참가하기 위하여 노력하는 모습을 칭찬하며, 화가 나는 순간에도 참으려 노력하는 모습에 대해서 칭찬 인정함으로써 친밀감을 형성함.

2) 신뢰감: 전문적인 신뢰/지식/경험
지난 3개월간의 학교생활을 통하여 상담자가 일방적으로 기존에 있던 아이들의 말만 듣는 것이 아니라 내담자의 말에도 귀를 기울여 줌으로써 경험으로 상담자에 대한 신뢰가 형성되었음.

B. 문제

1. 내담자가 보는 내담자의 문제

열심히 공부해도 공부한 만큼 성적이 나오지 않고, 형은 학원에 다니지 않고도 혼자만의 공부법을 터득하여 공부를 잘하는데 내담자는 학원에 다니면서도 공부를 못하고, 형의 반도 미치지 못한다는 소리가 너무 듣기 싫어 빨리 월등한 사람이 되어 누구와도 비교되지 않는 사람이 되고 싶고, 인격적으로도 훌륭한 사람이 되어 어려운 사람도 돕고 장애인도 돌봐 주는 너그러운 사람이 되고 싶은데, 아무리 열심히 노력해도 그에 미치지 못하는 것 같아 힘듦.

2. 상담자가 보는 내담자의 문제

				상담자가 보는 내담자의 문제	개입 전략
I. 주체성	1) 자기사랑	(1) 자기와의 관계	① 자기사랑	• 자신에 대한 미움을 사용. • 스스로는 공부도 매우 열심히 할 뿐만 아니라 여러 가지 다양한 교내·외 활동에 열심히 참여하고 있고, 친구관계를 위해서도 자기만 무조건 참는데 아무도 알아주지 않는다고 생각함. 그런 자신을 한심하게 여김.	−많은 잡념에도 불구하고 공부에 집중하려 노력하는 모습, 다양한 학교 행사에 적극 참여하고 글짓기도 열심히 하는 모습, 화가 폭발하는 순간에도 멈추고 자제하는 모습에 대하여 칭찬 인정함.
			② 나를 보고 있는 나와 나에게 보인 나	• 멋진 모습을 보이지 않는 자기를 매우 한심하게 보고 있고, 그로 인하여 고통을 받고 있음.	−공감 수용. −질문을 통해서 바람직한 상을 제시할 수 있는 내가 본래의 자기일 수 있음을 생각해 보게 함.
			③ 되고 싶은 나와 되어져 있는 나	• 초등학교 때에는 공부도 잘했고 비교당하는 것에 대한 괴로움이 적었는데, 중학교에 오니 성적도 좋지 않고 훌륭한 인격에 미치지도 못한 자신의 모습을 한심스럽게 생각함.	−공감 수용. −자신에게 너무 무리한 기대를 걸고 있는 것은 아닌지 생각해 보고, 초등학교 때의 모습은 본래 가지고 있는 모습이고 지금 모습은 되어지는 과정의 모습임을

			생각하게 함. 사람이란 되어지는 과정에 놓여 있는 존재로서 조금씩 개선되면 원하는 모습에 도달해 갈 것임을 인식하도록 함.
	④ 내가 보는 나와 남에게 보이고 싶은 나	• 남에게 보이는 나를 나라고 보고 있음. • 내가 보는 나가 떳떳하지 못하므로 더욱 남에게 보이는 나에게 집중하게 됨. 공부를 못해서 원하는 학교에 가지 못할까 봐 두려워하면서도 스스로 공부를 하기보다는 내가 얼마나 열심히 공부하는 사람인가를 보여 주는 데 집중하고 있음. 진정으로 친구들과 잘 지내기 위한 방법을 모색하기보다는 내가 얼마나 참았고 억울한가를 알리는 데 집중하고 있음.	−내담자 스스로는 자신이 훌륭한 인격을 갖추지 못했다고 생각하면서 다른 사람들은 훌륭한 인격자로 봐 주기를 원하지 않는지 생각해 보게 함. −구체적인 상황에서 내담자의 행동이 다른 사람에게 어떻게 보이는지 생각해 보게 함.
	⑤ 이성, 양심, 감정의 조화와 균형	• 훌륭한 인격을 갖추고 있지 못하다는 것에 대한 죄책감을 가지고 있음. 자기가 더 참았어야 했는데 그러지 못한 것은 자기의 잘못임. 자기가 더 배려했어야 했는데 미처 거기까지 생각하지 못한 것도 자기의 잘못임. 그러면서도 매우 자주 억울해하고 과도한 분노가 폭발하여 주변의 친구들을 놀라게 함. 다른 사람에게 심한 폭력을 가하는 것은 참지만	−공감 수용. −수평분석을 통하여 자신의 다양한 감정을 분석하고 이해하여 감정과 양심, 이성 간에 조화를 이룰 수 있도록 도움.

			주변의 기물을 치다가 자신이 다치게 되는 경우도 발생함. 때로는 장난이란 이름으로 친구들을 괴롭히기도 하는데, 본인에게는 그것이 장난일 뿐 문제가 되는 상황이 아니지만 친구가 괴로워했다면 미처 그 점을 살피지 못한 자신의 잘못이라고 체념하듯 잘못을 인정함.	
(2) 자아 인식	⑥ 주체성	• 형은 별로 노력을 하지 않아도 공부를 잘하는데, 자신은 아무리 열심히 노력해도 성적이 오르지 않는다고 말함. 그런데 부모님은 형의 반만이라도 따라해 보라고 비교함. 타고난 운명의 탓으로 돌리고 있고 다른 사람들도 자신의 불운을 인정해 주기를 바라고 있음. 그리고 이런 불운에도 불구하고 자신이 얼마나 노력하는 사람인지 알아주기를 원하며, 다른 사람이 자기를 어떻게 볼 것인지 눈치를 보고 있음.	− 공감 수용, 칭찬 인정, 지지 격려를 하여 자신감을 북돋아 줌. − 자신이 자기 삶의 주인임을 인식하게 함.
	⑦ 자아 영역	• 나와 가족을 나라고 생각하고 있음.	− 나에게 영향을 미치는 사람들을 생각해 보게 함으로써 조금씩 자아의 범위를 확장해 나가도록 함.
	⑧ 자기단정과 규정	• 사람은 공부도 잘하고 훌륭한 인격을 갖추어야 함. 그것은 서로 별개의 것이 아니라 같은 것임. 나는 공부도 못하고 훌륭한 인격에 도달하지도 못했기 때문에 칭찬을	− 공감 수용. − 질문을 통해서 내담자가 무리한 기대를 내려놓고 자기를 이해하고 수용할 수 있도록 도움.

		받아들일 수가 없음. 우쭐해하면 안 되고 훌륭한 인격을 갖추기 위해 꾸준히 노력해야만 함. • 사람들은 끊임없이 다른 사람과 비교를 함. 가장 훌륭해져서 더 이상 비교 대상이 없어야 비교를 당하지 않음.	
(3) 자 아 상 태	⑨ 인정, 애정 욕구	• 인정 욕구가 매우 크고 애정 욕구도 큼. 본인도 자신이 인정받고 싶어 하고 다른 사람에게 어떻게 보여지는가에 무척 신경을 쓰고 있음을 인정함. 애정 욕구에 대해서는 별로 언급하지 않음. 그러나 인정받기 위하여 노력하는 모습을 드러낼 뿐만 아니라 끊임없이 주의와 시선을 끌며 자기가 얼마나 힘든지를 알리려 드는 모습에서 애정 욕구가 엿보임.	−공감 수용, 칭찬 인정. −욕구 충족이 되지 않았을 때 상대를 비난하고 자신을 비하하는 경향이 있음을 질문을 통하여 비춰 줌. −열등하게 보이는 친구들을 존중할 수 있을 때 비로소 존중받을 수 있음을 인식하게 함.
	⑩ 정서적 상태	• 집착: 공부를 잘해야만 하고 훌륭한 인격이 되어야만 함. • 불안: 아무리 노력해도 성적은 저조하고, 친구들과의 관계도 좋지 않고, 미래가 어떻게 될 것인가에 대하여 불안감을 느끼고 있음. • 갈등을 일으키는 양가감정: 노력하는 척할 뿐 실제로 노력하는 것이 아니	−공감 수용. −수직분석을 통하여 본마음을 찾아가는 길을 안내함. −주로 사용하는 표면 감정 아래의 내면 감정과 만나도록 안내함. −현재에 집중하게 되면 미래의 불안감을 털어 버릴 수 있음을 인식시킴.

		라며 노력하는 것조차 인정해 주지 않는 자신의 삶을 훌륭하게 이끌어 온 아버지에 대한 양가감정. 밤 10시에 귀가하여 자기 교복은 자기가 빠는 나를 특별히 인정해 주지 않는 어머니에 대한 양가감정. 잘난 형이지만 자기의 비교 대상이란 점에서의 양가감정. 때론 정서적으로 힘들어하는 내담자를 위로해 주지만 대개는 자기를 귀찮게 하는 동생에 대한 양가감정.	
	⑪ 문제해결 방안	• 자기개방: 표면적으로 드러난 부분과 그와 관련된 면에 대해서는 깊이 생각하고 이야기도 잘하지만, 감추어졌다고 생각되는 부분에 대해서는 이야기하지 않음. 특히 사람들에 대한 부정적인 면을 이야기하는 것을 매우 힘들어함. 충분히 수용되어져서 부정적 감정을 표현하여도 안전하다는 인식을 하게 되면 힘들어하는 부분을 개방할 것 같음. • 자기이해: 자기 스스로를 이해하기에는 어려움이 있었지만 이야기를 하면서 조금씩 이해의 폭을 넓혀 가고 있음. • 자기허용: 자신이 하고	- 공감 수용. - 개방할 수 있는 안전한 분위기 조성. - 무조건 핑계를 대거나 실패했을 경우 자신을 비하하기보단 왜 그랬는지를 이해하고 받아들이도록 공감 수용. - 과거의 경험이 현재의 분노와 억울함을 갖게 했다는 것에 대해 알아차리게 함. - '나는 이런 사람이다.'가 아니라 이러이러해서 이렇구나 하고 자신을 이해하도록 안내함. - 질문을 통해서 내담자의 감정과 생각, 행동에 대해서 명료화함(숨은 의도, 숨은 뜻을 스스로 깨닫도록 유도).

			있는 행동은 자기로서는 어쩔 수 없어서 그렇게 하고 있는 것이라고 분명하게 말함. • 자기수용: 자기공감 역량이 부족하여 스스로 한심해하고 자신감이 떨어짐. 하지 말라고 분명히 말함에도 불구하고 계속 장난을 거는 친구들에게 시달리는 것이 매우 힘듦. 너무 화가 나서 자기 책상을 발로 걷어차고 인대가 끊어져서 발에 깁스를 하고 있는 중임. 그러고도 계속되는 거친 장난이 주먹다짐으로 이어지곤 함.	
2) 변화 역량	(1) 상담 동기	⑫ 동기	• 여러 가지 문제 상황에 의해서 불려 왔지만 자기의 문제를 해결하고자 하는 욕구를 가지고 있으므로 자발적이라고 말할 수 있음.	−당황스러웠을 수도 있고, 힘들고, 불편하고, 이해하기 어려웠을 수도 있었을 텐데 끝까지 진지하게 생각하고 이야기하는 적극적인 태도에 대해서 칭찬 인정.
	(2) 변화 목표	⑬ 변화의 초점	• 생각: 아무리 노력을 해도 공부를 잘할 수가 없음. 그래도 어떻게 하면 공부를 잘할 수 있는지 나만의 방법을 찾아서 터득하여야 함. 아무리 노력해도 원래부터 친한 아이들 사이에서 그 아이들만큼 친해질 수는 없음. 그래도 친하게 지내는 아이들이 몇 명 있음	−공감 수용, 칭찬 인정. −질문을 통해서 상대는 나의 행동을 어떻게 볼 것 같은지, 나에게 어떤 감정, 어떤 기분일지 생각해 보게 함.

	(4명 정도 나열함). • 감정: 억울하고 답답하고 화남. 자책감도 느낌. • 행동: 거친 장난을 걸고, 약해 보이는 아이를 놀림. 무리를 짓는 아이들에겐 괴롭힘을 당하고, 화를 내고, 분노를 폭발함. 자기가 잘한 것을 드러내기 위하여 내세우고 아는 척을 함.	
⑭ 목표	• 공부를 열심히 하여 도시에 있는 모 고등학교에 진학하겠다는 내담자의 소망을 살려서 공부를 잘할 수 있는 마음 상태에 도달할 수 있도록 도움을 줌. • 자기 자신과 주변 사람들과의 관계 개선하기: 자기를 이해하고 믿으며, 다른 사람도 존중하도록 하기. 특히 약한 아이들도 존중받아 마땅함을 말로써가 아니라 가슴으로 받아들이도록 함. • 지금까지 자기가 잘한 것이 무엇인지 찾아보고 나열해 보고 인정하도록 함. • 친구들과 잘 지내려면 구체적으로 어떻게 해야 하는가 찾아보기: 어떤 말을 주로 사용할 것인가? 아이들과 친해지기 위하여 어떤 행동을 할 것인가?	− 칭찬 인정을 통해서 내담자가 실천할 수 있게 격려하고 지지함. − 친구와의 관계가 잘 이루어지면 잡념이 줄어들어 공부에 집중할 수 있을 것임을 인식시킴.

(3) 변화 영역	⑮ 자기표현	• 친구들과 친해지고 싶다고 하는 행동이 치고 도망가거나, 아이들이 귀찮아하는 행동을 지속적으로 하거나, 상대를 놀림감으로 삼아 몇날 며칠 놀려 대는 행동을 함. 다른 아이들이 자기에게 거는 짓궂은 장난도 자기와 친해지고 싶어 하는 행동이라고 표현함.	−수평분석을 통하여 한순간에 다양한 감정이 일어남을 체험하게 하고, 긍정적 감정으로 시작된 행동이 부정적 감정을 일으킬 수 있으므로 본래의 자기 의도를 표현할 수 있는 구체적 방법을 찾아 말하고 행동하게 함.
	⑯ 시간	• 과거에 대해서는 무척 억울해하고 있고, 현재 노력하고 있는 것이 효과를 발휘하지 못한다고 내세우면서 실제로는 열심히 노력하지 않으며, 미래에 대해서는 불안해하고 있음.	−과거는 바꿀 수 없고 미래는 현재에 이어서 오므로 당장 나타나는 것은 아님. 오직 현재만이 내가 선택할 수 있고 시도할 수 있음. 현재를 무조건 사랑하고 열심히 사는 것이 원하는 미래로 가는 길임을 인식하게 함.
	⑰ 성공과 성숙	• 공부를 잘해서 원하는 고등학교에 가고 대학을 가서 좋은 직장에 취직하는 것. • 인격적으로 훌륭한 사람이 되어서 어려운 사람도 돕고 사람들의 존경을 받는 사람이 되는 것.	−공감 수용. −좋은 직장이란 것을 현실적으로 구체화하여 생각해 보게 함. −훌륭한 인격이란 관계 속에서 맺어지는 것임을 생각하게 함.
	⑱ 성장	• 성장하는 사람임. 자기 자신을 이해하려 노력하고 상담 시간이 길어져도 흐트러지지 않고 진지하게 생각하며 받아들이려는 노력을 함. 그러나 사실을 있는 그대로 보는 것, 특히 몰랐던 자	−칭찬 인정을 통한 지지, 격려.

				신의 부족한 부분을 보는 것을 매우 힘들어함. 그럼에도 바로 내치지 않고 한 번 생각해 볼 것을 약속함.	
			⑲ 깨달음	• 자기가 생각하는 것처럼 친구들이 자기를 보고 있지 않는 부분도 있음을 알게 됨. 인정받으려 의도한 행동들이 친구로부터 멀어지는 방향으로 작용한 부분도 있음을 알게 됨. 피해자는 내담자뿐만 아니라 친구들도 내담자로 하여 피해를 입는 부분이 있음을 알게 됨.	−때로는 친구들과 마찰을 일으키면서도 왜 행동을 바꾸지 않았는지를 생각해 보게 함. 고통을 호소하지만 고통으로 인한 이득이 무엇인지 확인하게 함.
II. 관계성	1) 자기개선	(1) 의사소통	① 의사소통	• 사실 지향적인 대화. • 주로 말을 하는 사람으로서 자기의 잘못은 덮어 두고 자기가 얼마나 노력을 하였는지, 그럼에도 얼마나 힘든지를 열거하기 급급함. 모순되는 부분이 드러나면 곧바로 '모든 것은 저의 잘못입니다.'라고 말로는 인정하고 체념함. 그러나 표정과 눈빛에 억울함을 강하게 내색함. • 현재는 자기 중심의 세계에 사로잡혀 피해의식을 강하게 가지고 있으면서 솔직한 자기표현이 어렵지만, 서서히 자기감정을 솔직하게 표현하	−억울함에 대해서 공감하고 내담자의 의사소통 방법을 돌아보게 함. 상대에 대한 부정적인 표현을 솔직하게 하도록 격려함. 그리고 상대의 입장에서 생각해 보게 함.

		게 되면 피해의식에서 풀려나고 상대 중심으로 생각하게 되며 감정도 긍정적으로 전환되면서 말에 진심을 싣게 될 것으로 생각됨.	
	② 불일치	• 친구들과 관계를 잘 맺고 싶으면서도 말이나 행동은 놀리거나 거칠게 함으로써 친구들을 불편하게 하고 마찰을 일으키고 있음. • 어려운 사람을 돕고 훌륭한 인격을 갖고 싶어 하나, 힘든 일은 하기 싫어하고 꾀를 부리고 핑계를 대는 행동을 하기도 함.	−의도는 친하게 지내고 싶으면서 놀리고 때리는 행동을 친구들이 어떻게 받아들일 것인지 친구의 입장에서 생각해 보게 함. 힘든 것은 하기 싫어하면서 칭찬을 받으려 한다면 어떤 마찰이 일어날지 생각해 보게 함.
(2) 대인관계태도	③ 편견	• 기존의 학생들은 전입해 온 친구와 진심으로 친해질 수 없음. • 선생님도 기존 학생들의 말만 듣고 전입생의 말에는 귀를 기울이지 않음. • 공부를 잘하지 못하면 인간으로 존중받을 수 없음.	−공감 수용. −질문을 통해서 내담자가 생각하고 있는 것 이외에 또 다른 어떤 것들이 있는지 찾아보게 함.
	④ 타인을 판단, 평가	• 부모님은 자기가 노력하는 것도 인정해 주지 않음. • 나는 노력해도 잘 못하는데, 형은 노력하지 않아도 잘함. • 학급에서 공부 잘한다고 생각되는 아이들이 인격적으로도 노력하는 아이들이라고 평가함. • 부족해 보이는 아이들은 무시하는 경향이 있음.	−공감 수용, 칭찬 인정. −부모님과의 관계에서는 감정의 수평분석을 통하여 긍정적인 감정을 찾아보게 함. −내가 하는 것은 어렵고 힘든데, 다른 사람이 하는 것은 무조건 쉬워 보이는 것은 아닌지 찾아보게 함. −공부와 인격이 언제나 함께 가는 것은 아님을 주위의 사례를 통해서 찾아보게 함.

				−사람은 누구나 존중받을 가치가 있음을 깨닫게 함.
(3) 착각	⑤ 억울함		• 남들은 노력하지 않아도 좋은 결과를 얻는 경우가 많은데, 자기는 아무리 노력해도 좋은 결과를 얻지 못함. 게다가 노력한 것조차 인정받지 못함. 그럼에도 자신은 언제나 참아야 하고 계속해서 노력해야 함. • 기대를 걸어 놓고 혼자 억울해하고 공격하거나 회피함.	−공감 수용, 칭찬 인정. −수직분석을 통해서 내담자가 진정으로 원하는 것이 무엇인지를 찾아보게 함.
	⑥ 사랑		• 사랑받기 위해 자신이 얼마나 사랑하는지 과도하게 알리려고 함.	−공감 수용. −사랑은 하는 만큼 받을 수 있음. 사랑을 하고 또 하면 어느새 사랑받고 있는 자신을 느낄 수 있지 않을까 생각하게 함.
2) 관계 개선	⑦ 관계성		• 가족관계: 좋은 아들, 좋은 오빠로서의 역할을 하려고 노력함(초등학교 3학년 때부터 자기 빨래는 자기가 하였음. 엄마가 형에게 가거나 외가에 갈 때 동생을 돌보는 역할을 함.). • 좋은 학생의 역할을 하려 노력함(특별한 일은 자기가 하겠다고 손을 듦. 완수하는 경우도 있고 완수하지 못할 때도 있음.). • 부모님에게 관심과 배려를 받고 있는 것 같기는 하나, 내담자를 통해서는	−공감 수용, 칭찬 인정 −다른 사람의 기대에 부응하기 위한 행동을 하고 있지는 않은지, 자기가 진정으로 원하는 것을 찾아 노력하고 있는지 생각해 보게 함.

			부모님의 충분한 지지나 사랑을 받는 것으로 보여지지 않음. 내담자를 향한 부모의 기대가 높은 것으로 보임. 내담자는 기대에 부응하려 애를 씀. • 교우관계에서 깊이 있는 관계를 맺거나, 원만한 관계를 맺고 있는 것으로 보이지 않음.	
		⑧ 내가 보는 나와 남이 보는 나	• 나는 정말 열심히 노력하고 다른 사람을 돕는 행동을 많이 하는데, 남들은 노력하지 않음. 잘난 척함. 이해할 수 없을 정도로 과도하게 화를 낸다고 보고 있는 면이 있음.	- 공감 수용. - 질문을 통해 내담자의 언어 습관, 행동 패턴을 돌아보게 함.
		⑨ 대인관계	• 내담자를 통해 본 아버지는 CP이고 어머니는 A 성향이 있는 것 같음. 내담자는 CP임. • 문제는 자기가 해결할 수 있고 자기가 해야 하며, 시간이 흐르면 해결할 수 있다고 말함. FC 성향의 아이들과 특히 많이 부딪힘. • 대인관계에서 말로는 사랑과 이해를 사용한다고 하나, 표정과 어투와 행동에서는 미움을 많이 사용함.	- 공감 수용. - 부모에 대한 내담자의 감정이 어떤 것인지 찾아보게 함. - 타인을 대할 때 말과 행동, 표정의 일치가 중요함을 일깨워 줌. - 관계 속에서의 문제는 관계 안에서 함께 해결해야 함을 인식시킴.

C. 개입 전략(앞 도표의 '개입 전략' 참고)

D. 상담 종결
1. 내담자가 비교적 바른 생각을 하고 정서적으로 안정되어 의도와 표현이 일치

하는 적응 행동을 보이며 교우 간의 관계가 좋아졌음이 확인되었을 때

2. 스스로에 대하여 자신감을 되찾고 다른 사람들도 신뢰할 수 있게 되었음이 확인될 때

3. 성격 차이를 이해하고 다른 성격을 가진 친구들을 이해할 수 있을 때

E. 사후지도

1. 내담자가 앞으로 추구하는 목표가 무엇인지 함께 논의함.

2. 목표에 도달하기 위한 구체적이고, 시간 제한적이고, 측정이 가능한, 도달가 능성이 있는 현실적인 목표를 세우고 1개월 간격으로 진행 과정을 이야기하 도록 함.

3. 상담자가 학급 담임교사이므로 원하면 언제든 함께 이야기할 수 있음을 확 인함.

(2) 사례 2

❖ 내담자 인적사항
- 이름: ○ ○ ○
- 나이: 40세
- 직업: 변호사 사무실 근무
- 결혼 여부: 재혼

❖ 가족관계
- 재혼한 남편, 본인(임신 중), 전남편 사이에 둔 자녀 2명 [딸(고1), 아들(중2)]

A. 상담의 시작

1. 어떻게 상담을 시작하였는가

약 12회 상담 후 내담자가 자기 자신에 대해 자신감을 회복해 나가는 것으로 판단되었음. 따라서 관계성 부분은 한알 집단상담을 함께 병행하는 것이 더 효과적일 것이라는 판단으로 개인상담과 집단상담을 통해서 대인관계를 개

선하고자 안내하던 중 내담자의 집안사정상 상담이 중단되었음. 다시 5개월 후 내담자가 본 상담자에게 연락을 해서 다시 상담을 시작하게 됨.

2. 상담관계

1) 상담자의 입장

지난 3개월 동안의 상담 과정에서 내담자가 어느 정도 자신감을 찾아 가는 상태였기 때문에 상담자에 대한 친밀감이나 신뢰감은 갖고 있는 상태이고 내담자의 성격, 대인관계 등을 파악하고 있는 상태여서 편안하게 상담에 임할 수 있었음.

2) 내담자의 입장

지금의 남편과 재혼해서 합의하에 임신을 했는데도 불구하고 남편이 임신한 아내에 대한 배려가 없는 것이 이해가 되지 않음. 재혼 후 자신의 주위 친구들은 점점 멀어지고, 그렇게 힘들게 도와준 언니는 임신한 나에게 배려는 하지 않으면서 자기가 서운하고 불편한 것만 생각함. 그동안 상황적으로 힘든 일을 잘 이겨 냈는데, 그 상황은 해결되었는데도 불구하고 더 행복해야 할 상황에서 내담자 자신은 우울하고 의욕이 없다고 함.

3) 상담자가 보는 내담자

내담자는 변호사 사무실에서 사건 의뢰를 주선하는 일을 함. 상담자에게 보인 내담자의 첫인상은 순수하고 순박한 모습이지만 단호하고 결단력 있는 모습으로 보임. 책임감이 강해 보이고, 성실하며, 가족애가 각별함.
모든 대인관계를 자기 탓으로만 생각하고, 자신만 참으면 된다고 생각하던 내담자가 이제는 스스로 타인에 대한 서운함을 표현함.

4) 내담자가 보는 상담자

상담을 받으면 자기와 주위 사람들의 관계를 객관화시킬 수 있어 정리가 된다고 말함. 특히 내담자의 말을 통해서 느껴지는 내담자의 성격과 남편의 성격을 상담자가 말하는 것을 보고 상담자를 신뢰하는 것으로 보임.

3. 상담에 임하는 내담자의 태도

무엇보다도 내담자가 개방하고 문제를 해결하고자 하는 욕구가 강하여 상담자 또한 내담자에 대한 믿음을 갖고 있음.
누군가의 권유나 강요로 온 것이 아니라 스스로 상담을 의뢰해 온 만큼 상담에 임하는 자세는 아주 적극적임. 자신뿐만 아니라 상대의 입장도 헤아려서 생각해 보려고 함.

4. 상담자의 태도

1) 선입견

이성적이면서도 합리적, 분석적이어서 상담 중에 내용에 대해 인지 능력이 우수할 뿐 아니라 상대의 입장과 자신의 입장을 잘 이해하는 능력이 있는 것으로 기대되었음.

2) 돕고 싶은 마음

내담자가 어린 시절부터 겪었던 미처 치유되지 못한 감정의 응어리들과 사랑 받고 싶어서 상대에게 주기만 하는 내담자의 고갈된 마음에서 오는 우울함이 안타까웠음.

3) 동감되는 것

상담자가 결혼생활에서 남편과의 성격 차이로 겪었던 갈등들이 떠올라 내담 자를 도와서 내담자의 마음이 편안해지기를 바라는 마음이 생겼음.

4) 유능감

내담자가 성장하여 스스로에게 유능감을 갖게 된다면 상담자로서도 유능감을 느낄 수 있겠다는 생각을 하게 되었음.

5. 관계 형성

1) 친밀감: 이해/공감/칭찬 인정

현재의 상황에 대해서 공감하고, 자녀들을 사랑하는 것에 대해서, 가정을 지키고자 하는 마음, 자신에게 최선을 다할 뿐만 아니라 적극적으로 문제해결을 하기 위해 나서는 내담자를 칭찬 인정, 지지함으로써 친밀감을 형성함.

2) 신뢰감: 전문적인 신뢰/지식/경험

내담자가 그동안 상황적으로나 심리적으로 힘든 시점이었고, 심리적으로 의지할 곳을 찾는 상태라 친밀감을 형성하기가 쉬웠음. 내담자가 말하기 힘들어하는 사실을 이야기하도록 하기보다는 감정을 찾아 이야기하도록 유도하고 감정의 중요성을 설명해 주기도 함.

6. 상황 진술(내담자 입장에서 진술)

지금의 남편과 합의하에 임신을 하게 되었음. 지금은 내가 임신을 한 특수 상황인데도 남편은 여전히 말이 없음. 그동안 부부의 관계에서 내가 먼저 남편에게 말을 하지 않으면 말을 하지 않음.

내가 매번 먼저 말하고 부부간의 원만한 생활을 위해서 나 혼자만 노력하는 것 같음. 임신한 아내가 무엇을 먹고 싶어 하는지, 무엇을 원하는지, 무엇을 해야 하는지 모름. 사실 내가 임신하자고 결정한 이유도 남편을 위해서임. 남편은 전처와의 사이에서 낳은 아이들과 만나지 못하고 있음. 지금 내 아이들이 새아빠와 관계가 좋지만 커서 자기 아빠에게 가 버리면 지금의 남편이 얼마나 외로울까 싶어서 아이를 갖겠다고 생각했음.

남편이 책임감이 있고 성실해서 신뢰는 가지만 외로움.

지금 이 사람과 결혼해서 그렇게 좋은 것도 없는데, 내 가까운 사람들은 점점 날 멀리함. 여러 명의 친구들이 날 떠났음. 내 주위에 있는 사람들은 자기들에게 잘하기만 바람. 내가 그들에게 무엇을 잘못했는지 모름.

남편과 계속 이렇게 살 수는 있겠지만 정말 다정하게 살고 싶음. 나는 내 아이들을 위해 이혼을 할 수도 없음.

B. 문 제

1. 내담자가 보는 내담자의 문제

1) 부부관계를 위해 남편은 노력을 하지 않음. 서로 똑같은 노력이 아니어도 좋음. 열 개 중 한두 개 정도만이라도 했으면 좋겠음.

2) 나의 무엇이 문제인지 모르겠음. 내 주위 사람들이 떠남.

3) 내 형제, 특히 언니는 언니로서 해 주는 것도 없으면서 내게 너무 기댐. 임신한 나에게 모든 것을 요구함. 그러면서 나는 거절하지 못하고 하고 있음.

4) 내 아들에게 미안하고 고마움. 남편 때문에 기운이 다운되면 안 되는 줄 알면서 나는 내 아들에게 기대게 됨. 아들은 '엄마 뭐 드시고 싶으냐'고 물어 주고 이야기도 잘 해 줌. 아들에게 너무 기대는 것 같음.

2. 상담자가 보는 내담자의 문제(사랑받고 싶은 욕구, 성격의 이해와 그에 따른 의사소통)

내담자는 주체성과 관계성으로 나누어 보면 주체성 부분이 특히 낮은 것으로 보임. 첫째, 주체성 부분은 애정의 욕구가 너무 커서 조금의 스트레스 상황이 되면 쉽게 우울해지고 무기력해지는 것으로 보임. 가까운 사람이나 가족들이 심정을 몰라주고 오해를 받는 상황을 자신의 잘못으로 인식할 때가 많음. 특히 가장 가까운 남편에게 자신이 원하는 방식의 애정이 아니면 사랑이라고 인식하지 못하는 것으로 보임. 따라서 주체성 부분에서 다음 부분을 살피고자 함.

1) 자기와의 관계
  ① 자기사랑
  ② 나를 보고 있는 나와 나에게 보인 나
  ③ 되고 싶은 나와 되어져 있는 나
  ④ 내가 보는 나와 남에게 보이고 싶은 나
2) 자기인식
  ① 주체성
  ② 자기단정, 규정
3) 자아 상태
  ① 인정, 애정 욕구
  ② 정서적 상태(집착, 불안, 갈등을 일으키는 양가감정)
  ③ 문제해결 방안(내담자의 긍정적인 자원)
    자기개방, 자기이해, 자기허용, 자기수용

둘째, 관계성 부분에서는 의사소통 능력과 대인관계 부분에서 성격갈등이 있는 것으로 보임. 관계성에서는 다음과 같은 부분을 살피고자 함.

1) 개인의 변화
  ① 의사소통
  ② 불일치
2) 착각
  ① 억울함
  ② 사랑
3) 관계 개선
  ① 성격 이해
  ② 성격에 맞는 의사소통

				상담자가 보는 내담자의 문제	개입 전략
I. 주체성	1) 자기사랑	(1) 자기와의 관계	① 자기사랑	• 내담자 스스로를 진정으로 아끼고 사랑하는 것을 알지 못함. 스스로 받고 싶은 것을 상대에게 해 주면서 자신은 받고 싶어서 하고 있다는 것을 인식하지 못함.	감정의 수평, 수직분석. −1단계: 공감 수용. −2단계: 자신의 감정과 상대에 대한 감정 찾기. −3단계: 자기 내면 보기. −4단계: 자신이 원하는 마음. −5단계: 통찰.
			② 나를 보고 있는 나와 나에게 보인 나	• 자신을 보는 외로움, 부족함, 기대고 싶은 마음, 위로 받고 싶은 자기와 그것을 보고 있는 또 다른 자기.	−1단계: 공감 수용을 통해서 자기를 객관화시켜 보기 위한 준비시키기. −2단계: 받고 싶은 욕구 알아차리기. −3단계: 그럴 수밖에 없는 자기이해. −4단계: 자기수용. −5단계: 자기를 바라보는 또 다른 자기 알아차리기.
			③ 되고 싶은 나와 되어져 있는 나	• 당당하고 자신감이 있는 되고 싶은 자기와 의욕 없고 우울해하는 지금의 나.	수평, 수직분석. −1단계: 공감 수용을 함. −2단계: 수평분석. 감정을 탐색해서 관점 전환 → 자신이 당당하고 자신감 있는 모습이 없다면 이와 상대적인 우울하거나 의욕이 없다는 것을 알기 어려움. 함께 있는 부분이고 내담자 선택이 중요. 긍정 또는 부정 감정 선택. −3단계: 수직분석을 통한 본심 말하기(의욕 없고 우울한 것이 착각이라는 것을 인식).

(2) 자 기 인 식	④ 주체성	• 지금 남편의 아이를 임신 함. 임신은 서로 합의하 에 한 것이고 임신한 아내 를 위하고 아끼지 않는다 고 생각.	−1단계: 공감 수용. −2단계: 수평분석을 통해 서 부정적인 감정을 긍 정적인 감정으로 바꾸어 선택.
	⑤ 자아 영역	• 자기를 포함한 주변 가족 이나 친구를 자기의 일부 로 생각하는 태도이나, 이 것은 성숙에서 오는 것이 아닌 사랑받기 위한 내담 자의 방식(상담자가 체크 해 두는 부분).	−상담 중 계속적인 체크.
	⑥ 자기단정 과 규정	• 우울한 사람, 의욕 없는 사람으로 자기단정, 규정 하고 자기의 부족함을 자 식이 닮을까 두려움.	−1단계: 공감 수용. −2단계: 수평, 수직분석하고 질문을 통해서 관점 전환.
(3) 자 아 상 태	⑦ 인정, 애 정 욕구	• 남편에 대해서 애정의 욕 구가 큼. 하지만 사랑받 기 위해 노력하는 것이 짜 증나고 차츰 말문을 닫고 관계를 멀리함.	−1단계: 공감 수용. −2단계: 수평분석을 통한 자기 자신의 바람과 남편 입장을 이해. −3단계: 사랑하는 방식이 다름을 이해(남편의 성격 이나 가정환경 등). −4단계: 진정한 사랑은 사 랑받기 위해 하는 것이 아 니라 그냥 사랑하는 것임 을 이해하고 아내로서 남 편을 사랑하고 더불어 함 께 사랑하는 모습이 어떤 것인지에 대해서 알게 함.
	⑧ 정서적 상태	• 어린시절 부모에게 버림 을 받을까 두려워했던 과 거의 감정과 전 남편에 대 한 실망, 배신감, 현재의 남편에게 배척당할까 하 는 두려움들, 그리고 자 식들에게 자신과 같은	−공감 수용. −과거의 감정을 현재까지 붙잡고 있음을 알게 함. −오지 않은 미래에 대해서 과도하게 불안해하고 있 음을 깨닫게 함.

			경험을 하게 할까 봐 불안함.	−공감 수용을 통해서 그런 자신의 모습을 이해하기.
		⑨ 문제해결 방안	• 자기개방, 자기이해, 자기허용, 자기수용 부분. • 문제해결을 위해서 현재 내담자가 겪고 있는 문제나 생각, 느낌들을 인지적으로 잘 이야기하고 있음. • 자기통찰을 하려는 시도. 그럴 수밖에 없는 자기를 허용하고 수용함. * 내담자의 주요한 자원.	−공감 수용. −내담자의 입장에서 공감 수용만 하면 내담자 스스로 감정과 생각, 행동에 대해서 명료화함. * 내담자의 주요한 자원.
2) 변화 역량	(1) 상담 동기	⑩ 동기	• 개인상담으로 연결해서 자기의 문제를 해결하려는 것은 자발적임.	−문제를 해결하려는 적극적인 태도에 대해서 칭찬 인정.
	(2) 변화 목표	⑪ 변화의 초점	• 생각: 남편이 임산부인 자신에게 무관심하다고 생각할 때 감정 상태는 편안한가? 주위 사람이 나를 떠난 것이 나에게 문제가 있다고 생각할 때 감정은 편안한가? 내 자식들이 잘못될지도 모른다고 생각할 때 감정적으로 편안한가? • 감정: 남편에 대한 원망과 미움의 밑바탕에 억압되어 있는 진짜 감정은? • 행동: 남편이 어떤 행동을 해 주기를 바랐으며, 본인 행동은 어땠는가? 원하는 것을 막연하게 생각하거나 기대로만 있을 뿐, 어떻게 해 달라고 요구도 하지 않고 해 주지 않은 남편을 원망.	−1단계: 공감 수용을 통하여 내담자의 욕구를 더 확실하게 하기. −2단계: 성격 알아주기. −3단계: 숨은 뜻과 의도 알아주기. −4단계: 칭찬 인정하기. −5단계: 지적하기. −6단계: 상담자가 남편의 성격 설명하기. −7단계: 남편의 숨은 기분과 의도 알아차리게 하기. −8단계: 서로의 차이 알기. −9단계: 현재 누가 문제해결 욕구가 우선인지 알게 하기. −10단계: 선택하게 하기.

	⑫ 목표	• 남편이 하는 일을 이해하고, 남편이 가정에서 내담자를 도와주기를 원하는 일들에 대해서 구체적으로 정리해 봄. • 내담자가 남편을 아직도 많이 사랑하고 있음을 알고, 그것을 남편도 알아차리게 해서 관계를 원만하게 하는 데 도움을 줌. • 가정을 유지하기 위해서는 부부간의 노력이 필수적임을 알게 함. 특히 엄마에게 자식은 아빠가 생각하는 부분과 다름이 있음을 남편에게 이해시킴.	−1단계: 대화의 수준 분석 적절하게 사용. −2단계: 의사소통 훈련.
(3) 변화 영역	⑬ 시간	• 과거에 대해서 억울함을 가지고 있고, 미래에 대해서는 불안해하고 있으며, 현재는 아무것도 하지 않으려고 함.	−과거를 바꾸거나 미래를 이루려는 것은 할 수 없지만, 감정을 선택하거나 무엇인가를 시도하는 것은 현재뿐임을 이해시키고, 현재를 사랑하는 것이 미래에 내담자가 소망하는 것을 얻게 되기 쉬움을 느끼게 함.
	⑭ 성장	• 이해하고 받아들이는 능력이 뛰어나서 과거 자신의 당당한 모습을 찾기 위해서 노력하려고 함.	−칭찬 인정하기.
	⑮ 깨달음	• 남편도 내담자에게 원하는 것이 있을 수 있으며 참느라 힘들었다는 것을 알게 됨. 참는 사람은 내담자 한 사람만이 아니고 가정을 유지하고자 하는 사람도 내담자 한 사람만이 아님을 알게 됨.	−수평분석: 관점 전환. −상대의 입장에서 생각해 보게 함.

II. 관 계 성	1) 자 기 개 선	(1) 의 사 소 통	① 의사 소통	• 내담자는 관계 지향적인 대화를 주로 원하지만, 남편은 사실 지향적인 대화를 하고 이성적인 사람으로 짐작됨. 내담자의 성격을 이해하고 있지만 갈등 상황에서 내담자는 남편을 냉정한 사람으로 보고 있으며 정을 느끼지 못함.	−1단계: 공감 수용. −2단계: 수평분석(남편에 대한 긍정적인 감정 찾기). −3단계: 의사소통에 대해서 이해시키고 성격 부분에 대한 코칭을 함.
			② 불일치	• 남편에게 임산부인 자신에게 더 관심을 가지고 사랑해 주기를 바라면서 남편에게 그렇게 해 주지 않는다고 불평, 불만만 함.	−수평, 수직분석. −의도는 사랑받고 싶으면서 행동은 불평, 불만만 표출한다면 남편이 내담자의 행동을 어떻게 이해하고 알아들을 것인지 남편의 지각에 대해서 명료화함. 남편의 행동도 비추어 생각하게 하면서 남편의 숨은 의도, 숨은 뜻을 알게 함.
		(2) 착 각	③ 억울함	• 내담자는 자신만 노력하고 남편은 아무런 노력도 하지 않는 사람이라고 생각하고 있음. • 자신의 주변 사람들은 내담자에게 받기만 하려 함.	−1단계: 공감 수용. −2단계: 수직분석을 통해서 내담자의 마음을 알아차리게 함.
			④ 사랑	• 사랑한다고 하지만 사랑받으려는 삶을 살고 있음.	−1단계: 공감 수용. −2단계: 수평, 수직분석. 그동안의 내담자의 행동이 주위 사람에게 의존심을 줄 수 있는 행동일 수도 있음을 인식하게 함. −3단계: 주체적이고 삶을 바꾸려는 사람은 사랑받는 삶인가, 사랑을 하는 삶인가를 알게 함.

2) 관 계 개 선	⑤ 대인 관계	• 남편은 A타입이고, 내담 자는 NP타입임. • 대인관계에서 자기와 비 슷하리라 생각하여 상대 에게 자기의 마음으로 대 하여 줌으로써 오해를 받 기도 하고 힘겨워함.	−1단계: 공감 수용. −2단계: 성격의 이해(자기 와 타인 성격 알아차리기). −3단계: 성격에 맞는 관계 개선 요령 훈련.

C. 개입 전략(앞 도표의 '개입 전략' 참조)

D. 상담 종결

1. 내담자가 원하는 것은 남편의 변화이지만 남편을 변화시키려면 먼저 자신이 변해야 한다는 것을 알게 함.

2. 내담자가 보는 자신의 문제와 상담자가 보는 문제에 대해서 서로 의논하고, 내담자가 변화하고자 하는 모습이 상담자가 보는 문제의 해결을 위한 성장임을 서로 합의함.

3. 그 모습을 내담자가 70~80% 정도 달성되었다고 할 때 새로운 목표가 없는지 확인함.

4. 상담 종결에 대해서 미리 의논함.

E. 사후지도

1. 사후지도에 대해서 상담 종결 전에 의논함.

2. 내담자가 자신의 문제해결에 대해서 지속적으로 수행하고 성숙하고 있는지 확인함.

3. 상담이 종결되기 시작할 때는 만나는 주기를 늘림(2주에 한 번).

4. 1개월 후에 다시 만나서 사후지도를 함.

5. 3~4개월 후에 다시 만나며, 그 이후에는 이메일로 서로 성숙하고 있는지를 확인함.

제3장 | 한상담의 집단상담

한상담의 집단상담

개인상담과 마찬가지로 집단상담에서도 한상담은 독특하다. 이 장에서는 한상담의 집단상담을 비구조적인 체험과 구조적인 체험으로 나누어 설명하고자 한다.

1 비구조적인 체험(한알 집단상담)

1) 한알 집단상담이란

(1) 배경

한철학과 한국인의 의식 구조를 바탕으로 개발한 한국형 집단상담으로 인간이 이 세상을 살아가는 데 필요한 가장 기본적인 능력인 대인관계의 능력을 훈련하는 프로그램이다.

(2) 목적

모든 참가자들로 하여금 자기를 이해하고 사랑하며, 타인을 이해하고 사랑하는 대인관계의 역량을 계발하고, 나아가 우주만물과 좋은 관계를 맺어 보다 행복한 삶을 살아가도록 돕는다.

(3) 교육 대상

정신적으로 건강한 사람들이 더욱 성장, 성숙하기를 원하는 훈련 집단이다.

(4) 교육 방법

강사가 가르치는 과정이 아니라 전 참가자들이 가슴을 열고 진솔하게 자기 자신의 감정이나 그 자리에 함께 있는 상대에 대한 감정들을 주고받으며 배우는 체험학습이다.

(5) 교육 내용

- 오리엔테이션
- Ice Break: 본 과정에 대한 자신의 참가 목적을 분명히 하고, 자기 자신에 대해 소개하며, 마음을 열고, 학습 동기를 유발한다.
- 피드백: 서로가 서로에게 느낀 바를 솔직하게 주고받는다.
- 자기표현: 참가자들이 각자 자기의 심정을 토로하고, 나와 다른 심정을 가진 사람들을 이해하며, 그들과의 관계를 통해서 자기를 점검한다.
- 자기점검: 자기의 일생을 돌이켜 보고, 자기를 재점검해 보며, 남들에게 자기 자신을 개방한다.
- 적극적인 경청: 자기 중심적이고 사실 위주의 대화 태도에서 상대방의 입장에 서서 공감 수용하는 능력을 기른다.
- 칭찬 인정, 지지 격려: 의사소통 중 가장 고급 기술인 칭찬 인정,

지지 격려를 실습한다.

- 카드 피드백: 칭찬 인정이나 우정 어린 충고를 카드로 적어서 교환한다.
- 카드 피드백 실습: 각자가 받은 카드를 읽으면서 쓴 사람의 기분을 공감 수용하는 실습이다.
- 자발적 태도 변화: 한알 집단상담 전 과정을 통하여 자기점검을 하고 타인과의 관계 개선과 조직 적응을 위한 태도를 변화시킨다.
- 창조적 태도 변화: 한알 집단상담을 마치고 업무적인 측면이나 대인관계의 측면에서 태도 변화의 계획을 수립한다.
- 역할연기: 한알 집단상담 전후에 가정이나 직장에서 나타날 태도 변화를 역할연기한다.

이 외에도 다양한 내용을 훈련한다.

(6) 기대 효과

- 자기성장: 자기표현, 자기이해, 자기허용, 자기수용, 자기통찰
- 인간관계 개선: 인간 존중, 인간 이해, 타인 수용, 관계 개선
- 조직 활성화: 오해나 갈등의 해소, 조직 적응력 증대, 조직력 극대화

2) 한알 집단상담의 구성

일반적으로 집단은 참가자에 따라서 치료집단, 상담집단, 훈련집단이 있다. 그중 한알 집단은 주로 정신적으로 건강한 참가자들이 모여서 더욱 성장하려는 훈련집단에 속한다.

소집단(7~15명)과 대집단(25명 이상)으로 실시한다. 한알 집단의 가장 큰 특징은 대규모 집단이 가능하다는 것이다. 일반적으로 집단

의 적정 인원은 7~16명 내외가 이상적이라고 믿어 왔다. 그런데 한알 집단은 이 한계를 넘어서서 40명, 80명, 최대 128명까지를 한 집단으로 성공적으로 운영한 경험을 가지고 있다.

주로 합숙으로 진행되며 기간은 4박 5일부터 5박 6일 정도로 진행된다. 장소는 외부와는 좀 떨어진 문화적 고도가 좋으며, 훈련 기간 중에는 훈련에만 몰두할 수 있는 조건이면 좋다.

3) 한알 집단상담 촉진자의 특성

다른 상담과 마찬가지로 한알 집단의 촉진자도 사람 됨됨이와 전문적인 역량이 함께 요구된다.

촉진자는 확고한 주체성을 가지고 있으면서 누구라도 받아들일 수 있는 공감수용 능력이 뛰어난 사람이 좋다. 그러기 위해서는 한철학을 바탕으로 한사상을 이해하고 있어야 하며, 변화의 논리를 사용할 수 있어야 한다. 그런 마음을 바탕으로 인간에 대한 깊은 사랑과 이해가 있고 끊임없이 성장해 나가려는 욕구가 있는 사람이면 좋은 촉진자가 될 수 있을 것이다.

또한 한상담의 전문적인 지식을 바탕으로 특별히 훈련된 대인관계 역량이 필요하다. 대부분의 사람들이 기계를 만들거나 조작하는 것 같은 전문기술은 체계적이고 과학적으로 훈련된 기술을 사용하지만 대인관계의 기술은 경험에 의해 습득된 행동을 그대로 하는 사람들이 많다.

한알 집단의 촉진을 위해서 촉진자가 특별히 훈련해야 할 대인관계 기술에는 여러 가지 있다. 우선 한알 집단상담에서는 말이 바뀌면 사람이 바뀐다고 여기고 언어 행동을 변화하는 것을 아주 중요하게 생각한다. 그 때문에 관계 지향적인 대화와 사실 지향적인 대화, 대화의 수준 분석, 칭찬 인정, 지적 대결, 질문 등의 전문적인 의사소통 능력이 필요하다. 인간관계에서는 자기 개선과 관계 개선의 차이를 이해하고 요령을 터득하고 있어야 하며, 리더십 역량 및 카운셀링, 코칭의 역량도 함께 갖추어야 한다.

그 외에도 한상담의 특기인 감정의 수평분석, 수직분석을 알고 있어야 하며, 집단역학에 대해서도 깊은 이해가 있어야 한다.

이런 역량을 바탕으로 실제 집단을 운영하기 위해 필요한 오리엔테이션, 참가자들의 동기 육성, 집단의 단계별 추진 요령 등을 알고 있으면 더욱 좋다.

4) 집단의 흐름

(1) 오리엔테이션

한알 집단은 오리엔테이션으로 시작한다. 오리엔테이션을 하는 목적은 참가자들에게 집단에서 어떤 일이 일어날 수 있는가를 미리 알려 주어 참가자들로 하여금 강한 동기를 갖게 하고 보다 효과적으로 참여할 수 있도록 안내하는 것이다.

오리엔테이션 시간에 참가자들에게 전달해야 할 내용은 다음 다섯 가지로 나눌 수 있다.

① 한알 집단상담의 학습 목표

인간이 이 세상을 살아가는 데 가장 필요한 기본적인 능력은 대인관계의 능력이다. 한알 집단상담은 대인관계의 능력을 훈련함으로써 ① 자기 자신을 좀 더 깊이 이해하고 사랑하게 되며, ② 다른 사람들과 좀 더 좋은 관계를 맺으며, ③ 집단에 보다 더 잘 적응할 수 있는 사람으로 훈련하는 것을 목표로 한다. 이런 훈련을 통해서 참가자들로 하여금 보다 행복한 삶을 살아갈 수 있도록 안내하는 것이다.

② 한알 집단상담의 학습 방법

새로운 것을 학습할 때, 지식은 배우고 기능은 훈련하며 인성은 배우고 익힌 것이 자연스럽게 우러나올 수 있도록 갈고 닦아야 한다. 그 때문에 한알 집단에서는 지식교육이나 기능교육에서 중요시했던 강의식 학습 방법을 거의 사용하지 않고, 체험을 위주로 하는 독특한 학습 방법을 사용한다. 이 훈련에서는 참가자들이 자발적이고 능동적으로 참가하면서 자기들의 욕구나 흥미를 달성하고, 직접적으로 경험하여 현재의 문제를 다룸으로써 지식을 배우는 것이 아니라 지혜를 갈고 닦는 과정이 된다. 한알 집단에서 체험학습을 할 때에 가장 중요한 기본적인 원칙은 참가자들이 지금-여기에서 느끼는 생생한 감정들을 솔직하게 주고받으며 스스로 터득하는 것이다. 그렇다면 한알 집단상담에서는 왜 이런 원칙들을 강조하는 것일까?

- 지금-여기에서: 많은 사람이 지나가 버린 과거에 사로잡혀 벗어나지 못하고 있거나, 다가오지 않은 미래를 미리 걱정하고 염려하면서 삶을 허비하고 있다. 이 때문에 이들은 생생한 현재의 삶을 살 수 없게 된다. 한알 집단상담에서는 그때-거기에서 그 사람의 이야기(과거)나 앞으로 일어날 일(미래)이 아닌, '지금-여기'에서 '너와 나'에 관한 이야기에 초점을 맞춘다.

- 생생한 감정을: 한알 집단상담에서는 이성이 아니라 감정을 중요시한다. 우리는 평소에 이성을 바탕으로, 이성에 의지해서 생활하는 경향이 있다. 그러나 이성의 밑바탕에는 항상 감정이 자리 잡고 있으며, 사람을 행동하게 하는 정신역동적인 에너지는 감정에서 우러나온다. 그 때문에 행동을 변화시키려면 생각을 바꾸는 것보다는 감정을 바꾸는 것이 훨씬 쉽다. 예를 들면, 미워하던 사람을 미워하지 말아야겠다고 생각을 바꾸었다 하더라도 감정이 용납되지 않으면 행동을 변화시키기가 쉽지 않다. 그러

나 미운 감정을 느끼던 사람인데 감정이 달라져서 사랑을 하게 되면 행동은 쉽게 바뀔 수 있다. 또한 사람들과 생각을 주고받아 이해를 하게 되면 그 사람의 작은 부분을 만날 수 있지만, 정을 주고받아 감정적으로 통할 수 있게 되면 상대방 전부와 만날 수 있는 길이 열리게 된다. 이것이 한알 집단상담에서 감정을 중요하게 생각하는 이유들이다.

- 솔직하게 주고받으며: 한알 집단상담에서는 서로 진심으로 아끼고 위하는 마음에서 솔직한 감정을 주고받는 것을 매우 중요하게 생각한다. 일상생활을 하는 동안에 사람들은 상대방에게 불편한 감정을 느꼈다고 하더라도 대부분의 경우 표현하지 않고 참아 버리거나 외면하는 경우가 많다. 자칫하면 다른 사람들의 감정을 상하게 하거나 거북하게 만들어서 미움받을 우려가 있기 때문이다. 그런 이유로 평소에는 남들이 실제로 자기를 어떻게 보고 있는지 솔직한 이야기를 주고받기가 매우 어렵다. 그러나 아주 친밀한 사람들은 서로가 상대를 아끼는 마음으로 솔직한 이야기를 주고받는다. 집단이란 이처럼 서로가 서로를 진심으로 아끼는 마음으로 솔직한 이야기를 주고받는 자리다.

- 스스로 터득해야 한다: 한알 집단상담에서는 남에게서 배우는 것이 아니라 스스로 터득해야 한다. 이 말은 남들이 경험하고 얻은 결과적인 지식을 배우는 것이 아니라 스스로 깨달아서 지혜를 갈고 닦는 과정이라는 말이다.

이 네 가지 방법, 즉 ① 지금-여기에서, ② 생생한 감정을, ③ 솔직하게 주고받으며, ④ 스스로 터득하는 것이 이 훈련의 가장 중요한 학습 방법이다.

③ 참가자의 기본 태도

강의식 학습 방법에서는 강사가 목표와 내용을 정해서 일률적으로 가르치기 때문에 교육 결과가 비슷해질 수 있다. 그러나 체험학습에서는 참가자 각자 개인적으로 자기 목표를 추구하고 스스로 알아서 터득해 나가는 과정이기 때문에 같은 과정에 참가해도 각자 다른 것을 배울 수 있고 체험의 정도에서도 많은 차이가 날 수 있다. 그 때문에 참가자 개개인이 어떤 자세와 마음가짐으로 집단에 임하는가에 따라서 훈련 성과가 차이날 수 있다. 효과적인 훈련을 위한 참가자의 기본 태도는 참가자 자신을 대하는 태도, 다른 참가자를 대하는 태도, 촉진자를 대하는 태도로 나누어서 볼 수 있다.

- 참가자 자신을 대하는 태도: 학습 방법이나 내용에 대한 선입견을 버리고 임해야 하고, 솔직하게 자기 감정을 터놓고 이야기하며, 다른 사람들의 이야기를 너그럽고 편안하게 받아들이고, 지금－여기에 초점을 맞춘다.
- 다른 참가자를 대하는 태도: 모든 참가자를 인간적으로 존중하고, 상대방에게 느끼는 감정을 솔직하게 되비추어 주며, 상대의 감정을 있는 그대로 받아들이고, 자기와 다른 생각이나 감정을 가진 사람을 비판하거나 판단하지 않고 그럴 만한 이유가 있을 거라고 생각한다.
- 촉진자를 대하는 태도: 믿고 따라 주고, 무리한 기대를 하지 않으며, 의존적인 태도를 갖지 않아야 한다.

④ 진행을 위한 약속

한알 집단상담에서는 집단 초기에 참가자들과 해야 할 몇 가지 약속이 있다. 그러나 이런 약속은 지키면 훈련 성과가 높아진다고 권유하는 사항이지 반드시 지키라고 강요하는 것은 아니다. 가능하면 참가자들이 집단 체험을 해 나가는 동안에 이런 규범이나 약속이 필요하다는 것을 느끼고 스스로 만들어 나갈 수 있다면 가장 이상적일 것이다.

- 모든 참가자는 평등하다: 모든 참가자는 집단 내에서는 계급이나 연령, 학력 등 모든 차별을 넘어서서 평등한 입장으로 참여해야 한다. 이 점은 촉진자도 마찬가지다.
- 진지하고 솔직한 태도로 자기 감정을 터놓고 이야기한다: 남들 앞에서 자신의 속마음을 터놓고 이야기한다는 것은 안전하지 않은 경우가 많다. 비판받거나, 비난받거나, 무시당하거나, 거부당하거나, 외면당할 위험이 있기 때문이다. 그러나 여기에서는 자기 자신을 솔직하게 개방함으로써 이해받고, 사랑받고, 서로가 존중받는 기회를 실습하고자 하기 때문에 이런 위험을 감수하고 솔직하게 이야기할 수 있는 태도를 필요로 한다.
- 상대방을 비판하거나, 충고하거나, 조언하거나, 훈계하지 않는다: 나는 내 행동에 대해서만 의사결정을 할 수 있지, 다른 사람에 대해서는 의사결정권이 없다는 것을 분명히 알아야 한다.
- 집단 내에서 한 이야기는 집단 내에서 끝낸다: 이렇게 약속은 하지만 이 약속이 분명하게 지켜진다는 보장은 없다. 그래서 이런 약속을 하고 최대한 지키려고 애를 써야 하지만, 이를 믿고 자기의 속마음을 어디까지 개방할 것인가 하는 것은 각자가 신중하게 결정해야 한다.
- 자기 몫을 한다: 한알 집단상담에 참가한 사람들이 각자가 자기 몫을 해야 한다는 것은, 전체 발언 횟수의 평균만큼은 자신도 발언을 해야 한다는 것이다. 말을 하지 않으면 마찰은 피할 수 있겠지만 관계 개선을 할 수 있는 기회는 포착하지 못한다. 말 없이 참가하고 있는 사람들 중에는 비록 말은 안 하고 있어도 마음

속으로는 열심히 참여하고 있다고 생각하는 사람들이 많다. 그러나 말을 하지 않으면 상대방을 어떻게 이해하고 있는지 알려 줄 수도 없고, 더불어 그런 표현을 통해 자기가 이해받을 기회도 갖지 못하게 된다. 그 때문에 집단에서 발언하지 않는 것은 참여하지 않고 있는 것으로 간주된다.

- '옳다 그르다, 맞다 틀리다'라는 논쟁에 휘말리지 말아야 한다: 일상 생활을 하는 동안에 우리는 맞고 틀리고, 옳고 그르고, 잘하고 못하고 따위의 기준들에 얽매여 살아가는 경향이 있다. 집단에서는 그런 틀을 벗어 버리고 옳은 일도 하기 싫을 때는 하기 싫다고 표현하고, 그른 일도 하고 싶을 때는 하고 싶다고 표현하는 자유가 보장될 수 있는 소중한 시간을 가지고자 하는 것이다.

- 허용적인 태도가 필요하다: 자기 감정을 솔직하게 이야기하다 보면 때로는 감정적으로 격해지거나 남들에게 상처를 줄 수도 있다. 이런 자리에서 남들이 나에게 하는 이야기를 비난으로 받거나 공격으로 받으면 상대방의 이야기를 받아들이기가 무척 어려워질 것이다. 마음을 열어 놓고 상대방의 이야기를 듣고 받아들이며, 상대가 무슨 이야기를 하더라도 나를 아끼고 위하는 마음에서 한다는 것을 믿고 받아들여야 한다.

- 실수를 환영하는 자리다: 이 학습은 시행착오 학습이기 때문에 실수를 통해서 또 하나의 새로운 배움을 창조할 수 있는 과정이다. 그래서 실수하지 않으려고 조심만 하고 있다가는 아무것도 하지 못하는 가장 큰 실수를 하게 된다.

⑤ 참가자들을 위한 도움 사항

- 활동하기 편한 복장으로 참여한다: 정장을 차려 입거나 예의 바른 복장을 할 필요는 없다.
- 훈련에 집중한다: 가능하면 전화나 TV, 신문 같은 외부와의 접촉

은 하지 않는 게 좋다.

- 가능하면 새로운 사람들과 만나는 게 도움이 된다: 친한 사람이나 몇몇 아는 사람끼리만 어울리는 것은 바람직하지 않다.
- 뒷마당을 효과적으로 활용하는 것이 좋다: 쉬는 시간, 식사 시간, 저녁 일과가 끝난 뒤 집단에서 미처 못다 나눈 이야기들을 활발하게 주고받는 것을 권한다. 집단에 따라서 훈련 시간 이외에는 훈련장에서 주고받았던 이야기들을 뒷마당에서 이야기하는 것을 금하는 집단도 있다. 그러나 한알 집단에서는 지금-여기에서 느끼는 감정을 주고받으면서 사실 설명은 가능하면 피한다. 그 때문에 때로는 그 사람이 왜 그런 감정을 느끼는지 충분히 이해가 되지 않을 수 있다. 그럴 때 뒷마당을 효과적으로 사용하는 것이 큰 도움이 된다.
- 무엇보다 자기 자신에게 충실해야 한다: 훈련 기간 내내 자신이 누구인가를 진지하게 탐구해 보고 남의 눈치를 보지 않고 자기가 원하는 대로 행동해 볼 수 있는 소중한 시간을 가진다.
- 모든 사람의 이야기를 귀담아 들어야 한다: 다른 사람들의 이야기를 거부하거나 방어하지 않고 열린 마음으로 받아들이는 태도가 필요하다. 이런 것들이 바탕이 되었을 때 한알 집단상담에서 가장 높은 성과를 얻을 수 있을 거라고 기대된다.

(2) 집단의 단계

한알 집단상담의 단계는 크게 4단계로 구분한다. 즉, 초기 단계, 훈련 단계, 성숙 단계, 종결 단계다.

① 초기 단계

■ 특 징

오리엔테이션 단계에서 자세한 안내를 받았더라도 많은 참가자가 초기 단계에서 상당한 혼란을 겪게 된다. 그 이유는 지금까지 경험했던 것과는 너무나 다른 학습 방법으로 시작되기 때문이다.

촉진자는 "이제부터는 지금-여기에서 느끼는 감정을 솔직하게 주고받는 시간입니다. 자~ 시작하십시다."라고 말하고 참가자들의 발언을 기다린다.

초기의 혼란　집단 내에서 어느 누구도 참가자들이 무엇을 해야 하며 어떻게 해야 하는지를 가르쳐 주는 사람이 없다. 이런 상황에서 참가자들은 혼란과 시행착오를 겪으면서 차츰차츰 체험학습에 익숙해져 가는 것이다. 이런 조건들 때문에 참가자들은 정도 이상으로 불안해하기도 하고, 촉진자에게 방향을 알려 달라고 요구하거나, 불만으로 표출하기도 한다. 무엇보다 큰 불만 요인은 이렇게 해서는 훈련을 마칠 때까지 각자 가지고 온 자신들의 문제가 해결될 가능성이 보이지 않는다는 것이다. 많은 참가자는 자신들의 문제가 해결되지 않는 것이 문제가 어렵거나 노력이 부족해서가 아니라 방법이 잘못되었기 때문이라는 사실을 모른다. 그 때문에 새로운 방법을 받아들이기가 쉽지 않은 것이다. 이런 갈등, 혼란, 불안은 어떤 형태로든 표현되기 마련인데, 이들을 어떻게 받아들이는가에 대한 촉진자의 태도가 신뢰감 형성에 결정적인 영향을 미친다.

감정 표현　오리엔테이션 시간에 지금-여기에서 느끼는 기분을 솔직하게 주고받자고 약속은 했지만 초기 단계의 참가자들은 많이 망설이게 된다. 속내를 있는 그대로 내보였다가는 외면당하거나, 무시당하거나, 비판받거나, 아니면 공격받을 위험도 있다. 실수나 하지 않을까 유난히 신경을 쓰는 사람들도 있다. 이런 어려움들을 극복하고 적극적으로 참여하려면 촉진자나 집단을 신뢰할 수 있어야 하고 안심감이 확보되어야 한다. 참가자들이 집단이란 실수가 허용되는 곳이고, 어떤 종류의 감정이라도 표현하는 것이 결과적으로는 도움이 된다는 것을 알게 되면 집단은 점차로 활발하게 움직여 나간다.

지금—여기   초기 단계에는 많은 참가자가 그때—거기에서의 그 사람에 관한 이야기를 시작하는 경우가 많다. 참가자들이 서로 믿기 어려울 때는 지금—여기에서의 너와 나에 대한 이야기는 위험하게 생각하기 때문이다.

집단에서 친밀감과 신뢰감이 확보되는 정도에 따라 집단 내의 화제들은 다음과 같은 단계로 발전해 나간다.

① 그때—거기에서의 그 사람에 대한 이야기
② 그때—거기에서의 너와 나에 대한 이야기
③ 지금—여기에서의 너와 나에 대한 사실적인 이야기
④ 지금—여기에서의 너와 나의 감정적인 이야기

물론 모든 집단이 반드시 이런 단계를 거치는 것은 아니다. 그러나 참가자들이 주고받는 대화에서 지금—여기에서 너와 나에 대한 감정적인 이야기가 많아질수록 집단은 활성화되고 있는 것이다.

■ 목표 설정
강의식 학습 방법에서는 강사가 미리 목표를 설정해 놓고 수강생들은 그 목표를 달성하기 위해서 열심히 노력해야 한다. 그러나 체험 학습 집단에서는 촉진자가 미리 정해 놓은 목표가 없다. 단지 "지금—여기에서 느끼는 솔직한 감정을 주고받다 보면 자기 자신이나 타인을 좀 더 깊이 이해하고 사랑하며 팀이 활성화되더라."와 같은 좀 더 고차원적인 목표가 있을 뿐이다. 그러나 촉진자가 특정한 학습 목표를 가지고 있지 않다고 해서 참가자들도 아무런 목표 없이 참가하라는 것은 아니다. 참가자들은 집단을 통해 이루고자 하는 각자의 목표를 분명히 하고, 촉진자는 참가자들이 각자 설정한 목표를 추구해 나가도록 최선의 노력을 다해 돕는다.

집단 참가자 중에는 분명한 목표를 가지고 오는 사람들도 있지만 목표 없이 참여하거나 있어도 분명하지 않은 사람들이 많다. 그 때문에 집단의 초기 단계에서 참가자들로 하여금 목표를 설정하도록 돕는 일은 매우 중요하다.

목표 설정은 다음과 같은 단계를 거치는 것이 효과적이다.

① 참가 목적은?
② 그 목표를 달성하기 위한 중간 목표는?
③ 당신이 그 목표를 달성할 수 있도록 다른 참가자들이 어떻게 도와주었으면 좋겠는가?
④ 다른 참가자들이 당신을 도울 수 있도록 만들려면 당신은 그들에게 어떻게 행동할 것인가?
⑤ ④의 행동을 하루에 몇 번이나 할 것인가?
⑥ 그렇게 하면 당신은 ①의 목적을 달성할 수 있을 것 같은가?
⑦ 집단이 끝날 때 당신이 ①의 목적을 달성할 수 있는 가능성은 몇 %나 될 것 같은가?

이런 단계를 거쳐서 목표를 설정하면 목표 없이 참가했거나 막연한 목표를 가지고 참가했던 사람들도 목표를 구체화하고 그 목표를 달성하기 위한 구체적인 행동 목표를 설정하게 되므로 목표를 달성할 가능성이 높아진다.

■ 집단규범

집단은 자기 자신이 새롭게 변화하고 인간관계를 배우기 위해서 만든 특별한 실험실이나. 그 때문에 집단 내에서는 일상 사회생활에서 하던 행동과 다른 행동들을 해야 한다. 예를 들어, '지금-여기에서 느끼는 감정을 솔직하게 주고받자.'는 약속은 집단성과를 촉진하는 가장 중요한 원칙이다. 그러나 이 원칙은 집단 내에서 적용하자는 것이지 집단을 마치고 일상생활에 돌아와서도 그대로 사용하자는 것은 아니다. 이 새로운 실험실 학습에 적응하기 위해서 참가자들은 초기 단계부터 많은 규범을 만들기 시작한다.

집단에서는 다른 학습과는 달리 참가자들에게 무엇을 어떻게 해야 하는지 가르쳐 주는 사람이 없다. 무엇을 해야 옳은지가 아니라 무엇을 하고 싶은지를 자기 자신에게 물어보아야 한다. 사람은 옳은 일도 하기 싫을 때가 있으며, 틀린 일도 하고 싶을 때가 있는 법이다. 한평생 남의 눈치를 보고 살아온 사람이 남을 의식하지 않고 자기가 하고 싶은 일을 솔직하게 이야기한다는 것은 쉽지 않고 위험하기도 하지만, 새롭고 신나는 경험이다. 그런데 다른 참가자가 못마땅하고 때려주고 싶을 때 그러한 감정을 말로 표현하는 것은 허락이 되지만 실제로 때리는 것은 허용되지 않는 것처럼, 자기 기분 내키는 대로 행동하는 것이 모두 다 허용되는 것은 아니다. 이럴 때에 집단규범이 필요하게 된다.

중요한 것은 이런 규범들을 촉진자가 만들거나 강요하는 것이 아니라 참가자들의 자발적인 참여를 통해서 만들어 나가는 것이 이상적이라는 것이다. 집단의 초기 단계에 바람직한 규범들이 만들어지면 집단의 성과에 큰 도움이 된다.

다음의 예들은 집단의 초기 단계에 형성되면 집단 성과에 도움이 되는 규범들이다.

- 참여 시간: 가능한 한 모든 참가자가 함께 참여하고 시간을 지키는 것이 바람직하다. 개인사정이 있어서 늦게 참여하거나 중간에 빠지는 것은 집단에 방해가 될 수가 있다.

- 적극적 참여: 바람직한 집단의 참여 태도는 적극적으로 발언하면서 몰입하는 것이다. 남들의 행동을 관찰만 하고 있거나 침묵으로 일관하는 사람이 있다면 집단에 방해가 될 수 있다. 집단의 전 과정을 통해서 모든 참가자의 발언 횟수가 평균화되면 될수록 이상적인 집단이라고 볼 수 있다.

- 감정적 개입: 초기 단계에 지금-여기에서 느끼는 감정을 표현하는 것이 힘이 든다고 주제를 정해서 토론을 한다거나 아니면 돌아가면서 한 마디씩 하자는 식의 이야기는 집단에 방해가 된다.

- 피드백: 다른 참가자의 행동이나 집단의 분위기에 대해서 느끼는 감정들을 솔직하게 피드백하는 것이 집단에 도움이 된다. 혹시라도 부정적인 피드백을 하는 것이 상대의 기분을 상하게 하거나 집단 분위기를 망칠까 봐 참고 있는 것은 바람직하지 않다.

- 집단에 몰입: 집단에 참여할 때는 사회에서 가지고 있던 문제들은 잊어버리고 집단에만 몰입하는 것이 필요하다. 가능하다면 전화, 신문, 방송 등 외부와의 관계를 단절하는 것이 좋다.

- 끝없는 도전: 집단에서는 계속적인 도전이 필요하다. 새롭게 도전하지 않고 적당히 안주해 버리거나 주저하는 것은 도움이 되지 않는다. 부처나 예수의 경지에 도달한 사람이라고 하더라도 그 사람이 나날이 새로워지지 않고 있다면 이미 그 사람은 생명력을 잃어버린 사람이 아니겠는가?

- 타협: 쉽게 타협해 버리거나 마찰을 피하려고만 하는 것은 도움이 되지 않는다. 집단에 참여하는 사람들은 인간이 이 세상을 살아가려면 반드시 다른 사람들을 만나야 하고 다른 사람들을 만나면 갈등은 피할 수 없다는 것을 알아야 한다. 그래서 갈등

이 없기를 바라는 것이 아니라 갈등이 어떻게 생기며 어떻게 해결해 나갈 수 있는가를 학습하려고 한다.

- 수양, 반성: 문제기 생기면 전부 자기 책임으로 돌리고 수양하거나 반성만 하려고 드는 것은 도움이 되지 않는다. 집단이란 부족한 개개인을 완전한 사람으로 만들고자 하는 과정이 아니라 부족한 사람들이 만나고 어울려서 더불어 행복하게 살아가는 지혜를 찾고자 하는 과정이다. 한국 사람들은 전통적으로 수양, 반성, 겸손 등을 미덕으로 생각하면서 자기 개선에 높은 관심을 가지고 살아왔다. 그 때문에 타인과의 만남이나 관계 개선에는 서툰 경향이 있다.

- 비판, 비난, 판단, 충고, 조언: 다른 사람의 행동을 대신 결정하거나 판단하는 것은 도움이 되지 않는다. 촉진자도 마찬가지이지만 참가자 중 어느 누구도 다른 사람의 행동을 대신 결정하거나 판단할 권리를 가진 사람은 없다.

- 남들에게 의뢰심을 가지는 경우: 집단이 촉진자에게 의존하거나 집단 구성원 중 특정 개인에게 의뢰심을 갖는 것을 허용하지 말아야 한다. 또한 참가자 중에서 의뢰심이 강한 사람이 있다면 우선 그 사람이 의뢰심을 벗어날 수 있도록 돕는 분위기를 형성하는 것이 도움이 된다.

이 외에도 여러 가지 규범이 있을 수 있다. 중요한 것은 아무리 바람직한 집단규범이라고 하더라도 참가자들의 필요성에 의해서 자연스럽게 형성되고 마음속에서 우러나 지켜질 때에 비로소 제 몫을 다할 수 있다는 것이다.

■ 촉진자의 역할

초기 단계에서 촉진자의 역할은 매우 중요하다. 왜냐하면 이 단계에서는 거의 대부분의 참가자가 혼란을 겪거나 당황하게 된다. 그들은 화를 내기도 하고, 불만을 표출하기도 하며, 심지어는 촉진자를 공격하기도 한다. 이런 상황에서 촉진자는 참가자들과 함께 그 혼란을 겪으면서 집단을 촉진해 나가야 한다.

이 단계에서 촉진자가 주로 해야 할 역할은 다음과 같다.

참가자의 역할　어느 단계나 마찬가지이지만 촉진자는 항상 참가자들과 함께 학습하고 성장해 나가는 사람이다. 아무리 성숙한 촉진자라고 하더라도 자기는 성장하지 않고 참가자들의 성장을 돕기만 하는 사람은 집단에 방해가 될 수 있다. 왜냐하면 다른 참가자들도 이런 태도를 배워서 자기는 성장하려 하지 않고 남들을 가르치려고만 할 수 있기 때문이다. 이런 관점에서 본다면 촉진자가 수행해야 할 여러 가지 역할 중에서 가장 중요한 역할은 참가자의 역할이다.

촉진자의 역할　촉진자란 참가자들이 무엇을 어떻게 해야 하는지를 가르쳐 주는 사람이 아니다. 참가자들에게 무엇을 어떻게 하고 싶은지를 묻는 사람이다. 집단에서 참가자들이 배워야 할 것은 자기가 어떻게 행동해야 하는가는 자기 자신에게 물어야 하며 스스로 결정해야 한다는 것이다. 촉진자의 이런 태도와 행동이 참가자들에게 많은 혼란을 주기도 한다. 촉진자는 참가자들에게 혼란을 주면서도 참가자들과 친밀감과 신뢰감을 형성해 나가야 한다. 가장 좋은 촉진자란 참가자들이 믿고 따를 수 있는 촉진자이기 때문이다.

추진자의 역할　촉진자는 집단을 이끌어 나가야 한다. 참가자들이 혼란을 겪으면서도 적극적으로 도전하고 끊임없이 도전할 수 있는 환경을 조성하도록 도와야 한다.

지도자의 역할　초기 단계에서 참가자들이 잘못 알고 있거나 선입견을 가지고 있는 경우가 있다면 그런 경우에는 분명하게 가르쳐 주어야 한다. 예를 들어, 사실 설명을 하고 있으면서도 감정 표현을 하고 있다고 잘못 알고 있거나, 감정에 솔직하라는 이야기를 과거의 사실적인 이야기나 개인적인 비밀을 공개해야 하는 것으로 잘못 알고 있는 참가자가 있다면 분명히 알려 주어야 한다. 이런 경우에도 '집단에서는 겪어 봐야 안다.'고 믿고 아무 설명도 없이 앉아 있다면 이는 무능력하거나 무책임한 촉진자다.

이처럼 참가자들에게 어느 경우에는 설명을 해야 하고 어느 경우에는 체험을 통해서 알아 가도록 지켜보아야 하는가를 판단하는 것은 쉬운 일이 아니다. 필자는 가능하면 참가자들이 체험을 통해 알아 가도록 하는 것이 중요하다고 생각한다. 그러나 분명한 이론이 있는 경우에는 설명도 한다. 특히 초기 단계나 훈련 단계에서는 다른 단계에 비해서 설명이 많아지는데, 이는 참가자들이 분명하게 알아야 할 것들이 많기 때문이다. 촉진자가 지도자의 역할을 너무 많이 하면 일반 강의식 학습과 차이가 없어지기 때문에 지도는 최소한으로 하는 것이 바람직하다.

시범자의 역할　참가자들이 머리로 이해했다고 하더라도 이해한 바를 행동으로 옮길 수 있는가는 또 다른 영역이다. 이때 촉진자가 말로 설명한 내용들을 직접 시범으로 보이는 것은 매우 중요하다. 특히 공감 수용, 칭찬 인정, 지적 대결 등과 같은 의사소통 능력은 참가자들이 잘못하고 있을 때 바로 그 장면에서 시범을 보일 수 있다면 큰 도움이 될 것이다.

공감 수용, 칭찬 인정자의 역할　집단에 참가하는 사람들 중에는 살아오면서 충분한 인정과 사랑을 경험한 사람들이 드물다. 심지어는 한평생 살아오는 동안 무조건적인 인정이나 사랑을 단 한 번도 받아 본 적이 없다는 사람들도 많다. 이런 참가자들이 가장 바라는 것은 자기를 알아봐 주고 자기 심정을 자기처럼 받아 주는 사람이다. 이들이 남들을 무조건 인정하고 사랑할 수 있는 사람이 되도록 돕는 과정에서 먼저 무조건 받아 보는 경험은 매우 소중한 체험일 것이다. 참가자들이 흐느끼면서 "선생님에게서 받은 이 사랑을 나도 남들에게 나누어 주면서 살아가겠습니다."라고 말할 때가 촉진자로서 가장 보람을 느낄 수 있는 때라고 생각한다.

② 훈련 단계

■특징

훈련 단계는 다른 집단에서는 보기 힘든 한알 집단만의 독특한 단계다. 이 단계를 다른 집단과 굳이 비교해 본다면 제럴드 코리(Gerald Corey)의 집단에서 과도기와 비교해 볼 수 있다.

훈련 단계나 과도기는 모두 초기 단계 이후의 단계이기 때문에 시기적으로는 비슷해 보일 것이다. 그러나 이 두 집단의 가장 큰 차이는 문제의 해결 시점이다.

일반적으로 집단 참가자들은 개인적으로 해결해야 할 문제나 집단 과제를 가지고 있는 경우가 많다. 코리의 집단에서는 처음부터 자연스럽게 문제들이 개방되고 문제해결을 위한 과정에 들어간다. 문제를 해결해 나가는 과정을 통해서 문제가 해결되고 문제해결 역량도 자란다는 이유에서다. 그러나 이런 경우에는 참가자 개개인이 다른 참가자를 도울 역량이 부족하고 집단도 협력적인 풍토가 충분히 조성되기 전이므로 신뢰도도 낮고 성장을 촉진할 수 있는 분위기가 조성되지 않았기 때문에 시간이 많이 걸린다. 이와는 달리 한알 집단에서는 개인적으로나 집단적으로 참가자들의 문제해결 역량이 자라기 이전에는 문제해결을 시작하지 않는다. 즉, 참가자들의 문제해결 역량과 문제를 해결할 수 있는 집단 풍토를 조성하는 훈련을 먼저 실시한다. 사람에게 '문제가 있다는 것'은 문제가 아니다. 문제가 '문제'인 것은 문제를 해결할 역량이 부족하기 때문이다. 따라서 정작 문제시해야 하는 것은 부족한 문제해결 역량이다.

문제해결 역량을 먼저 훈련하는 이유는 두 가지다. 하나는 문제해결 역량이 자라면 같은 문제를 해결하더라도 훨씬 단시간에 효과적으로 해결할 수 있고, 비슷한 문제를 가지고 있는 사람들이 한꺼번에 도움을 받을 수 있기 때문이다. 다른 하나는 단순한 문제해결보다는 인간적 성숙을 더 중요하게 생각하기 때문이다. 미성숙한 사람에게는 정말 심각하게 생각되던 문제들이 성숙한 사람의 마음으로 보면 아무 문제도 아닌 것으로 느껴질 때가 많다. 이렇게 되면 굳이 문제를 해결하지 않아도 저절로 그 문제가 사라져 버린다.

한알 집단이 이 단계를 활용할 수 있기 때문에 가질 수 있는 많은 장점이 있다. 가장 큰 장점은 대규모 집단이 가능하다는 것이다. 물론 대규모 집단이 가능한 것이 훈련 단계가 있다는 하나의 이유만은 아니다. 모든 참가자가 지금-여기에 초점을 맞추고 사실 설명을 최대로 줄이며 감정단어만으로 심정을 주고받는 등의 다른 차이들도 있다.

필자는 한알 집단과 다른 집단의 가장 중요한 차이점이 이런 독특한 훈련 단계에 있다고 생각한다. 이 단계에서 참가자 개인이나 집단이 문제해결 역량을 얼마나 기르는가에 따라서 집단의 성과가 좌우된다.

■ 훈련 내용

한알 집단상담의 학습 방법은 두 가지다. 하나는 학습 태도이고, 다른 하나는 학습 내용이다. 우선 학습 태도에 대해 알아보면 다음과 같다.

성장 촉진 행동　　집단은 강의식 학습과는 달리 체험학습으로 진행되기 때문에 촉진자의 행동이 집단의 성과에 미치는 영향력은 줄어들고, 상대적으로 참가자들의 행동이 집단의 성과에 미치는 영향력이 절대적이다. 그러나 많은 참가자가 체험학습의 경험 부족 때문에 자신의 행동이 집단에 도움이 되는지 방해가 되는지 잘 모른다.

집단 내의 참가자들의 행동은 ① 과업 성취를 위한 행동, ② 집단의 유지·발전을 위한 행동, ③ 개인 중심적 행동 등 세 가지로 나누어 볼 수 있다.

과업 성취를 위한 행동은 솔선해서 제안하고 집단을 이끌어 나가려는 행동 등이다. 집단의 유지·발전을 위한 행동은 의사소통을 활발하게 하고, 서로 격려하며, 조화시키는 행동 등이다. 개인 중심적 행동은 개인적 관심을 주장하고, 인정받으려 하며, 지배하는 등의 행위다. 이런 행동들이 어떤 경우에는 집단에 도움이 되고 어떤 경우에는 집단의 촉진에 방해가 되기도 한다. 예를 들어, 한 참가자가 계속적으로 과업 성취를 위한 행동만 했을 때 다른 참가자들과 좋은 관계가 형성되겠는가? 집단의 유지·발전을 위한 행동이라고 화기애애한 분위기가 건설된 뒤에도 계속해서 칭찬 인정하고 서로 지지하는 행동만 하고 있다면 집단의 성장이 촉진되겠는가? 개인 중심적 행동도 조직의 성장이라는 단순한 면만 보면 집단에 방해가 될 수도 있지만 개인 중심적 행동이 완전히 금지된 집단에 누가 참여하고 싶어 하겠는가?

한알 집단은 개인의 욕구와 집단의 목표를 동시에 추구하는 모임이다. 이런 행동들이 어느 때에 집단에 도움이 되고 어느 때에 집단에 방해가 되는지를 참가자들이 바르게 이해하면 할수록 집단의 성장을 촉진하는 데 도움이 된다.

적극 참여　　집단에서의 학습은 체험학습인 동시에 참여학습이다.

참가자들은 자신의 학습 선호도에 따라서 참여, 관찰, 가설 정립 중에서 어느 한 가지의 학습 태도를 특별히 선호하는 사람들이 있다. 가장 이상적인 것은 이 세 가지 학습 태도를 골고루, 번갈아 가면서 사용하는 것이다. 그러나 집단은 지식을 배우는 것만이 아니라 행동의 변화를 목표로 하는 모임이다. 그래서 집단 참가자들은 모르는 것은 알아야 하고, 아는 것은 할 줄 알아야 하며, 할 줄 아는 것은 해야 하기 때문에 참여를 그중 가장 중요하게 생각한다. 집단에 참여하고 있다는 것은 지금-여기에서 느끼는 감정을 솔직하게 터놓고 이야기한다는 것이다. 집단에 함께 있으면서도 말을 하지 않거나 말을 한다고 해도 이성적인 말만 하고 있다면 참여하고 있는 게 아니다.

변화 추구   집단은 다른 참가자들과 함께 더불어 배우고 성장해 나가는 모임이다. 이처럼 더불어 배우고 성장해 나간다는 것이 참선이나 자기수양처럼 혼자서 하는 방법과 다른 점이다. 혼자서 하는 수련일 경우에는 자신이 변화를 추구하지 않는다 하더라도 그것이 자기성장에 영향을 줄 뿐 다른 사람들에게는 큰 영향을 미치지 않는다. 그러나 집단의 경우에는 참가자 중에서 한 사람이라도 성장을 하지 않고 있다면 나머지 모든 사람에게 부정적인 영향을 미치게 된다.

가령 모든 참가자가 감정적으로 몰입하고 있는데 한 사람의 참가자가 이성적으로만 참여하고 있다면 마치 모두 옷을 벗고 있는 온천탕에 한 사람이 정장을 하고 들어온 것같이 된다.

그래서 변화를 거부하는 사람은 집단에 참여하지 않는 게 좋다고 하는 것이다. 그러나 사람이 자신을 변화시킨다는 것은 쉬운 일이 아니다. 남들이 보기에는 분명 불합리한 신념이라고 생각되나, 본인이 그런 신념을 갖게 된 데에는 그럴 수밖에 없는 분명한 이유가 있다. 불안정한 감정, 부적응 행동처럼 변화 목표가 되는 것들은 모두 오랫동안 습관화되었거나 변화를 시도했다가 실패한 것들이 대부분이다. 그 때문에 집단에 참가했다고 하더라도 쉽게 변화에 성공한다는 보장은 없다.

다만, 집단에서 행동의 변화가 이루어지는 몇 가지 이유가 있다. 첫째, 실수해도 비난받지 않을 수 있는 수용적인 분위기의 건설이다. 이렇게 되면 자기의 부족한 면을 터놓고 이야기할 수 있다. 둘째, 자기와 비슷한 변화 목표를 가지고 있던 사람이 변화에 성공하는 것을 보면 자극이 되고 자신도 변화할 수 있다는 자신감이 생긴다. 셋째, 자신이 가진 불합리한 신념을 굳게 믿던 사람들도 많은 집단원의 부정적인 반응을 받으면 자신을 되돌이켜 보게 된다. 넷째, 변화의 가장 큰 영향으로 작용하는 것은 모든 참가자가 함께 변화를 추구하고 있기 때문에 서로 지지하고 격려하는 신뢰롭고 안전한 분위기가 형성된다는 점이다.

다음으로, 학습 내용에 대해 알아보면 다음과 같다. 훈련 단계에서 배워야 할 것은 크게 체험학습의 학습 방법, 대인관계 기초 역량, 인간관계 개선 요령의 세 가지다.

체험학습의 학습 방법   체험학습에서 사용하는 학습 방법은 지금-여기에서 느끼는 감정을 솔직하게 피드백하며 스스로 (남들이 공부한 결과를 지식으로 배우는 것이 아니라 자기체험을 통해서) 지혜를 갈고 닦는 과정이다. 이 원칙들은 대인관계의 실험실인 집단 내에서 사용하는 학습 방법이지 학습 목표는 아니다. 그러므로 집단 내에서는 이렇게 하는 것이 매우 효과적이지만 사회에 나와서도 반드시 이렇게 해야 한다는 것은 아니다.

사회에서는 때로는 그때-거기에서의 이야기도 필요하며, 이성적인 대화도 매우 중요하다. 오히려 업무를 추진할 때는 감정적인 이야기는 방해가 되기도 한다. 솔직함도 반드시 좋은 것은 아니다. 때로는 참고 이야기하지 않는 것이 도움이 될 때도 있다.

세상을 살아가려면 물론 지혜도 필요하지만 지식도 아주 소중하다. 이런 것들은 성공적인 삶을 살아가기 위해 아주 필요한 것들이다. 그러니 이것만으로는 사람을 성숙시키기 힘이 들기 때문에 특별히 집단을 만들고 이런 원칙들을 지키라고 하는 것이다.

❖ 지금-여기

집단의 초기 단계에는 많은 참가자가 그때-거기에서의 그 사람에 대한 사실적인 이야기를 많이 한다. 그러다가 집단이 차츰 발전해 나가면 그때-거기에서의 너와 나에 대한 이야기를 하다가, 그다음에는 지금-여기에서의 너와 나에 대한 사실적인 이야기를 하면서 참가자들 사이에 친밀감과 신뢰감이 생기고, 집단응집력이 강화되면 마지막으로 지금-여기에서의 너와 나에 대한 감정적인 이야기를 한다.

❖ 감정 표현

감정을 솔직하게 표현하는 일은 매우 중요하다. 참가자들에게 감정 표현을 솔직하게 하라고 하면 집단의 초기 단계에는 거의 대부분 부정적인 감정이 많이 표현된다. 사람의 감정에는 부정적인 감정과 긍정적인 감정이 있는데, 부정적인 감정이 표면에 있기 때문이다.

훈련 단계에서는 감정을 솔직하게 표현하는 훈련도 해야 하지만 긍정적인 감정을 찾아서 표현하는 훈련도 한다. 많은 참가자가 처음에는 자기가 감정을 느끼고도 느낀 줄 모른다. 그러던 참가자들이 자신이 한순간에 느끼는 다양한 감정을 알아차리게 되고, 그 많은 감정 중에서 한두 가지 감정을 습관적으로 선택해서 크게 지각한다는 사실을 알아차리게 된다. 거의 대부분의 사람들이 이처럼 감정 선택에서 습관의 노예가 되어 있으면서도 그런 줄을 모르고 있다.

한상담에서 긍정적인 감정을 선택하라는 것은 부정적인 생각을 하고 부정적인 감정을 느끼는 것을 무리하게 긍정적인 생각이나 감정 표현으로 바꾸라는 것은 아니다. 부정적인 감정을 느끼는 그 순간에 자기가 느꼈던 다양한 감정을 찾아보고, 그중에서 긍정적인 감정을 선택하라는 것이다.

A씨의 태도가 건방져 보여서 싫다고 하는 사람은 자신이 A씨의 건방진 태도만 보고 있지 적극적이고, 의욕과 자신감이 넘치고, 당당한 면은 보고 있지 않다

는 것을 알아차리게 된다. 이렇게 자신이 알아차리는 감정 외의 또 다른 감정들을 찾아서 긍정적인 감정을 주도적으로 선택하는 것을 한상담에서는 감정의 수평분석이라고 한다.

그다음에는 감정의 수직분석을 한다. 참가자들은 자신이 표면 감정만 보고 있지 내면 감정은 보고 있지 않다는 것을 알게 된다. 부정적인 감정은 그림자 같은 것이어서 독자적으로는 존재하지 않는다. 어떤 부정적인 감정도 실상이 아니다. 미움이란 병든 사랑이지 미움이 따로 있는 것이 아니다.

참가자들이 표면의 부정적인 감정을 느낄 때 그 감정의 내면에 있는 긍정적인 감정을 찾아서 표현하는 것을 훈련한다. 어떤 경우에는 부정적인 감정의 바로 한 단계 밑에 긍정적인 감정이 있기도 하지만 때로는 여러 단계를 거쳐야 비로소 긍정적인 감정을 만나기도 한다. 그러나 아무리 여러 단계를 거친다 하더라도 부정적인 감정의 내면에는 반드시 긍정적인 감정이 있다.

천부경에서는 '본심 본태양 앙명(本心本太陽昂明)'이라고 했다. 이처럼 우리들의 마음은 본래 밝고 맑아서 단 하나의 부정적인 감정도 없는 순수한 마음이다. 이 본심을 만나서 본심을 주고받으면 누구와도 늘 긍정적인 감정을 나눌 수 있게 된다.

이처럼 자기 감정 중에서 긍정적인 감정을 솔직하고 주도적으로 선택하고 표현하는 훈련을 하는 것이 한상담의 특징이다.

❖ 솔직하게 피드백

일상생활을 하는 동안에는 상대에 대해서 자기가 느끼는 바를 솔직하게 이야기하기 힘든 경우가 많다. 대부분의 경우 상대를 위해서 하는 이야기라 하더라도 제대로 전달되는 경우가 드물고 오히려 상대의 기분을 상하게 하는 경우도 있기 때문이다. 그래서 많은 사람이 상대가 자기에 대해서 어떻게 생각하는지 잘 모르고 있다. 그 때문에 집단을 만들고 솔직한 피드백을 주고받고자 하는 것이다. 그러나 솔직하게만 이야기하다가는 상대를 위축시키거나 상처를 줄 수도 있다. 솔직하게 이야기하는 것과 솔직한 이야기를 어떻게 전하는가는 다른 문제다.

대부분의 경우에 '나는 솔직해서 탈이다.' '직선적이라서 손해를 본다.'라고 이야기하는 사람들은 상대를 무시하거나 비난하는 태도로 솔직한 이야기를 전했거나 화가 난 감정을 품고 이야기했기 때문에 탈이라는 소리를 듣는다. 상대를 존중하는 태도로 편안한 마음으로 솔직한 말을 한다면 이런 소리를 들을 염려는 없을 것이다. 말을 듣는 사람도 상대가 무슨 이야기를 어떻게 하든 간에 나를 위해서 해주는 말이라는 신뢰를 가지고 들어야 한다.

훈련 단계에서는 이처럼 참가자 개개인이 솔직하게 피드백하는 요령을 익히고 집단 내에서 편안하게 피드백을 주고받는 분위기를 건설하는 것이 중요하다. 비난당하거나, 무시당하거나, 미움받을 염려가 없는 안전한 분위기가 건설되면 될수록 참가자들의 솔직한 태도가 늘어날 것이기 때문이다.

❖ 깨달아 안다

새로운 것을 배울 때에 지식으로 알아차리는 것과 체험으로 깨달아 아는 것은 큰 차이가 있다. 지식으로 배우는 것은 남이 공부한 결과를 이론으로 배우는 것이기 때문에 모르는 것을 아는 데까지는 매우 효과적이다. 그러나 지식은 아는 것을 행동으로 옮길 때에는 아주 비효과적일 수 있다. 그래서 '학이시습(學而時習)'이라는 말이 나왔다. 배운 것은 끊임없이 연습하고 익혀서 자기 것을 만들어야 한다는 것이다. 그러나 배워서 아는 것이 아니라 체험을 통해서 깨달아 알게 되면 알아차리는 그 순간에 바로 행동의 변화가 일어난다. 어떤 사람들은 이것을 두고 먼저 배워서 알고 뒤에 익히는 것과, 먼저 체험을 통해서 익히고 나중에 아는 것과의 차이라고도 한다.

이런 차이를 쉽게 이해하기 위해서 한국 선불교의 오랜 논쟁을 생각해 보면 흥미롭다. 한국 선불교에서는 오랫동안 '돈오점수(頓悟漸修)'와 '돈오돈수(頓悟頓修)'라는 주장이 있었다. 우선 '돈오(頓悟)'란 마음 공부를 하는 동안에 깨달음을 얻어서 자기 자신의 참된 모습을 발견하는 것을 말한다. 이 경지에 다다르면 자기 마음속에 있는 부처의 성품을 되찾게 되어 부처의 경지에 도달하는 것을 말한다. 한편, '점수(漸修)'란 비록 돈오를 해서 본 성품이 부처와 다름없음을 깨달았다고 하더라도 오랜 습관을 갑자기 없애기 어려우므로 깨달은 것을 갈고 닦아서 거울처럼 맑게 유지해야 한다는 것이다. 이 두 가지 개념을 머리에 두고 돈오점수와 돈오돈수를 생각해 보자. 돈오점수란 비록 깨달음을 얻었다 하더라도 깨달음에 안주하지 말고 부단히 갈고 닦아야 한다는 것이다. 한편, 돈오돈수란 바로 깨달았다면 다시 갈고 닦고 할 것은 없으며, 만약 다시 익혀야 할 것이 있다면 바르게 깨달은 것이 아니라는 관점이다.

보조국사 지눌(知訥)의 돈오점수론과 성철(性徹) 스님의 돈오돈수론이 가장 유명하다. 그러나 이 두 가지 견해는 두 큰스님이 만들어 낸 것이 아니라 고대 중국에서부터 내려오는 주장이다. 돈오점수 사상의 원조는 중국 육조(六祖) 선사의 방계(傍系)인 하택(荷澤) 선사를 원조로 하여 그 사상을 규봉(圭峯) 선사가 이었고, 이 두 선사의 사상을 이어서 고려 때 보조국사가 주장한 것이다.

한편, 성철 선사가 주장하는 돈오돈수 사상의 선계 맥은 달마 선종에서 육조 선사를 원조로 하여 그 밑으로 벌어진 오가칠종(五家七宗)의 정통조사(正統祖師) 선계 맥의 선지(禪旨)를 이어서 성철 선사가 주장한 것이다.

이 두 가지 주장을 집단 체험과 비교해 보면 집단에서 절정 체험을 한 사람들은 집단을 마친 뒤에 자기가 목표하지도 않았던 많은 행동이 변화된 것을 발견하는 수가 있다. 그러나 그렇다고 해서 참선 수행을 오래 한 선승들처럼 돈오의 경지에 들어간 것은 아니다.

그렇게 보면 집단에서의 깨달음은, 얻은 뒤에 끊임없이 갈고 닦아야 하는 돈오점수의 가르침을 적용하는 것이 맞는 것 같다.

대인관계 기초 역량　　이 단계에서 참가자들은 크게 세 가지 요령을 익힌다. 첫째는 주도적 태도를 갖는 것이고, 둘째는 바른 생각, 안정된 감정, 적응행동을 선택하도록 하는 것이며, 셋째는 의사소통 요령을 훈련하는 것이다.

❖ 주도적 태도

참가자들 중에는 의뢰심을 가지고 있는 사람도 있다. 이들은 곧잘 촉진자에게 무엇을 어떻게 해야 하는가를 묻는다. 그러나 집단에서 이런 질문에 대답해 줄 수 있는 사람은 아무도 없다. 모든 일에 스스로 책임지는 태도를 가지고 자기 자신에게 무엇을 어떻게 하고 싶은가를 물어보고 행동해야 한다. 이런 경험은 참가자들에게 혼란을 줄 수 있다. 한평생 옳은 일이라면 비록 자기가 하기 싫더라도 해야 한다는 요구를 받아 오던 사람들에게 옳고 그름을 떠나서 무엇을 하고 싶은가를 물어보라는 이야기는 무척 생소하게 들릴 수도 있다. 그러나 사람은 옳은 일도 하기 싫을 때가 있고 나쁜 일이라도 하고 싶을 때가 있는 법이다.

그때 도덕률이나 남의 눈치 따위를 의식하지 않고 자기가 하고 싶은 대로 해 보고, 그렇게 했을 때 어떤 결과가 나타나는지를 체험해 볼 수 있는 자리가 한알 집단이다.

❖ 생각, 감정, 행동의 선택

참가자들이 한알 집단에서 변화를 시도할 수 있는 것은 생각, 감정, 행동의 세 가지다. 생각은 착각에서 벗어나 바른 생각을 해야 하고, 감정은 부정적인 감정에서 벗어나 긍정적인 감정을 선택하며, 행동은 부적응적 행동에서 벗어나 상대를 함께 중요시하는 적응적 행동을 해야 한다.

* 생각-바른 생각과 착각: 참가자가 바른 생각을 하고 있는지 착각을 하고 있는지를 알아보려면 의외로 간단한 방법이 있다. 어떤 생각을 떠올렸을 때 감정적으로 불편해지면 혹시 착각을 하고 있는 것은 아닌지 확인해 볼 필요가 있다. 어떤 생각을 했을 때 감정적으로 편안해지거나 안정된다면 그것은 바른 생각을 한 것이다. 착각을 하고 있다면 더 이상 그 생각에 머무르지 말고 관점 전환을 해서 바른 선택을 해야 한다.
* 감정-불안정한 감정과 안정된 감정: 불안하거나 화가 나 있거나 억울하거나 양가 감정을 느끼는 등 불안정한 감정이나 부정적인 감정을 느끼는 것은 객관적인 상황 때문이 아니라 그 상황을 그렇게 받아들인 자신 때문이다. 이때에는 감정의 수평분석과 수직분석을 통해 안정적이고 긍정적인 감정을 선택하도록 훈련한다.
* 행동-적응 행동과 부적응 행동: 적응 행동은 나를 중요시해서 남을 무시하거나, 남을 중요시해서 나를 무시하지 않는 것이다. 이처럼 적응 행동은 항상 나와 남을 다 함께 살리는 상생의 행동이다.

❖ 의사소통

* 대화와 독백: 참가자들 중에는 대화를 하고 있는 줄 착각하면서 독백만 하는 사람들이 있다. 말을 하고 있으면서도 상대가 내 말을 듣고 싶어 하는지, 제대로 듣고 있는지에 대해서는 별 관심이 없고 자기 욕구 때문에 그냥 자기 이야기만 일방적으로 하는 사람들이 대부분이다. 이같이 자기 말만 하던 사람들이 상대와 대화를 주고받게 되고 나아가 심정을 주고받을 수 있도록 훈련한다.

• **부정적 말투와 긍정적 말투**: 말은 예언적 기능을 가지고 있다. 처음에는 사람이 말을 만들었지만 나중에는 말이 사람을 만든다. 참가자 중에는 부정적인 말투가 몸에 베인 사람들이 많다. 예를 들어, 적극적인 경청을 설명하고 난 뒤에 "이제 사용하실 수 있겠습니까?"라고 물으면 많은 참가자가 "자신 없는데요, 어렵겠습니다."와 같이 부정적인 대답을 한다. 이런 말을 하는 참가자들의 마음을 분석해 보면, 우선 질문을 듣는 순간에

  −상대는 보지 않고 자기만 되돌이켜 본다.
  −잘하고 싶은 욕구가 일어난다.
  −잘할 수 있을까 자문한다.
  −과거의 경험과 비교해 본다. 어렵겠다는 판단을 한다. 이때 과거에 실패한 경험이 많으면 많을수록 더욱더 어렵겠다는 확신을 하게 된다.
  −어렵겠다고 부정적인 말을 한다.
  −부정적인 생각을 말로 표현하고 나면 그 생각이 행동을 지배하게 된다.

  이때 부정적인 경험을 바탕으로 한 판단을 표현하지 않고 마음속에 처음 우러난 본마음을 표현하기 시작하면 대화는 아주 달라진다. "어렵겠습니다."와 같은 부정적인 표현은 "잘해 보고 싶습니다." "잘할 수 있으면 정말 좋겠습니다."와 같이 긍정적인 표현으로 바꿀 수 있다. 본마음을 찾아서 주고받는 말들을 긍정적으로 바꾸기 시작하면 집단 분위기가 달라진다.

• **내가 하고 싶은 말과 상대가 듣고 싶은 말**: 내 입장을 떠나서 상대의 입장을 생각하는 일이다. "사용할 수 있겠느냐?"는 질문을 듣고 내가 잘할 수 있겠는지 아닌지 하는 생각만 하지 말고 그 질문을 하는 상대를 보고 "선생님은 정말 잘하시네요."라든가 "도대체 얼마나 훈련을 하셨으면 그렇게 자유스럽게 사용하실 수가 있습니까?"라고 알아주는 말을 할 수도 있다. 이처럼 자기 입장에 서서 부정적인 표현을 하던 사람들이 자기 입장에서 긍정적인 표현을 하는 훈련을 하고, 그다음에는 상대방 입장에 대한 긍정적인 표현을 하든가 아니면 상대를 알아주는 칭찬 인정을 할 수 있게 된다면 집단은 점점 더 활기가 생긴다.

• **관계 지향적인 대화와 사실 지향적인 대화**: 대화에는 관계 지향적인 대화와 사실 지향적인 대화가 있다. 아직은 초기 단계이기 때문에 참가자들이 주고받는 말들은 거의 사실 지향적인 대화다. 사실 지향적인 대화는 자기 입장에 서서 상대에게 정보만 주고받는 대화다. 관계 지향적인 대화는 친밀감이나 신

뢰감을 주고받는 대화다. 참가자 중에 한 사람이 "힘들어 죽겠습니다."라고 이야기할 때에 사실에만 관심을 두고 무엇 때문에 힘이 든다고 하는지 그 이유를 물을 수도 있다. 그러나 이런 말을 하는 사람에 초점을 두고 이야기를 듣는다면 "당신이 이런 말을 하는 걸 보면 힘이 들어도 어지간히 힘이 드는 게 아닌 모양이구나." 하고 그 심정을 받아 줄 수도 있다. 일을 할 때는 주로 사실 지향적인 대화를 사용하고 친밀감이나 신뢰감을 조성할 때는 관계 지향적인 대화를 익혀야 한다.

• 말 듣기: 남의 이야기를 들을 때 참가자들의 반응은 다음과 같이 여러 태도로 나타난다.
  −안 듣는 경우
  −귀로 듣는 경우
  −눈으로 듣는 경우
  −표정이나 태도로 듣는 경우
  −말을 듣고 난 다음에 입으로 반응해 주는 경우

  안 들을 때는 물론이지만 귀로만 듣고 있다면 내가 말을 듣는지 안 듣는지 상대방은 알 수 없다. 눈으로 듣거나 표정이나 태도로 들으면 듣는 줄을 알 수 있지만 어떻게 알아들었는지 알 수가 없다. 상대의 말을 제대로 듣는 사람은 단순히 듣고만 있어서는 안 된다. 상대의 말을 듣고 난 뒤에는 반드시 자기 말로 반응해 주어야 한다.

  상대의 말을 듣고 반응해 줄 수 있는 것은 다음과 같다.
  −사실이나 의미 듣기
  −기분 듣기
  −성격 듣기
  −숨은 뜻과 숨은 기분 듣기

• 말하기
  −지적 대결: 말을 주고받을 때에 상대의 입장에 서서 그 심정을 제대로 공감 수용하지 못한다면 매정하거나 몰인정하다는 소리를 들을 가능성이 있다. 그러나 자기 입장으로 돌아와서 단호한 지적 한 마디 못한다면 나약하다는 소리를 들을 수 있다. 지적 대결은 자칫하면 내용도 제대로 전달하지 못하고 상처만 주거나 아니면 반발을 받을 우려가 있기 때문에 특별한 훈련이 필요하다.

─칭찬 인정: 상대의 장점을 찾아서 칭찬하고 인정하는 말은 의사소통의 꽃
이라고 할 수 있다. 한상담에서의 칭찬은 사람을 알아주는 '사람 칭찬'과 상
대가 잘했을 때 그 잘한 사실을 꼬집어서 칭찬하는 '사실 칭찬'으로 나누어
체계적으로 훈련한다.

■ 인간관계 개선 요령

이 단계에서 참가자들은 크게 세 가지 요령을 익힌다. 첫째는 대인
지각의 특성을 공부하는 것이고, 둘째는 자신과 다른 참가자들의 성격
특성을 이해하는 것이며, 셋째는 사람들 사이에서 생긴 오해나 갈등을
해결하는 관계 개선 요령을 익히는 일이다.

 ❖ 대인지각

대인지각의 특성은 상대적이며 감정적이다. 상대적이란 말은 사람은 각자 자
기 기준으로 사람을 본다는 말이다. 나보다 성질이 급한 사람은 나를 보고 느리
다고 할 것이고 나보다 느린 사람은 나를 보고 급하다고 할 것이다. 그래서 참가
자 중에서 절반이 나를 보고 급하다고 하고 나머지 절반이 나를 보고 느리다고
한다면 내가 참가자 중에서 '성질이 급한지 느린지?' 하는 부분에서는 가장 표준
적인 사람이라는 말이다. 한편, 대인지각에 미치는 감정의 영향을 살펴보면, 보
는 사람의 감정이 불편해지면 같은 특성이라도 단점으로 지각하는 경향이 높고
호감을 느끼는 경우에는 같은 성향이라도 장점으로 지각하는 경향이 높다. 기
분이 좋으면 소신이 있다고 하다가 기분이 나쁘면 고집불통이라고 하는 식이다.

❖ 성격 특성의 이해

사람들은 저마다 타고나거나 어려서부터 몸에 밴 독특한 성격이 있다. 이 성
격은 그 사람의 생애 태도, 가치관, 대인관계 등에 결정적인 영향을 미친다. 이
단계에서 참가자들은 자기 자신이나 다른 참가자들의 성격 특성을 알아차리고
이해하며, 나아가 상대의 특성에 맞게 반응하는 요령을 익힌다.

❖ 관계 개선 요령

상대방으로부터 부정적인 반응을 받았을 때 '나에게 그런 특성이 있어서 그런 소리를 들었겠지.'라고 생각하고 나를 고치려 든다면 그것은 자기개선 능력이나 수양 능력이다. 상대가 나를 부정적으로 본다는 것은 상대에게 내 인상이 부정적으로 인식된 것이므로 그 상대에게 영향을 미쳐서 내 인상을 바꿔 내는 것이 관계개선 능력이다.

한국 사람들은 역사적으로 자기 개선에 관심이 높아서 수양, 반성은 많이 했지만 관계 개선에는 별 관심이 없었다. 그러나 한상담에서는 자기 개선과 관계 개선 모두를 갖춰야 할 중요한 역량으로 생각한다. 대인관계에서 해결할 문제가 사실의 문제이면 자기 개선을, 사람의 문제이면 관계 개선을 주로 사용한다. 그리고 사실과 사람이 복합된 문제는 먼저 관계 개선을 하고 나중에 사실 개선을 하는 것이 효과적이라고 생각한다.

■ 훈련 단계에서 나타나는 현상

훈련 단계에서는 다음과 같은 현상이 나타날 수 있다.

불 안   훈련 단계에서 참가자들은 많은 스트레스를 받고 불안해하기도 한다. 이 단계에서 느끼는 불안의 종류는 다양하다. 우선, 말을 바꾸라고 하기 때문에 바꾸는 것도 어렵지만 잘 안 되면 어쩌나 하는 불안이 있다. 다음으로는 감정적으로 몰입해야 한다는 불안이 있다. 늘 이성적으로 생활해 오던 사람들은 감정적으로 몰입하다가 스스로 주체하기 어려운 격한 감정을 나타내거나 유치한 감정을 나타낼까 봐 불안해할 수 있다. 그런가 하면 남들에게 공격받거나 남들을 화나게 만들 것 같은 불안도 느낄 수 있다.

갈등과 저항   모든 변화에는 갈등과 저항이 있게 마련이다. 훈련단계에서는 생각과 감정과 행동의 변화를 요구하기 때문에 갈등과 저항은 필연적으로 일어날 수밖에 없다. "지금까지 별 문제 없이 살아왔는데, 왜 말투를 바꾸어야 하는지 이해가 안 됩니다." "여기서 배운 대로 바꾸어 보려니 형식적인 것 같아 어색하고 가식 같아 실감이 안 납니다." "말투가 진실해 보이지 않습니다." "꼭 말을 해야 다른 사람이 내 마음을 압니까?" 이런 표현들은 참가자들의 갈등을 나타내는 말들이다. 이런 말들을 촉진자의 입장에서 들었을 때는 저항처럼 들리기도 할 것이다. 그러나 참가자 입장에서는 자기 의견을 좀 더 분명히 하고 싶기도 하고, 자기가 지금까지 알고 있었던 것을 확인해 보고 싶기도 하고, 촉진자의 요구를 좀 더 분명히 알기 위해 질문하는 것일 수도 있다.

촉진자는 이런 갈등이나 저항이 표현되면 반갑게 받아들이고, 충분히 공감 수용하며, 분명한 설명을 해야 한다. 어떤 종류의 갈등이든 간에 집단에서 갈등이 표현되는 것은 환영할 일이다. 갈등 그 자체는 문제가 아니다. 갈등이 있어도 표현하지 못하고 억압하고 있거나, 표현을 했는데도 해결할 수 있는 능력이 없는 것이 문제다. 해결할 수 있는 능력만 있다면 갈등은 성장의 출발점이 될 수 있다.

촉진자에 대한 개인적인 관심　이 단계에서 참가자들은 촉진자가 정말 믿을 수 있는 사람인지 확인해 보고 싶어 한다. 결과에 대한 어떤 보장도 되어 있지 않은 이 집단에서 오직 촉진자의 말만 믿고 따라가고 있기 때문이다. 참가자들 중에서 자신의 개인적인 문제를 해결하고 싶은 욕구를 가지고 참가했던 사람들은 그 욕구를 우선적으로 해결하고 싶을 것이다. 그래서 일단 그 목표를 유보하고 관점 전환이나 커뮤니케이션에 대해서 훈련을 하는 것이 정말로 효과적인지에 대한 믿음을 가지고 싶어 할 것이다. 촉진자는 참가자들의 의문에 사실적인 대답도 해야 하지만 참가자들이 그런 의문을 갖는 것이 너무나 자연스러운 일이라는 것을 이해해야 한다.

소극적 참여와 일관된 침묵   참가자들이 집단에 참여해서 선호하는 학습 스타일은 크게 세 가지로 나타난다. 실험, 관찰, 가설 정립이 그것이다.

실험을 위주로 하는 사람들은 적극적으로 발언하고 새로운 시도를 한다. 관찰을 주로 하는 사람들은 '남들의 참여를 지켜보며 어떻게 하는가를 보고 이렇게 하면 되겠구나.' 하는 생각이 들어야 참여한다. 가설 정립을 주로 하는 사람들은 질문하거나 책을 읽거나 자료를 찾아보고 개념이 정립되면 행동으로 옮긴다.

침묵하고 있는 사람들은 주로 관찰을 하고 있는 사람들이다. 이들은 관찰도 참여라고 생각하기 때문에 집단에서 말을 하지 않고 있는 것이 참여하지 않고 있는 것이나 마찬가지라는 사실을 모르는 것이다. 촉진자는 이들에게 발언의 기회를 주어 참여하도록 안내해야 한다. 그러나 너무 조급히 발언을 권하면 오히려 방해가 될 수 있다.

사실적인 이야기   참가자들 중에는 그때-거기에서의 그 사람에 대해서 사실적인 이야기만 길게 늘어놓는 사람들이 있다. 이런 사람들은 자신이 말을 많이 하고 있기 때문에 적극적으로 참여하고 있는 것으로 착각하고 있는 경우가 많다. 이들은 감정적으로 몰입하지 않으면 집단에 참여하고 있는 것이 아니라는 것을 잘 모르는 것이다.

관심 집중시키기   훈련 단계뿐만 아니라 모든 단계에서 유난히 다른 사람들의 관심을 자기에게 집중시키려는 사람들이 있다. 이들은 소외될까 봐 불안해하는 사람일 수 있고 무의식적으로 집단을 통제하거나 조종하고 싶은 욕구를 가진 사람일 수도 있다. 이들은 집단원들이 다른 사람에게 관심을 두거나 주의를 집중하면 어떻게 하든 그 관심을 자기에게 집중시키려 든다. 이들이 많이 사용하는 방법은 다른 사람들의 이야기를 빌미로 삼아 자기 이야기를 하거나, 아니면 자기가 고통받고 있다고 어려움을 호소하면서 관심을 자기한테 집중시킨다. 그러나 이들은 관심을 집중시키는 그 자체가 목적이기 때문에 이야기의 내용이 없을 때가 많다.

자기개방   참가자들 중에는 자기를 개방한다는 것을 개인적인 비밀을 털어놓거나 자신이 현재나 과거에 겪은 사실적인 이야기를 설명하는 것으로 이해하고 있는 사람들이 있다. 이런 사람들은 자기 이야기를 자세하게 설명하려는 경향이 있다. 한알 집단에서는 지금—여기에서의 진솔한 느낌을 표현하는 것을 자기개방으로 한다.

질 문   대부분의 경우 진술하지 않고 질문하게 되면 질문하는 사람은 자기 입장을 분명히 밝히지 않아도 되기 때문에 남들의 판단이나 비난을 피할 수 있다. 그러나 집단에는 방해가 된다. 왜냐하면 질문은 질문자의 감정은 숨기고, 참가자들로 하여금 이성적인 작업을 하게 하며, 질문을 받는 사람이 답을 찾는 동안 자기 감정을 잘못 알아차리게 만들기 때문이다.

조 언   어디에서나 누군가가 문제를 내놓으면 그것에 대해 충고하거나 조언하거나 해답을 주려고 하는 사람들이 있다. 이들은 내 말만 들으면 틀림없을 것이라는 태도를 취한다. 내 경험에 비추어 봐서는 이렇게 하면 될 것이라는 식이다. 그러나 중요한 것은 상대는 내가 아니라는 것이다. 대부분의 경우에 이런 조언이나 충고는 집단에 방해가 된다. 촉진자는 집단이 이런 분위기로 흘러가지 않게 해야 한다.

일시적인 위안   고통받는 사람을 보면 유독 못 견뎌 하는 사람들이 있다. 이들은 마음 아파하는 사람들을 보면 금방 위로하거나 상처 싸매기를 하려 든다. 촉진자는 이런 일시적인 위안은 상대에게 도움을 주기보다 오히려 방해가 될 수 있다는 사실을 알려 주어야 한다. 진정으로 상대를 도우려면 고통을 겪고 있는 사람이 그 고통을 직면하도록 돕는 것이 최선일 때가 있다.

부정적인 감정 표현　사람의 감정은 동전의 양면처럼 부정적인 감정과 긍정적인 감정이 함께 있는데, 부정적인 감정이 표면에 있다. 그 때문에 참가자들이 감정적으로 몰입하게 되면 대체로 부정적인 감정을 먼저 표현하는 경우가 많다. 참가자들의 부정적인 감정은 화를 내거나, 공격하거나, 빈정대기, 농담, 비꼬기 등 여러 형태로 나타난다. 때로는 집단 회기에 빠지거나 늦게 오거나 집단을 떠나겠다고 하기도 하고, 반대로 과도하게 공손하거나 예의 바른 행동을 하는 경우도 있다. 이런 표현들은 집단을 방해하는 것이 아니라 집단이 성장해 나가는 하나의 과정이다.

촉진자는 참가자들이 부정적인 감정들을 자유롭게 표현할 수 있는 분위기를 건설해야 하며, 또한 참가자들로 하여금 이런 부정적인 감정을 주고받는 요령을 훈련하도록 해야 한다. 부정적인 감정을 표현하는 훈련은 화가 났을 때에 화를 내지 않고 화가 났다고 알리는 훈련부터 해야 한다.

가령 참가자가 "이런 걸 훈련이라고 계속해야 한다면 저는 차라리 집에 가는 게 더 좋겠습니다."라고 표현했다면 촉진자는 우선 공감 수용을 한 뒤에 왜 그런 이야기를 하는지, 무슨 기분에 그런 이야기를 하는지를 물어본다. 그랬더니 "촉진자가 어떻게 하는지 가르쳐 주지는 않고 무조건 하라고만 하니 실망스럽고 답답해서 견디기가 어렵습니다."라고 한다. 그렇다면 '나는 촉진자의 행동이 이해가 안 되고 못마땅하며 답답해서 더 이상 참기가 어렵다.'는 말로 이해해도 좋은지 물어본다. 이처럼 부정적인 감정을 느꼈을 때 마음속에 품고 있는 자기 감정을 어떻게 표현하고 있는가를 알고, 정확히 표현할 수 있기를 배우는 것은 아주 중요한 일이다.

이 단계에서는, 첫째 나-전달법을 사용하고, 둘째 상대의 행동을 있는 그대로 기술하고, 셋째 그 행동에 대한 자기 감정을 솔직하게 표현하는 피드백의 요령을 훈련한다. 이런 훈련을 통해서 부정적인 감정을 느꼈다 하더라도 상대를 비난하거나 공격하지 않고 자기표현을 하는 훈련을 한다. 다른 한편으로는 남들이 부정적인 감정을 표현할 때에 어떻게 듣고 받아들이는지에 대해서도 훈련한다. 예를 들어, "이런 걸 훈련이라고 합니까?"라는 말을 들었을 때에 표면에 나타난 말만 듣고 "저 사람이 불평불만을 하고 있구나."라고 받아들일 수 있다. 그러나 그 말의 내면에 담긴 심정을 듣고 "몹시 답답하고 화가 난 모양이구나."라고 반응할 수도 있다. 좀 더 나아가 그 속에 담긴 숨은 의도나 숨은 감정을 들어서 "정말 제대로 훈련을 받고 싶어 하는구나."라고 들을 수 있으면 더 좋을 것이다. 이처럼 부정적인 감정을 주고받는 요령이 훈련되면 집단 내의 불필요한 오해나 갈등이 줄어든다.

우월감　참가자들 중에는 우월감을 느끼는 몇 가지 경우가 있다. 첫째, 자기가 살아온 삶이 다른 사람보다 문제가 적고 가정환경에서 복이 많았다고 생각해서 우월감을 느끼는 경우, 둘째 지금-여기에서 느끼는 기분을 솔직하게 주고받자는 학습 방법을 미리 알아차리고 그것을 빨리 파악하지 못한 사람을 보면서 답답해하고 그 사람들에게 우월감을 느끼는 경우, 셋째 자신이 가지고 있는 문제를 풀어나간 뒤에 비슷한 문제를 가진 사람들을 보면 '나도 이전에는 당신과 같은 문제를 가지고 있었다.' '나도 한때 당신과 같았기 때문에 난 당신 심정을 잘 안다.'라는 식으로 이야기하면서 우월감을 갖는 경우 등이다.

그 어느 경우라도 우월감을 느끼는 것은 집단에 방해가 된다. 촉진자는 이런 참가자들을 보면 다른 참가자들이 이 사람에 대해서 어떻게 느끼는지 물어보기도 하고 또 자기가 어떻게 느끼는지 분명하게 피드백하기도 한다.

촉진자 역할, 조교 역할   참가자들 중에는 집단의 학습 방법을 재빨리 익히고서는 다른 참가자들을 가르치려고 나서는 사람도 있다. 촉진자는 이들에게 학습 방법은 어디까지나 학습 방법이지 학습 목표가 아니라는 사실을 알려 주어야 한다. 이런 요령들을 사용해서 자기이해가 깊어지고 대인관계가 원만해지며 팀이 활성화되어야 한다는 것을 알려 주어야 한다.

뒷마당의 활성화   과거의 사실적인 이야기를 주로 나누는 집단에서는 집단 내에서 하던 이야기들을 뒷마당에서 몇몇 사람들과 나누다 보면 다른 집단원들은 무슨 일이 일어났는지 이해하지 못할 수도 있다. 그래서 뒷마당에서는 집단 내에서 하던 이야기들을 못하게 하는 집단도 있다. 그러나 한알 집단에서는 지금-여기에서 느끼는 감정 표현을 주로 하고 과거의 이야기나 사실적인 설명을 최대로 줄이게 된다. 이런 특성 때문에 상대의 감정을 듣고 공감은 되어도 왜 그런 감정을 느끼는지 이해가 안 될 수도 있다. 그 때문에 뒷마당에서 사실적인 이야기를 나누는 것이 서로를 이해하는 데 큰 도움이 되기도 한다. 훈련 단계에서는 감정 표현은 활발해지고 서로를 이해하는 능력은 아직도 부족한 상태이기 때문에 서로의 이해를 위한 노력이 더 많이 필요해진다. 집단 내에서는 잘 이해되지 않던 부분들을 집단 밖에서 나눌 수 있는 기회를 가지면서 서로 이해의 폭을 넓힐 수 있다.

촉진자의 역할   이 단계가 일반 집단과 다른 점은 집단 내에서 의사소통이 원활히 되고, 서로를 도울 수 있는 대인관계의 기초 역량이 익혀질 때까지 철저한 훈련을 하는 단계라는 점이다. 이 단계에서 촉진자의 역할은 참가자로서의 역할은 거의 없고, 대부분 가르치고 시범을 보이며 훈련시키는 역할이 강조된다.

- 공감 수용자의 역할: 참가자들을 훈련하려면 먼저 참가자들로부터 호감을 얻어 내야 한다. 왜냐하면 촉진자는 지위 권력을 사용하지 않고 개인 권력만으로 참가자들에게 영향을 미쳐야 하기 때문이다. 개인 권력으로는 친밀감과 신뢰감과 존경심 등이 있다. 참가자들이 촉진자와 친하면 친할수록, 믿으면 믿을수록 촉진자의 말을 잘 따를 것이기 때문이다. 만약 존경심까지 얻어 낼 수 있다면 더욱 좋다.
- 칭찬 인정, 지지, 격려자의 역할: 공감 수용과 함께 참가자들이 잘할 때는 칭찬 인정하고, 잘하겠다고 마음을 먹었을 때는 지지하며, 실패하거나 좌절했을 때 희망과 용기를 주는 격려를 하는 일은 이 단계에서 가장 중요한 기술이다.
- 관찰자의 역할: 이 단계에서는 참가자들이 어떤 역량은 가지고 있고 어떤 역량은 훈련이 필요한지를 예리하게 관찰해야 하기 때문에 관찰자의 역할도 아주 중요하다.
- 지적자의 역할: 그런가 하면 참가자들이 착각하고 있거나, 감정적으로 불안정하거나, 부적응 행동을 하고 있다면 서슴지 않고 지적하는 지적자의 역할도 해야 한다.
- 추진자의 역할: 이 단계에서 촉진자는 앞장서서 집단을 이끌어 나가야 한다. 과제를 주고 도전하게 하고 훈련시키고 칭찬 인정하는 모든 과정을 추진해 나가야 한다.
- 조정자, 창조자의 역할: 촉진자는 갈등을 조정하는 조정자의 역할과 함께 개인이나 조직풍토를 혁신하는 창조자의 역할도 해야 한다.

③ 성숙 단계

■특징

다른 집단에서는 작업 단계나 문제해결 단계로 불리는 단계가 있는데, 한알 집단에서는 그 대신에 성숙 단계가 있다.

대인관계의 문제를 해결하는 길은 두 가지다. 가령 오해나 갈등을 겪고 있는 두 사람의 문제를 해결하려면 ① 문제를 분명히 하고, ② 누가 해결 욕구를 가지고 있는가를 찾고, ③ 내가 상대에게 하고 싶은 말이나 감정은 무엇이고 상대가 나에게 하고 싶은 말이나 감정은 무엇인지를 찾아서, ④ 어떤 순서로 말을 할 것인가를 모색한다.

그러나 사람에 초점을 두고 성숙해 나가는 길을 택한다면 두 사람 중 한 사람이라도 인간이해 능력이 자라거나, 사랑하는 마음이 넘쳐흐르거나, 자아를 초월하거나, 수용 능력이 자라거나 한다면 그 순간에 문제는 사라지게 된다. 이런 접근 방법은 문제해결에 초점을 두는 접근 방법과는 뚜렷한 차이가 있다.

성숙 단계는 한알 집단의 꽃이다. 참가자들은 그동안 자기가 그렇게 집착하고 있던 문제들이 한순간에 사라지는 경험을 할 수 있게 된다. 어떤 사람들은 이럴 때에 허탈해진다고도 한다.

가장 소중한 체험은 '너는 너이고, 나는 나다.'라고 생각하던 사람들이 '나는 나이면서 너이고, 너는 너이면서 나다.'라는 체험을 하게 되는 것이다.

다른 사람들과의 진정한 만남은 사람을 변화시킨다. 만남이란 체험을 통하지 않고서는 알기 어렵다. 마치 여자들이 아이를 낳고 어머니가 되어서야 비로소 조건 없는 사랑을 체험할 수 있듯이 참가자들이 참만남을 경험해 보면 세상을 보는 눈이 바뀐다. 온 세상이 바뀌면 자기도 바뀌겠지만 마음 한번 바꿔 먹으면 온 세상이 달라지는 것이다.

혼자서 수양하는 사람들은 자기경험의 한계를 벗어나기가 어렵다.

그러나 집단에서 다른 사람들과 만나서 타인 관점이 수용되고 상대의 입장을 고스란히 받아들이면 그의 삶이 간접으로 체험되어서 내 삶의 폭이 커진다. 예를 들어, 30세의 참가자 20명이 참가한 집단에는 600년의 삶이 녹아 있다. 남을 받아들인다는 것은 이처럼 자신이 성장하는 지름길이다.

참만남이 이루어지는 때부터 집단 내에서는 참가자 각자가 가지고 있던 개인적인 문제는 더 이상 너와 나의 문제가 아니라 우리의 문제가 된다. 집단에서 문제가 있는 것이 문제가 아니라 문제해결 역량이 부족한 것이 문제다. 그러나 이 단계에서는 집단의 문제해결 역량이 극대화되어 있기 때문에 많은 문제가 아주 쉽게 해결되기도 한다. 이 단계에서 참가자들은 집단 내에서 다른 참가자들과의 사이에서 발생한 문제도 해결하지만 자신들이 집단 밖에서 겪고 있었던 문제들도 함께 해결해 나간다.

이처럼 집단이 성숙 단계에 이르렀다 해도 몇몇 참가자는 아직도 초기 단계의 혼란을 겪을 수 있다. 집단도 성숙 단계에 머무르거나 계속 발전해 나가기만 하는 것이 아니라 때로는 다시 초기 단계로 되돌아가 혼란을 겪을 수도 있고 훈련 단계로 되돌아갈 수도 있다. 그러나 성숙 단계에 도달했다면 이전 단계로 되돌아간다고 하더라도 곧바로 성숙 단계로 다시 돌아올 것이다.

■ 성숙 단계의 과제

성숙 단계의 주된 과제는 두 가지다. 하나는 참가자들이 참만남을 체험하는 일이고 다른 하나는 인간적인 성숙을 도모하는 일이다.

참만남　이 단계에서는 참가자들끼리 참만남을 경험하게 된다. 처음에는 단순하게 개인과 개인의 일대일 만남이 이루어지다가, 몇몇 사람들의 소집단으로 만남이 이루어지다가, 마지막에는 모든 참가자가 하나가 되어 일체감이 조성되기도 한다.

나이, 성격, 경험이 서로 다른 참가자들이 심정이 통하고 한마음 한뜻이 되어 일체감이 조성된다는 것은 참으로 신기한 경험이다. 더구나 한알 집단상담처럼 100명이 넘는 대규모 집단에서 5~6일 만에 일체감이 형성된다는 것은 아무리 생각해도 기적 같다.

집단상담을 하는 동안에 받을 수 있는 가장 큰 선물은 경험이나 가치관, 성격이 그렇게 다르고 이해하기 힘들었던 사람들도 한마음 한뜻이 될 수 있다는 것을 체험하는 일이다. 특히 집단원 중에서 유난히 거부감을 느끼던 다른 참가자와 만나서 하나가 되는 체험을 해 보면 이 세상에는 포기할 수밖에 없는 개인이나 집단은 없다는 것을 굳게 믿을 수 있게 될 것이다.

사람이 살아 있다는 것은 하늘이 포기하지 않았다는 것인데, '하늘이 포기하지 않은 사람을 인간이 포기할 수는 없다.'는 것은 집단 체험을 통해서 배울 수 있는 가장 큰 믿음이다.

인간적 성숙 인간적 성숙이란 개인성숙과 집단성숙으로 나눌 수 있다. 개인성숙은 한 사람 한 사람의 참가자들이 씨알머리가 있고 말귀 알아 듣는 사람이 되어 확고한 주체성을 가지고 모든 사람과 관계가 좋은 철인이 되는 길을 가는 것이다. 집단성숙이란 참가자들이 서로 도우면서 함께 성장해 나가는 것이다.

집단을 훈련집단, 상담집단, 치료집단으로 나누어 볼 때 일반적으로 상담집단이나 치료집단에서는 주로 촉진자가 참가자의 문제를 적극적으로 돕는다. 마치 집단 속에서 개인상담을 하는 것처럼 진행되는 것이다. 이런 경우에는 집단 전체가 하나가 되는 일체감을 경험하기는 거의 불가능하다. 그러나 한알 집단에서는 집단 전체에서 일체감이 형성되면 그다음에는 집단이 성숙해 나가는 체험을 할 수 있다. 이 체험은 개개인이 성장해 나가는 것과는 다른 특별한 체험이다.

■ 성숙 단계에서 나타나는 현상

성숙 단계에서는 다음과 같은 현상이 나타난다.

허구적 자아를 버리고 실제적 자아를 되찾음   이 단계에 오면 참가자들은 자기 틀을 벗어 던지고 자기 자신으로부터 자유로워진다. 바른 생각을 하게 되고, 감정적으로 안정되며, 상생 행동을 하게 된다. 이렇게 되면 집단 내에서 의사소통이 원활해져서 말을 주고받다가 마음을 주고받고, 나아가서 사람과 사람이 만나게 된다. 이런 만남을 통해서 진정한 자아를 되찾게 된다.

지금―여기에 충실   초기 단계에서는 많은 참가자가 이미 지나가 버린 과거를 후회하거나 아직 다가오지도 않은 미래를 불안해하기도 한다. 그러나 이 단계가 되면 참가자들의 주된 관심이 지금―여기에 맞춰진다. 과거는 아무리 좋은 것이었다고 해도 다시는 돌아오지 않으며, 아무리 나쁜 것이었다고 하더라도 그것이 지금의 당신을 어떻게 하지는 못한다. 당신이 간절히 소망하는 아름다운 미래는 지금 당신이 어떤 선택을 하는가에 달려 있다.

과거, 현재, 미래   상담이라는 학문이 생긴 이후에 알아차린 최고의 지혜는 '과거는 무조건 용서하고, 미래에는 무조건 희망을 가지며, 현재는 무조건 이해하고 사랑한다.'이다. 이는 자기 자신만이 아니라 자신과 관계를 맺은 모든 사람에게 적용된다. 성숙 단계에서는 많은 참가자가 이 지혜를 사용할 줄 알게 된다.

현상과 인식   누구에게나 고통스러운 문제는 있을 수 있다. 그런데 사람들이 고통을 겪는 것은 이런 문제가 있기 때문이기도 하지만 그보다는 이런 고통이 없어야 한다는 착각 때문인 경우가 더 많다. 현실을 직시하고 있는 사람들은 살아가는 동안에 문제가 없기를 바라지 않는다. 살아 있다는 것은 문제의 연속이며, 그 문제들을 해결해 나가는 동안에 우리의 삶이 더욱 풍성해진다고 믿게 된다. 이처럼 자기인식을 바꿔서 새로운 관점으로 문제를 보게 된다.

자기 본심을 솔직하게 주고받음   집단의 초기 단계에는 많은 참가자들이 자기 본심을 있는 그대로 표현하지 못한다. 심지어는 몇 번씩 바꿔서 표현하기 때문에 말을 듣고도 본심을 알기가 어렵다. 그러던 사람들이 훈련 단계를 거치는 동안에 자기 본심을 표현하는 훈련이 되어서, 성숙 단계에 다다르면 본심을 왜곡하거나 가장하지 않고 있는 그대로 솔직하게 주고받을 수 있게 된다. 이렇게 되면 말이 간결하고 분명해져서 하기도 쉽고 알아듣기도 쉽게 된다. 마음에도 없는 말, 입에 발린 말은 하지 않게 되며, 설사 그런 말을 하는 참가자가 있다고 하더라도 다른 참가자들이 금방 알아차리기 때문에 집단 내에서 통하지 않는다.

변화의 가능성을 믿음   많은 참가자가 자기 변화를 시도했다가 실패한 경험들을 가지고 있다. 그 때문에 단 며칠간의 훈련을 통해서 자신이 달라질 수 있으리라는 믿음을 갖지 못하고 있는 사람들이 많이 있다. 그러던 사람들이 함께 참가한 사람들이 변화해 나가는 모습을 직접 목격하고 자기도 달라질 수 있을 것이라는 가능성을 믿게 된다. 이때부터 집단의 변화에는 가속도가 붙는다.

일체감 조성   성숙 단계의 가장 큰 특징은 만남이 이루어진다는 것이다. 개인과 개인의 심정이 통해서 만나는 체험도 아름답지만, 모든 참가자가 일체감을 느끼는 단계는 집단이 아니고서는 도저히 맛볼 수 없는 독특한 체험이다.

문제해결형 조직풍토 건설　　이 단계가 되면 많은 참가자가 문제를 회피하거나 외면하려 들지 않고 직면해서 해결하려고 한다. 아무리 어렵고 큰 문제가 있더라도 '문제가 있다는 것은 해결할 능력도 함께 있다.'는 것을 믿게 된다.

적극적인 집단 참여　　이 단계가 되면 참가자들은 촉진자의 도움 없이도 상호 촉진해 가면서 집단을 자발적으로 이끌어 나간다. 참가자들의 자기노출도 깊어지고 모험과 도전을 많이 하며 앞장서서 자기직면을 하려고 한다.

■ 촉진자의 역할

집단 전체에 화기애애한 분위기가 건설되고 참가자들의 조력 기술이 늘어나면 이때부터 촉진자는 한발 물러서서 참가자들이 서로서로 돕는 것을 없는 듯이 지켜보는 역할을 해야 한다. 한알 집단에서는 이처럼 참가자들이 서로가 서로를 도울 수 있는 상태가 되는 것을 이상적인 집단이라고 생각한다. 훈련 단계에서처럼 앞장서서 가르치고 시범 보이던 역할은 그렇게 많이 필요하지 않다. 한발 물러서서 집단원들끼리 문제를 해결하고 성장해 나가는 과정을 지켜보고 있는 일이 많아진다. 그러다가도 집단이 어려움을 겪기라도 한다면 누구보다 앞장서서 도전하고 모험을 시도하기도 한다.

이 단계의 또 다른 특징은 촉진자의 자기노출이 늘어난다는 것이다. 사실 초기 단계나 훈련 단계에서는 촉진자의 개인적인 노출은 그리 쉽지 않다. 오해나 갈등을 불러일으킬 수 있기 때문이다. 그러나 성숙 단계가 되면 촉진자도 자기노출을 해서 촉진자도 참가자와 같이 문제도 있고 갈등이나 고통도 가지고 있다는 것을 알려 줄 필요가 있다. 이런 자기개방이 참가자들에게 친밀감을 주는 데 도움이 될 것이다.

그리고 유머를 효과적으로 사용하면 집단에 윤활유가 될 것이다.

촉진자의 유머는 집단이 원활하게 운영될 때도 효과적이지만 집단이 어려움에 봉착했을 때 더욱 필요하다.

④ 종결 단계

■특 징

종결 단계는 대인관계의 실험실을 해체해야 하는 단계다. 실험실은 어디까지나 실험실이지 실제 현실은 아니다. 실험실 학습을 가장 효과적으로 마무리하고 사회에 나갔을 때 잘 적응할 수 있도록 안내하는 단계가 종결 단계다.

■종결 단계의 과제

종결 단계에서 해야 할 중요한 과제는 다음 세 가지다.

미해결 과제 다루기　종결 단계에서 우선적으로 다루어야 할 것은 혹시 개인적으로나 집단적으로 미해결한 과제가 있는지 확인하는 것이다. 아무리 촉진자가 잘 살핀다고 해도 참가자 전원을 다 알고 있다고는 할 수 없다. 그래서 이 부분은 참가자들에게 물어보아야 한다. 자기 자신이나 다른 참가자들이 아직도 해결하지 못한 과제가 있지는 않은지 물어보는 일은 반드시 해야 할 배려다.

간혹 참가자들 중에는 자기 문제를 말하는 것이 힘이 들어서 끝날 때까지도 말을 못하고 있는 사람들도 있을 수 있다. 이런 경우 참가자가 내놓는 문제가 쉽게 해결할 수 있는 문제여서 해결하면 좋고, 만약에 해결이 어렵거나 시간이 많이 소요되는 문제라고 생각될 때에는 우선 그 참가자에게 시간이 부족한데 시간을 연장하더라도 그 문제를 해결했으면 좋겠는지, 아니면 마친 뒤에 촉진자가 개인적으로 도움을 줘도 되겠는지, 아니면 미해결 과제로 남겨 두어도 좋겠는지 등으로 물어볼 수 있을 것이다. 그다음에 집단원들의 의견도 물어

볼 수 있다. 어떤 방법을 선택하더라도 집단원들과의 합의하에 처리하는 것이 바람직하다.

가능하면 모든 문제를 해결하기 위해서 최선을 다해야 한다.

집단 경험 되돌아보고 나누기　집단의 특징은 감성적인 체험이라는 것이다. 그런데 이런 감성적인 체험은 이성적으로 정리하지 않으면 쉽게 사라지는 특징이 있다. 그래서 종결 단계에서는 집단에 참여하는 동안에 무엇을 느꼈고 어떤 것을 배웠는지 정리해 볼 필요가 있다.

가령 집단에서 평생 처음으로 남들 앞에서 소리 내어 울어 보았다는 참여자가 있다고 하자. 어떤 사람들은 이 사람이 울었다는 사실 그 자체를 집단의 성과라고 착각하기도 한다. 그러나 그보다 더 중요한 것은 이 참여자가 이런 울음을 통해서 무엇을 배웠는가 하는 것이다. 이 참여자는 이 체험을 통해서 참는 것보다는 우는 것이 도움이 된다는 사실을 배웠을 수도 있다. 아니면 남들 앞에서 우는 일이 창피한 것만은 아니라는 것을 배웠을 수도 있다.

집단 참가자들은 각자 자기 목표를 추구해 나가기 때문에 같은 집단에 참가하고 같은 경험을 공유하면서도 각기 배운 것이 다를 수 있다. 그 때문에 정리 단계에서는 각자 공부한 내용들을 함께 나누고 공유할 필요가 있다.

사회생활 적응 안내　집단에서 아주 좋은 체험을 하고서도 사회에 나가서 잘 적응하지 못하는 사람들이 있다. 이들이 혼란을 겪는 가장 큰 이유는 집단과 사회현실의 차이를 구분하지 못하기 때문이다. 지금-여기에서 느끼는 감정을 솔직하게 주고받자는 약속은 집단을 효과적으로 운영하기 위한 학습 수단이다. 그런데 이것을 학습 목표로 착각하고 사회에 나와서 만나는 사람마다 솔직한 감정을 주고받으려 들면 많은 갈등이 일어날 수 있을 것이다.

집단을 다녀왔다고 행동이나 말투를 너무 급격히 바꾸어도 오히려 이상하게 보일 수 있다. 행동의 변화는 시간을 두고 서서히 바꾸어도 늦지 않다. 가능하면 평소에 불편했던 사람부터 서둘러 관계를 개선하려 들지 말고 관계가 좋았던 사람들과 더 좋은 관계를 맺는 훈련을 하는 것이 도움이 될 것이다.

참가자들끼리 3~4명씩 둘러앉아서 마치고 나가면 어떻게 사회생활에 적용할 것인지를 토론하게 하는 것도 도움이 될 것이다.

■ 종결 단계에 나타나는 현상

종결 단계에서는 다음과 같은 현상이 나타난다.

만족감　종결 단계에서 참가자들이 느끼는 감정들은 주로 만족감, 행복감, 희열 등이다. 자기 스스로에게서 자유로워지고 참고 있던 많은 감정을 해소하고 나면 정말 편안해지고 만족감을 느낀다. 이런 기분은 집단이 아니고서는 체험하기 힘든 감정들이다.

두려움과 기대감　다시 사회에 나갈 생각을 하면 두려움과 기대감이 함께 있을 수 있다. 며칠 전에 떠나 온 그 현실로 돌아가야 하는 것이다. 비록 내가 집단 체험을 통해서 마음을 바꿔 먹었다 하더라도 상황은 여전히 그대로일 것이기 때문이다. 그 현실에 잘 적응할 수 있으리라는 자신감을 갖기는 쉽지 않다. 이런 때에는 서로가 터놓고 솔직하게 이야기하는 것이 도움이 된다.

상실감과 서운함　며칠 동안이지만 집단 참가자들은 서로 깊은 정이 든다. 이들은 물리적인 시간으로는 보통 3박 4일, 4박 5일간의 짧은 기간 동안 만남을 경험했지만 질적으로는 5년, 10년 함께 있었던 조직 구성원들과 같은 정도의 친밀감과 신뢰감을 느낀다. 그 때문에 헤어지는 것에 대한 상실감이나 서운함을 크게 느낄 수 있다.

자신의 미해결 과제를 내어 놓음　　몇몇 참가자들은 마지막 단계에 와서 그동안 내놓지 못한 개인적인 문제를 불쑥 꺼내는 경우도 있다. 이야기해 봤자 해결되기 어려울 것이라고 생각하던 사람들이 다른 사람들의 문제가 해결되는 것을 보고 뒤늦게 문제를 해결하고 싶은 욕구가 올라온 것이다. '마치기 전에 이것도' 라는 심정일 수도 있고 어떻게든 용기를 내서 표현한 것일 수도 있다. 이런 경우에 촉진자는 가능하면 최선을 다해서 문제를 해결하는 것을 돕든가, 그렇지 못할 경우에는 왜 그 문제를 해결하기 힘든지 문제를 제출한 사람에게 이해를 받을 필요가 있다.

이런 과정을 거쳐서 집단이 끝이 난다. 그러나 집단을 마치는 그 순간이 새로 시작해야 할 시간이다. 참가자들은 각자 사회에 나가서 적응해 나가야 한다. 촉진자는 이를 돕기 위해서 인터넷을 통해서 서로 정보를 주고받을 수 있도록 하고 참고 도서 등을 안내하는 것도 필요할 것이다.

■ 촉진자의 역할

종결 단계가 되면 촉진자는 가만히 지켜보는 역할을 끝내고 지도자나 안내자의 역할을 해야 한다. 이론 설명이 필요하기도 하고 사회생활이나 앞으로의 공부에 대한 안내도 필요할 수 있다.

참가자가 해결하지 못한 문제가 있으면 왜 해결을 못했는지, 그리고 어떤 해결 방법이 있는지에 대한 설명도 해야 하고 때로는 개인상담을 권하거나 다른 집단을 안내할 필요도 있을 것이다.

한알 집단상담에 참가했던 사람들이 집단을 마치고 나갔을 때에 온라인(http://www.hanal.org, 다음카페)이나 오프라인을 통해서 자주 만날 수 있도록 안내하고, 이를 위해서 촉진자도 많은 시간을 참가자들과 나눌 수 있는 준비를 해 둘 필요가 있다.

2 구조적인 체험(한알 훈련 1, 2단계)

1) 한알 훈련의 개발 배경

집단상담에서 구조적인 체험을 실시하는 것은 비구조적인 체험을 하기 어려운 조건일 때 하는 경우가 많다. 참가 인원이 많고 시간이 부족한 경우에는 비구조적인 체험을 시도하기에는 무리가 있다. 또 촉진자의 경험이나 역량이 부족한 경우에도 비구조적인 체험을 시도하기 어렵다.

비구조적인 체험은 뚜렷한 학습 목표를 설정해 놓고 그 목표를 추구해 나가지 않는다. 다만 지금-여기에서 느끼는 솔직한 감정을 주고받다 보면 자기를 이해하고 타인을 이해하며 팀이 활성화된다는 고차원적인 목표가 있다. 그러나 구조적인 체험은 하나하나의 단원들이 분명한 목표를 가지고 있고 전 과정을 마치면 어떤 결과를 얻을 수 있을 것이라는 목표를 설정해 놓고 진행하는 경우가 많다. 이런 경우에 구조적인 체험은 촉진자 대신에 여러 가지 게임이 참가자들의 체험의 폭을 깊게 하는 데 도움을 줄 수 있다.

다른 나라의 경우와 마찬가지로 우리나라에서도 집단상담의 초기에는 주로 구조적인 체험을 많이 사용했으나, 지금은 비구조적인 체험이 점차적으로 늘어나고 있는 상황이다. 그동안 국내에서 사용해 왔던 구조적인 체험들은 심성 수련, 인성 개발 훈련, 자기성장 프로그램 등의 다양한 이름으로 사용되어 왔다. 그러나 이런 프로그램들은 모두 외국에서 개발된 게임을 번역해서 시간표를 구성하여 사용하고 있었다.

　기존에 사용하고 있는 구조화 프로그램들은 모두 교육 필요점 분석이나 참가자 분석도 없이 그냥 사용해 왔다. 그렇게 된 가장 큰 이유는 국내의 상담자들 중에서 프로그램을 개발할 수 있는 역량이 있는 사람이 드물었고, 사례 작성이나 게임 개발의 경험도 부족했었기 때문이었다.

　한 과정을 개발하려면 세 가지 분야의 전문가가 필요하다. 즉, 경험 전문가, 내용 전문가, 과정 개발 전문가다. 국내의 상담 분야에서 경험 전문가와 내용 전문가는 많아도 과정 개발 전문가는 드물었다. 왜냐하면 국내의 과정 개발 전문가들은 주로 경영학을 전공한 사람들로, 기업이나 공공 단체의 교육훈련 프로그램을 개발하는 일을 주로 했고 상담 분야에는 별 관심이 없었기 때문이다. 그러나 한상담학회에는 이 세 분야의 전문가들이 있기 때문에 한국인의 의식 구조에 맞는 구조적인 프로그램을 개발하는 것이 가능했다.

2) 한알 훈련의 개발 과정

(1) ISD 테마 한알 1단계

한알 PROGRAM DESIGN

목 차

1. 개발 요구
2. 교육 필요점 분석
3. 과정 개발의 목적
4. 과정의 목표
5. 참가자 분석
6. 역량 분석을 통한 K,S,A 도출
7. Module 도출 및 목적 작성
8. Module별 구성 단계 분석
9. Module 구성 단계 분석
10. 최종 목표의 진술
11. 평가 전략
12. 교육 방법의 거시 설계
13. 모듈별 설계
14. 진행 일정

• 개발자: 한알사람
• 유동수, 배초은, 황지선, 채승희

1. 개발요구

분석 ▷ 설계 ▷ 개발 ▷ 실시 ▷ 평가

개발요구 교육필요점 과정목적 과정목표 참가자분석
최종목표 모듈분석 목적작성 효과도출

배 경

• 국내에 집단 프로그램이 도입된 지 30년이
 지났어도 우리가 개발한 프로그램이 없음.
• 한국인은 독특한 문화를 가지고 있기 때문에
 우리 문화에 맞는 프로그램의 개발이 필요함.

필요점 분석 결과

• 대상 : 개인 인터뷰 14명
 사전 설문지 54명 본 설문지 337명
• 분석 결과 : 참여자들이 집단상담을 통해 도움을 받고
 싶은 문제는 자기성장과 자기이해가 가장 많았음.
 따라서 새로운 집단상담 프로그램을 통해서 진정한
 자기 자신을 찾아가는 데 도움을 줄 필요성이 있음.

국내에서 운영되는 집단 프로그램 현상 파악

• 프로그램 이론 : 아바타
  현실치료
  게슈탈트
  핵심감정 정신역동
  동사섭
  사이코드라마
  현실역동 집단

• 정신적으로 건강한 참가자들에게
 감수성 훈련 방법으로
 체험위주의 훈련집단을 개발함.
• 참가자들에 대한 필요점 해결에
 초점을 맞춤.
• 교육 대상 : 일반인 & 상담 전문가

2. 교육 필요점 분석

– 인터뷰와 설문을 중심으로 분석함 –

문제점	현 상태	바람직한 상태	원 인	해결책
개인 문제	• 자신의 특성을 스스로 잘 모름. • 자신이 누구인지, 자신이 얼마나 소중한 사람인지, 자신의 특성을 제대로 알지 못하고 역할이나 틀에 매여 자신을 규정하고, 과거에 얽매이거나 미래만 기다림.			
대인관계 문제	• 자신의 지각과 타인의 지각이 다르다는 것을 인정하지 못함. • 타인과 대화가 되지 않음.			

3. 과정 개발의 목적

참가자들이

1. 홀로 서서 자기 자신의 주인이 되고

2. 다른 사람들과 더불어 살아가는 능력을 기르고

3. 진정한 자기 자신을 되찾는다.

4. 과정의 목표

자신의 사명을 분명히 정리하고 자신의 천부적인
자질을 알아차리고 성공 요인들을 분석한다.

자기직면, 자기 틀 깨기, 자기 감정 알아차리기,
자기 감정의 주인 되기, 자기 자신으로부터 자유로워지기
등을 통해 자기성장을 추구한다.

5. 참가자 분석

구 분		분석 내용
참가자 그룹		보통 8명을 한 그룹으로 하여 3그룹 약 24명이 1Class로 운영됨.
일반적 특성	학력, 나이, 성별	성인, 특별한 제한이 없음.
교육 참여에 있어 선행조건		독특한 프로그램이기 때문에 사전학습이 필요함.
학습자의 동기/태도		참가자의 강한 참여 동기가 필요함.
학습 선호도		실제 행동의 변화가 목적이므로 이론보다는 체험학습, 상호학습 등 참여식 학습 방식을 선호함.

과도한 긴장(tension)은 참가자들에게 스트레스를 줄 수 있으므로 교육과정
전반에 걸쳐 라포 형성 및 친밀한 교육환경 조성이 필요함.

6. 역량 분석을 통한 K.S.A 도출
- 성숙 요인 -

역량	정의	지식	기술	태도
자기직면 능력	회피하거나 변명하거나 감싸지 않고 있는 그대로의 자기 자신을 직면하는 능력	1) 내가 보는 나·남이 보는 나·실제의 나 2) 개인 성격 유형 3) 자기 상 4) 자기 틀	1) 자기통찰 2) 자기개방 3) 자기이해 4) 자기사랑	1) 용기 2) 열정
감정 알아차리는 능력	한순간에 느끼는 다양한 감정을 알아차리고 표면으로 느끼는 감정의 내면 감정을 찾아 들어가는 능력	1) 이성·감정·양심 2) 감정을 나타내는 단어 3) 표면 감정과 내면 감정	1) 감정 포착 2) 감정 정리 3) 감정단어 표현 4) 내면 감정 탐구	1) 적극성 2) 치밀성 3) 논리적 4) 분석적
행동선택 능력	한순간에 느끼는 수많은 감정 중에서 습관적으로 선택해서 행동으로 옮기는 감정을 알아차리고 주도적으로 선택하고 행동하는 능력	1) 생각·감정·행동 2) 선택 이론 3) 주체성 4) 자유의지	1) 생각·감정·행동을 분류 2) 감정 선택의 습관 알아차리기 3) 핵심 감정 포착 4) 새로운 선택의 계획 5) 행동수정	1) 긍정적 사고 2) 추진력 3) 자신감

6. 역량 분석을 통한 K.S.A 도출
- 성공 요인 -

역량	정의	지식	기술	태도
목표설정 능력	자기 소망을 분명하게 하고 자기 삶의 목표를 구체적으로 설정하는 능력	1) 자기소명 정리 2) 목표 설정의 효과 3) 목표 기술의 조건 4) 핵심 성과 지표의 정의	1) 목표설정 능력 2) 목표기술 능력 3) 실천계획 작성 능력	1) 자기존중 2) 자신감 3) 자기사랑
성공 요인·실패 요인 분석	자기 삶의 목표를 성공적으로 달성할 수 있는 요인과 실패할 수 있는 요인을 분석하는 능력	1) 성공의 조건 2) 추진력과 억제력 3) 추진력 증대 방안	1) 성공요인 분석 능력 2) 추진력과 억제력의 구체화 능력 3) 우선순위 평가	1) 객관성 2) 논리성 3) 합리성
자기 자질 확인	자기 소망을 성공적으로 달성할 수 있는 자질을 찾아내서 삶에 자신을 갖게 하는 능력	1) 인간의 가능성 2) 적극성과 낙관성 3) 하늘·땅·사람	1) 자기분석 2) 핵심 이슈 선정	1) 긍정적 사고 2) 적극적인 사고

7. Module 도출 및 목적 작성

> ### 모듈1. 자기 틀 깨기
>
> 목적: 자기를 직면하고, 그동안 만들어 놓았던 잘못된 자아상을 탈피하고 자기구속에서 해방한다.

> ### 모듈2. 자기 감정의 주인 되기
>
> 목적: 습관적으로 선택해서 행동으로 옮기던 감정들을 알아차리고, 주도적으로 행동에 옮길 감정을 선택할 수 있다.

> ### 모듈3. 홀로 서기
>
> 목적: 자신의 소명을 구체적으로 정리하고, 소명 달성을 위한 전략을 수립하며, 소명 완수를 위한 능력을 기른다.

8. Module별 구성 단계 분석

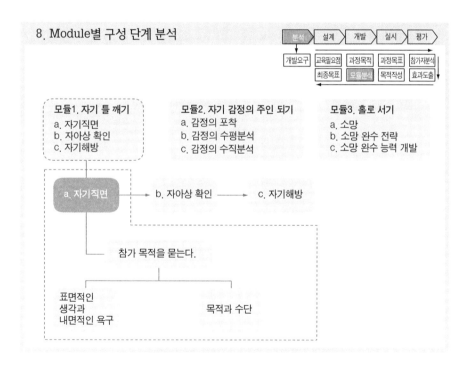

8. Module별 구성 단계 분석

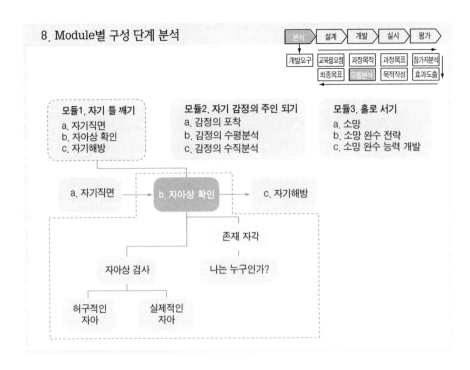

8. Module별 구성 단계 분석

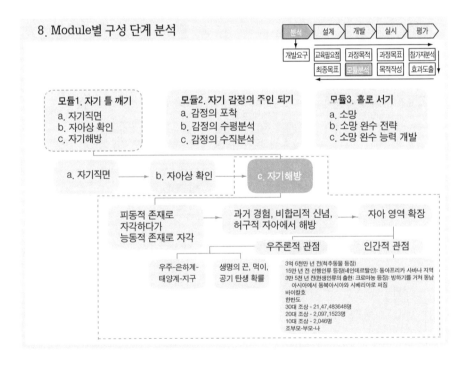

9. Module별 행동 단계/위계 분석

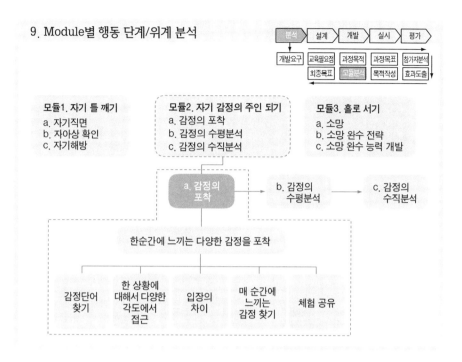

9. Module별 행동 단계/위계 분석

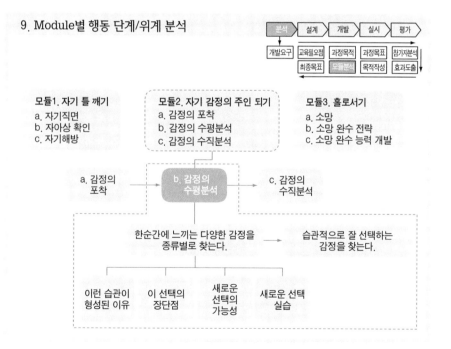

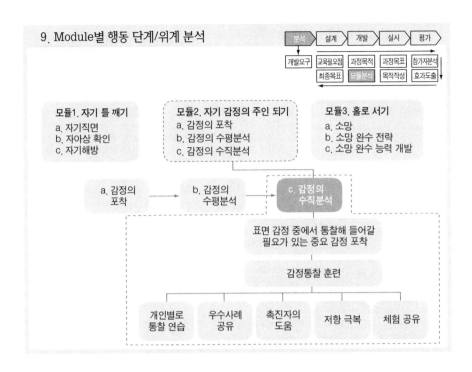

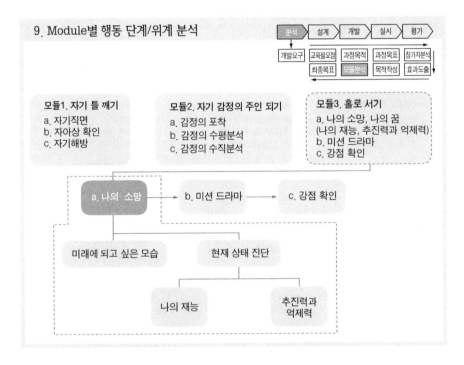

9. Module별 행동 단계/위계 분석

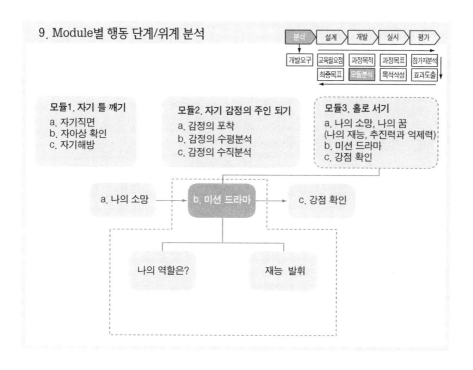

9. Module별 행동 단계/위계 분석

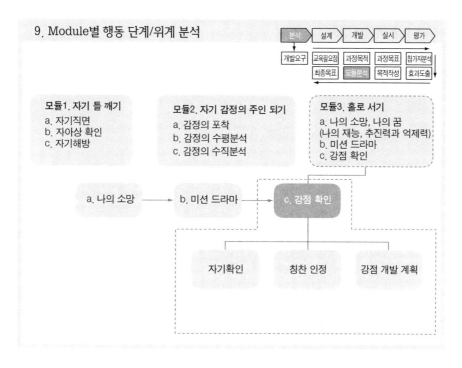

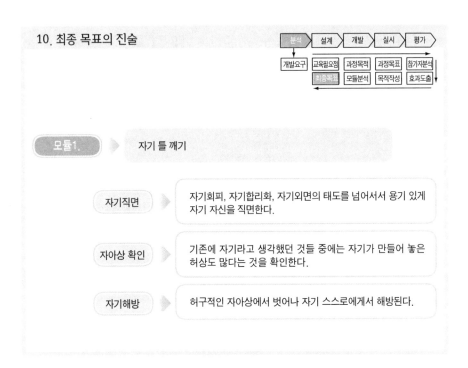

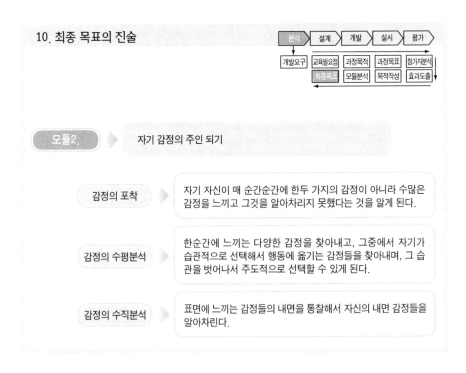

10. 최종 목표의 진술

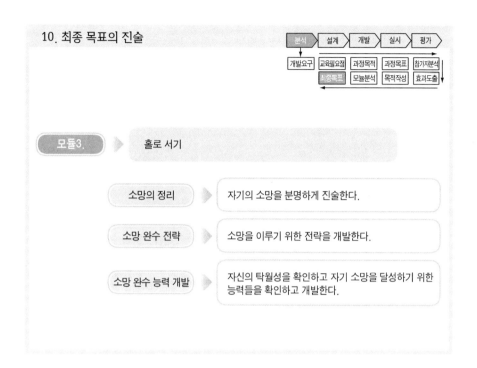

분석 〉 설계 〉 개발 〉 실시 〉 평가

개발요구 교육필요점 과정목적 과정목표 참가자분석
최종목표 모듈분석 목적작성 효과도출

모듈3. ▷ 홀로 서기

소망의 정리 ▷ 자기의 소망을 분명하게 진술한다.

소망 완수 전략 ▷ 소망을 이루기 위한 전략을 개발한다.

소망 완수 능력 개발 ▷ 자신의 탁월성을 확인하고 자기 소망을 달성하기 위한 능력들을 확인하고 개발한다.

---

11. 평가 전략

분석 〉 설계 〉 개발 〉 실시 〉 평가

평가 전략 교육방법 모듈별 레슨
거시설계 설계 설계

⊙ **최종 목표** **모듈1. 자기 틀 깨기**
참가자 개개인이 자신이 만들어 놓은 자기상을 확인하고 자기 자신에게 해방이 된다.

모듈2. 자기 감정의 주인 되기
매 순간에 느끼는 다양한 감정은 포착하고 자기가 주도적으로 선택해서 행동에 옮길 수 있다.
표면 감정들의 내면을 파고 들어가서 가장 깊은 곳에 있는 자신의 내면 감정을 확인한다.

모듈3. 홀로 서기
자신의 소망 진술문을 만든다.
소망 완수 전략을 수립한다.
소망 완수 능력을 개발한다.

⊙ **핵심 평가 영역** • 자기 틀 깨기 – 이해 및 적용도 평가
• 감정의 주인 되기 – 수평분석 및 수직분석 이해 및 적용도 평가
• 홀로서기 – 소망 진술, 전략 수립, 능력 개발 이해 및 적용도 평가

⊙ **평가 방법 개요**

평가 기준	평가 자료	자료수집 방법	수집 시기	수집 장소	
Level 1	개념 이해	설문지	과정 종료 후 즉시	강의실	
Level 2	행동수정	Role Play, 실행	과정 중간중간	강의실	
Level 3	현장 적용	과정이 끝난 뒤에 설문조사	과정 종료 1개월 이후	현 장	

12. 교육 방법의 거시 설계

분석 > 설계 > 개발 > 실시 > 평가

평가전략 | 교육방법 거시설계 | 모듈별 설계 | 레슨 설계

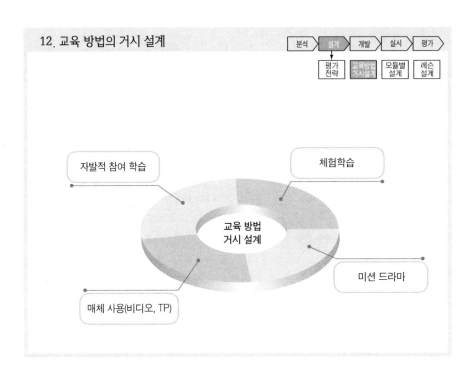

13. 모듈별 설계

분석 > 설계 > 개발 > 실시 > 평가

평가전략 | 교육방법 거시설계 | 모듈별 설계 | 레슨 설계

모듈명	목 표	내 용	교육 방식	시 간
1. 자기 틀 깨기	1. 자기직면	참가목적 발표 오리엔테이션		
	2. 자아상 확인	자아상 검사 This is me		
	3. 자기해방	자기 재발견 자아 영역 확장		

13. 모듈별 설계

모듈명	목 표	내 용	교육 방식	시 간
2. 자기 감정의 주인 되기	1. 감정의 포착	감정단어 찾기		
		자신의 다양한 감정 포착		
	2. 감정의 수평분석	감정 통찰(수평분석)		
		감정 선택		
	3. 감정의 수직분석	감정 통찰(수직분석)		
		내면 감정 탐색		
		감정의 주인 되기		

13. 모듈별 설계

모듈명	목 표	내 용	교육 방식	시 간
3. 홀로 서기	1. 소망 정리	나의 소망 정리		
		나의 재능, 추진력과 억제력		
	2. 미션 드라마	변화된 모습 체험하기 & 재능 발휘		
	3. 소망 완수 능력 개발	강점 확인(자기확인, 칭찬 인정)		
		강점 개발 계획		
		종료		

13. 모듈별 설계

분석 〉 설계 〉 개발 〉 실시 〉 평가

평가전략 | 교육방법 거시설계 | 모듈별 설계 | 레슨 설계

**감정 포착
1. 케이스 제공
   –케이스 속에서 등장인물의 감정 찾기
   –팀별로 몇 개를 찾았는지 발표하기
     감정 단어를 정확하게 찾았는지 연습

준비물: 사례, 감정단어, 자기탐색 기록지 1, 2
(수평, 수직분석을 위한 용도)

***수평분석
1. 자신의 감정 찾기(격했을 때)
2. 감정 찾아 공유하기
3. 어떤 감정을 선택했는지 찾게 한다.
   –습관적으로 잘 선택하는 감정을 찾는다.
4. 새로운 선택
   –자신이 찾은 감정 이외에 여러 각도의 감정들을 더 찾도록 돕는다.
   –긍정적인 선택을 할 수 있도록 돕는다.

***수직분석
1. 자신이 해결해 보고 싶었던 사건에서의 감정분석
2. 내면 감정 통찰
   –감정이 다양한 층이 있다는 것을 파악하게 한다.
   –어느 계층의 감정을 행동의 기준으로 하느냐에 따라 관계의 폭과 자아 영역이 달라진다는 것을 깨닫게 돕는다.
3. 자기 감정의 주인 되기
   –습관적으로 선택해서 행동으로 옮기는 감정의 상태에서 벗어나서 자신의 상황에 맞게 주도적으로 감정을 고를 수 있는 역량을 기르도록 인도한다.

---

13. 모듈별 설계

분석 〉 설계 〉 개발 〉 실시 〉 평가

평가전략 | 교육방법 거시설계 | 모듈별 설계 | 레슨 설계

** 자기 소망

1. 자기 소망, 자기 목표, 중간 목표, 행동 목표로 구체화시키는 작업을 돕는다.
   –자기 소망을 자신이 생각하는 목표로 구체화시킨다.
   예) 목표: 갑부가 된다.
        중간 목표: 별장을 산다.
        행동 목표: 한 달에 얼마 번다. 하루에 해야 될 것

2. 자신의 억제력과 추진력 분석–시트 준비

3. 자신의 재능 분석–재능 찾기

준비물: 시트-소망, 억제력 구분, 재능척도,
달성 계획

13. 모듈별 설계

** 미션 드라마

−동기유발: 준비물은 현장에서 준비해 오기. 팀별 경쟁 붙이기

- 변화된 모습 체험하기 & 재능 발휘
  −역할 모습 속에서 자기 재능이 충분히 발휘될 수 있도록 안내
  −채점표

- 강점 확인(자기 확인, 칭찬 인정)
  −미션 드라마 촬영한 것을 보면서
  −여건상 촬영이 못하게 되면 한 팀이 끝날 때마다 피드백

> 준비물: 채점표, 촬영을 위한 캠코더, 공테이프, TV
> 자리 배치: 처음에 토의식
> 미션 드라마를 끝낸 뒤 자리 배치: 모두 자유롭게

14. 진행 일정

시 간	1일	2일	3일
09 : 00 ~ 10 : 00	참가목적 정리하기	자기 영역 확장	미션 드라마 리허설
10 : 00 ~ 11 : 00		휴식	휴식
11 : 00 ~ 12 : 00		감정 포착	미션 드라마(실현)
12 : 00 ~ 13 : 00	중식	중식	중식
13 : 00 ~ 14 : 00	오리엔테이션	감정 통찰 (수평분석)	강점 확인 강점 개발 계획
14 : 00 ~ 15 : 00			
15 : 00 ~ 16 : 00	휴식	휴식	
16 : 00 ~ 17 : 00	자아상 검사	강점 통찰 (수직분석)	
17 : 00 ~ 18 : 00	휴식	휴식	
18 : 00 ~ 19 : 00	This is me	감정의 주인 되기	
19 : 00 ~ 20 : 00	석식	석식	
20 : 00 ~ 21 : 00	자기 재발견	자기 소망 정리	

(2) ISD 테마 한알 2단계

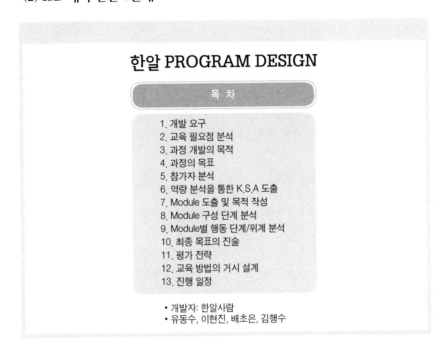

한알 PROGRAM DESIGN

목 차

1. 개발 요구
2. 교육 필요점 분석
3. 과정 개발의 목적
4. 과정의 목표
5. 참가자 분석
6. 역량 분석을 통한 K.S.A 도출
7. Module 도출 및 목적 작성
8. Module 구성 단계 분석
9. Module별 행동 단계/위계 분석
10. 최종 목표의 진술
11. 평가 전략
12. 교육 방법의 거시 설계
13. 진행 일정

- 개발자: 한알사람
- 유동수, 이현진, 배초은, 김행수

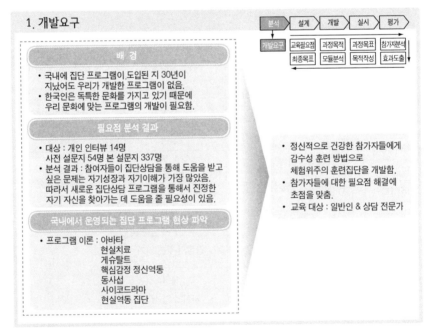

1. 개발요구

| 분석 | 설계 | 개발 | 실시 | 평가 |

개발요구 → 교육필요점 과정목적 과정목표 참가자분석
최종목표 모듈분석 목적작성 효과도출

배 경

- 국내에 집단 프로그램이 도입된 지 30년이 지났어도 우리가 개발한 프로그램이 없음.
- 한국인은 독특한 문화를 가지고 있기 때문에 우리 문화에 맞는 프로그램의 개발이 필요함.

필요점 분석 결과

- 대상 : 개인 인터뷰 14명
  사전 설문지 54명 본 설문지 337명
- 분석 결과 : 참여자들이 집단상담을 통해 도움을 받고 싶은 문제는 자기성장과 자기이해가 가장 많았음. 따라서 새로운 집단상담 프로그램을 통해서 진정한 자기 자신을 찾아가는 데 도움을 줄 필요성이 있음.

국내에서 운영되는 집단 프로그램 현상 파악

- 프로그램 이론 : 아바타
  현실치료
  게슈탈트
  핵심감정 정신역동
  동사섭
  사이코드라마
  현실역동 집단

- 정신적으로 건강한 참가자들에게 감수성 훈련 방법으로 체험위주의 훈련집단을 개발함.
- 참가자들에 대한 필요점 해결에 초점을 맞춤.
- 교육 대상 : 일반인 & 상담 전문가

2. 교육 필요점 분석

― 인터뷰와 설문을 중심으로 분석함 ―

문제점	현 상태	바람직한 상태	원 인	해결책
개인 문제	• 자신의 특성을 스스로 잘 모름. • 자신이 누구인지, 자신이 얼마나 소중한 사람인지, 자신의 특성을 제대로 알지 못하고 역할이나 틀에 매여 자신을 규정하고, 과거에 얽매이거나 미래만 기다림.			
대인관계 문제	• 자신의 지각과 타인의 지각이 다르다는 것을 인정하지 못함. • 타인과 대화가 되지 않음.			

3. 과정 개발의 목적

1. 홀로 서서 자기 자신의 주인이 되고

2. 다른 사람들과 더불어 살아가는 능력을 기르고

3. 진정한 자기 자신을 되찾는다.

4. 과정의 목표

자신의 말투와 대인관계 특성을 분명히 정리하고 친밀감과 신뢰감을 줄 수 있는 사람이 된다.

공감 수용, 타인 이해, 자기가 보는 자기와 남이 보는 자기, 관계 개선, 문제해결 등을 통해서 너그럽고 배려할 줄 아는 사람이 된다.

5. 참가자 분석

구 분		분석 내용
참가자 그룹		보통 8명을 한 그룹으로 하여 3그룹 약 24명이 1Class로 운영됨.
일반적 특성	학력, 나이, 성별	성인, 특별한 제한이 없음.
교육 참여에 있어 선행조건		독특한 프로그램이기 때문에 사전학습이 필요함.
학습자의 동기/태도		참가자의 강한 참여 동기가 필요함.
학습 선호도		실제 행동의 변화가 목적이므로 이론보다는 체험학습, 상호학습 등 참여식 학습 방식을 선호함.

과도한 긴장(tension)은 참가자들에게 스트레스를 줄 수 있으므로 교육과정 전반에 걸쳐 라포 형성 및 친밀한 교육환경 조성이 필요함.

6. 역량 분석을 통한 K.S.A 도출

역량	정의	지식	기술	태도
의사소통 능력	자신의 의도와 심정을 다른 사람에게 전하고 남들의 말을 듣고 의도를 파악하고 심정을 받아들이는 능력	1) 말의 특성 2) 우리말의 특성 3) 대인관계에서 의사소통이 중요한 이유 4) 의사소통의 장애 요소 5) 대화와 독백 6) 바람직한 대화의 요령	1) 공감 수용 2) 칭찬 인정 3) 자기주장	1) 솔직성 2) 진실성 3) 논리성 4) 온화성 5) 친절성
타인이해 능력	상대의 특성을 파악하고 그 특성에 맞추어 반응하는 능력	1) 성격 특성 2) 생애 태도 3) 인간관계의 특성	1) 오해나 갈등의 해결 능력 2) 성격 특성별 대응 요령	1) 온화성 2) 친절성 3) 너그러움 4) 배려
관계개선 능력	타인을 긍정적으로 보고 자기가 보는 자기와 남이 보는 자기의 차이를 이해하고 자기 개선과 관계 개선의 요령을 익힘	1) 대인 간의 문제해결 2) 자기 개선의 관계 개선 3) 긍정적으로 지각하기	1) 생각·감정·행동을 분류 2) 부정적 감정의 내면에 있는 긍정적 감정을 알아차리기 3) 관계 개선 요령	1) 긍정적 사고 2) 적극성 3) 자신감

7. Module 도출 및 목적 작성

모듈1. 말 주고받기

목적 : 1) 자신의 언어 행동을 분석
　　　 2) 관계 지향적 대화와
　　　　　 사실 지향적 대화의 요령 익힘
　　　 3) 듣고 받아들이기
　　　 4) 친밀감과 신뢰감의 획득
　　　 5) 강한 설득력

모듈2. 나와 너를 넘어서

목적 : 1) 상대의 성격 특성을 파악
　　　 2) 관점 전환
　　　 3) 상대의 특성에 맞게
　　　　　 반응하는 요령을 익힘

모듈3. 우리가 되기

목적 : 1) 내가 보는 나와
　　　　　 남이 보는 나의 차이점 확인
　　　 2) 내가 보는 그와
　　　　　 그가 보는 그의 차이점을 이해
　　　 3) 관계 개선을 위한 요령 터득

8. Module별 구성 단계 분석

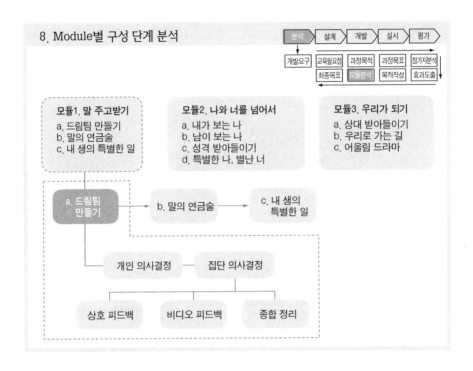

8. Module별 구성 단계 분석

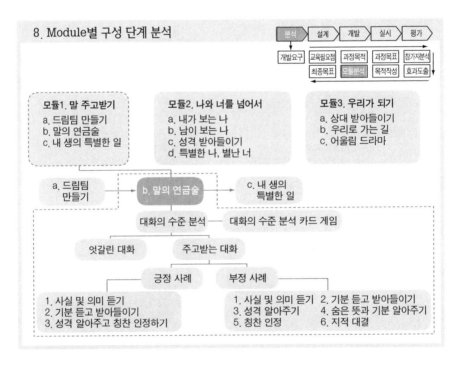

8. Module별 구성 단계 분석

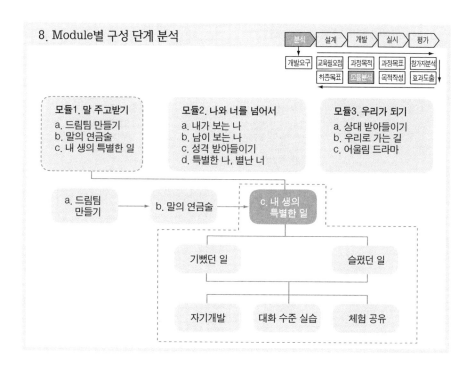

9. Module별 행동 단계/위계 분석

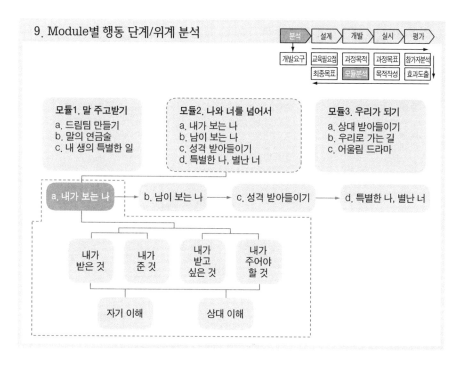

9. Module별 행동 단계/위계 분석

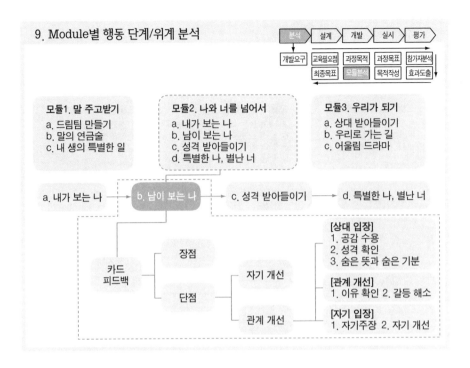

9. Module별 행동 단계/위계 분석

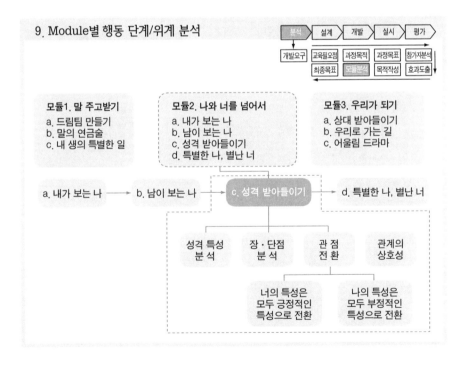

9. Module별 행동 단계/위계 분석

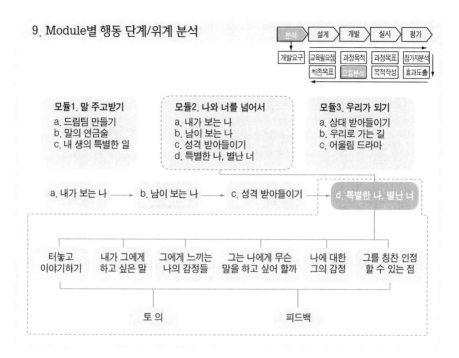

9. Module별 행동 단계/위계 분석

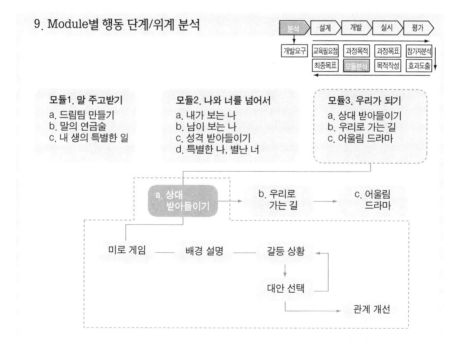

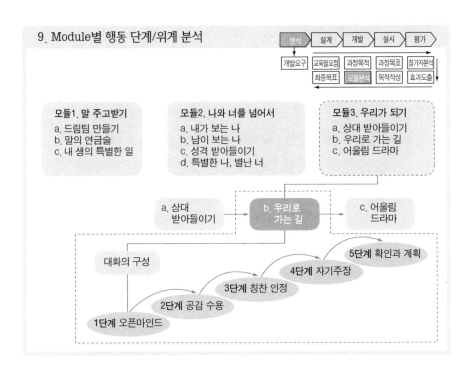

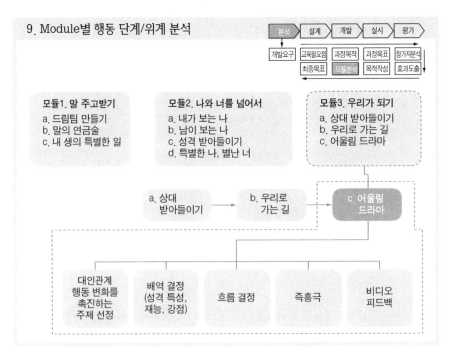

10. 최종 목표의 진술

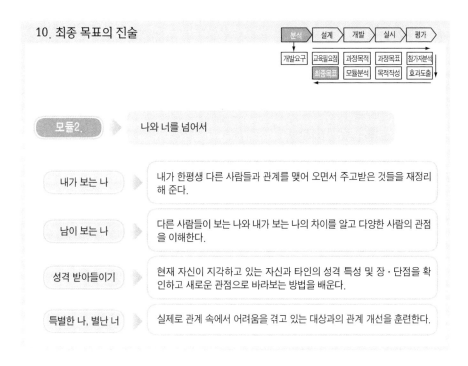

10. 최종 목표의 진술

> **모듈 3.** 우리가 되기

상대를 받아들이기 ▶ 평소 대인관계에서 갈등 해결을 위해 사용하고 있는 자신의 대화 방식을 확인하고 효과적인 대인관계 개선 요령과 단계를 익힌다.

우리로 가는 길 ▶ 자기 개선과 관계 개선의 차이점을 확인하고 관계 개선을 위한 대화의 구성과 요령을 학습한다.

어울림 드라마 ▶ 본 과정을 마치면서 과거의 대인관계 행동과 변화된 행동을 드라마를 통해 체험한다.

11. 평가 전략

⊙ **최종 목표** **모듈1. 말 주고받기**
자신의 의사소통 스타일을 확인하고 실제의 상황에서 대화의 수준을 활용할 수 있도록 훈련한다.
모듈2. 나와 너를 넘어서
다양한 사람의 관점을 이해하고 새로운 관점으로 바라보는 방법을 배워 실제로 관계 속에서 어려움을 겪고 있는 대상과의 관계 개선을 훈련한다.
모듈3. 우리가 되기
효과적인 대인관계를 위한 대화의 구성과 요령을 학습한다.
대인관계의 변화된 행동을 드라마를 통해 체험한다.

⊙ **핵심 평가 영역** • 말 주고받기-대화의 수준 이해 및 적용도 평가
　　　　　　　　　• 나와 너를 넘어서-사람들의 관점 및 새로운 관점으로 바라보는 방법 이해 및 적용도 평가
　　　　　　　　　• 우리가 되기-대화의 구성과 요령 이해 및 적용도 평가

⊙ **평가 방법 개요**

평가 기준	평가 자료	자료수집 방법	수집 시기	수집 장소	
Level 1	개념 이해	설문지	과정 종료 후 즉시	강의실	
Level 2	행동수정	역할연기, 실행	과정 중간중간	강의실	
Level 3	현장 적용	과정이 끝난 뒤에 설문조사	과정 종료 1개월 이후	현　장	

12. 교육 방법의 거시 설계

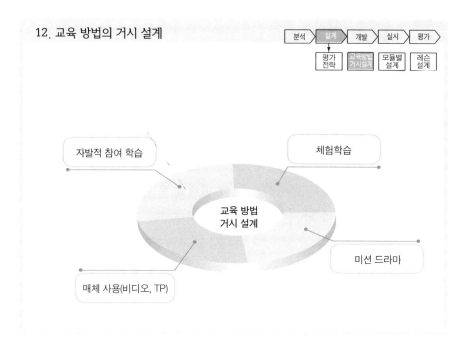

13. 진행 일정

시 간	1일	2일	3일
09 : 00 ~ 10 : 00	오리엔테이션	상호 피드백 II(의사소통)	상호 피드백 III(성품)
10 : 00 ~ 11 : 00	상호 피드백 I (첫인상)	내가 보는 나	상대를 받아들이기
11 : 00 ~ 12 : 00	드림팀 만들기 I		우리로 가는 길
12 : 00 ~ 13 : 00	중식	중식	중식
13 : 00 ~ 14 : 00	드림팀 만들기 II	남이 보는 나	어울림 드라마
14 : 00 ~ 15 : 00			
15 : 00 ~ 16 : 00	말의 연금술	성격 받아들이기	종합 정리
16 : 00 ~ 17 : 00	내 생의 특별한 일	특별한 나, 별난 너	
17 : 00 ~ 18 : 00			

프로그램 총 시간: 3일 × 8시간 = 24시간(중식 시간 제외)

이렇게 만든 한알 훈련의 흐름은 다음에서 살펴본다.

3) 한알 훈련의 흐름

(1) 한알 훈련 1단계 : 홀로서기

한알 훈련 1단계는, 첫째 자기 틀 깨기, 둘째 자기 감정의 주인 되기, 셋째 홀로서기의 3단계로 구성되어 있다.

첫째, '자기 틀 깨기'는 태어나서 지금까지 사람들과의 관계 속에서 형성해 온 잘못된 자아상을 벗어 던지고 우주론적인 관점에서 새로운 자아상을 확립하는 단계다. 이 단계에서는 자기 자신을 직면하고 그동안 자기가 믿고 있었던 자아상을 재점검한다. 또한 생각과 감정과 행동의 세 가지 차원에서 자신이 가지고 있었던 허구적인 자아상을 분석한다. 그런 다음 오늘까지 자신의 생명을 이어 온 생명의 끈에 대해 명상하고, 우주적인 관점에서 자신을 확인하며, 실제의 자기를 찾아 나간다. 이 체험을 통해서 그동안 자신이 얼마나 작은 틀 속에 자신을 가두어 놓고 있었는지 확인할 수 있고 그 틀을 벗어 버리는 자유를 맛볼 수 있을 것이다.

둘째, '자기 감정의 주인 되기'에서는 사람들이 현실을 있는 그대로 지각하는 것이 아니라 습관에 의해 자기 식으로 지각한다는 것을 알아차리게 된다. 그런 다음 한순간 한순간에 자신이 느끼는 다양한 감정을 확인한다. 이때 우리는 자신이 매 순간마다 아주 다양한 감정들을 느끼고도, 사실은 느끼고 있는 줄을 모르고 살아왔다는 것을 알게 된다. 뿐만 아니라 그 다양한 감정 중에서 자신이 습관적으로 선택해서 지각하거나 행동의 근거로 삼고 있는 감정이 있다는 것을 알게 된다. 어쩌면 이처럼 길들여져서 자신도 모르는 사이에 습관의 노예처럼 살고 있으면서도 그런 줄을 모르고 있는 것이 우리의 삶인지도 모른다. 이 훈련에서는 감정의 수평분석을 통해서 우리가 매 순간 느끼는 다양한 감정을 알아차리고, 수직분석을 통해 우리가 표면에 느끼는 감정을 통찰해 들어가서 내면 감정들을 찾아본다. 그런 다음 그

다양한 감정 중에서 어떤 감정을 선택해서 표현하는가 또는 행동의 밑바탕으로 삼는가의 문제가 우리를 행복으로 안내하는 중요한 요소임을 알게 된다. 이처럼 주도적으로 자기 감정을 선택할 수 있게 되는 것을 '자기 감정의 주인 되기'라고 한다.

셋째는 '홀로서기'다. 이 우주에 존재하는 수많은 존재 중에서 어느 것 하나 의미 없이 존재하는 것은 없다. 하물며 사람으로 태어나서 무의미하게 한평생을 살다가 갈 수는 없는 일이다. 이 우주에서 오직 사람만이 사고할 줄 알고, 말을 주고받으며, 사물을 창조할 줄 알고, 자신의 삶을 선택할 수 있는 능력을 가지고 있다. 이 단계에서는 우리가 가지고 있는 탁월한 재능과 소질이 무엇인지를 찾아낸다. 그런 다음 그 재능과 소질을 갈고 닦아서 우리의 강점이나 능력을 길러 낼 방법을 모색한다. 그렇게 길러진 우리의 강점과 능력에 기반해서 사람으로 태어난 우리의 사명이 무엇인지 깊이 있게 통찰하고 분명하게 정리해 본다. 마지막 과정으로 우리가 사명을 완수하기 위해서 일하는 모습을 미션 드라마를 통해서 실현해 보게 된다.

① 자기 틀 깨기

자기직면　과정이 진행되는 동안 참가자들은 끊임없이 '나는 누구인가?'를 생각한다. 자신이 어떤 사람이며 어떤 특성이 있는지, 자신의 장단점은 무엇인지, 과거와 현재의 자신의 모습은 어떠하며 미래에 자신이 되고 싶은 모습은 어떠한지, 진실로 어떤 사람이 되고 싶은지를 진지하게 모색한다.

자신 있게 살아왔다고 생각한 자기가 한순간에 무너지는 아픔을 경험하기도 하고, 지나온 삶에 대해 후회하기도 하며, 자신의 지난 삶을 무의미하게 여기기도 한다. 한편으로 참가자들은 이제까지 자신이라고 믿어 왔던 자기를 버리면 자신의 존재도 없어질 것 같은 존재에 대한 불안까지 느끼기도 한다. 이러한 불안과 고통을 넘어서야겠다는 용기와 열정이 있어야만 자기직면이 가능하다.

대부분의 참가자들은 일생 동안 자기는 이런 사람이라는 상을 가지고 살아온 사람들이다. 그 자아상의 틀을 깨고 있는 그대로의 자신의 모습을 보기 시작하면 자신의 부족한 면까지도 아끼고 사랑하는 태도가 늘어나게 된다.

이런 과정을 통해서 참가자들은 있는 그대로의 자기 자신과 만나게 된다. 이처럼 자신을 직면하게 되면 지금까지 자기 자신이 알고 있고 굳게 믿어 왔던 자신의 모습을 넘어서, 이 넓은 우주에서 단 하나뿐이고 무한한 가능성을 가지고 있으며, 이 우주 전체와도 바꿀 수 없는 고귀한 자신을 만나게 될 수 있을 것이다. 진정한 자기와 만나기 위한 존재 자각이 비로소 시작되는 단계다.

자아상 확인　사람들은 각자 자신의 자아상을 가지고 있다. 자아상이란 사람이 자기 자신을 바라보는 관점이다. 이 자아상은 어려서부터 부모나 다른 사람들과의 관계를 맺으면서 형성해 온 것이다.

거울을 보지 않고서는 자신의 얼굴을 모르듯이 남들의 이야기를 듣지 않고서는 자기가 어떤 사람인지 알 수 없다. 그렇기 때문에 남들이 나에 대해서 이야기하면 저 사람은 저런 성격을 가지고 있고, 저런 입장에서 나를 대하고 있으며, 저런 감정을 가지고 있기 때문에 나를 저렇게 보고 있구나라고 이해하게 된다. 이렇게 다른 사람이 나를 본 것을 가지고 마치 내가 그런 특성의 사람인 줄로 착각하거나 그대로 믿게 된다. 이렇게 형성된 자아상은 바른 생각을 하지 못하게 하고 착각 속에서 헤매게 하거나, 감정을 불안정하게 하거나, 부적응 행동을 하게 만들어 사람들의 일생을 헛되이 보내게 할 수도 있다.

또한 자기를 볼 때에 자기에게 보인 모습도 있지만, 자기를 보고 있는 자기도 있다. 그런데 거의 대부분의 사람들이 자기에게 보인 자기를 자기의 전부라고 착각하고 자기를 보고 있는 자기는 보지 못하는 경향이 있다.

예를 들어, 자기를 소심하게 보고 있는 사람은 자기에게 소심하게 보인 사기노 있지만 자기를 소심하게 보고 있는 실제의 자기가 별도로 존재한다. 그래서 자기에게 보인 자기를 자기의 전부인 양 착각하고 자기를 대범한 사람으로 바꾸기 위해 행동하는 사람들을 볼 수 있다. 이럴 때에는 자기를 소심하다고 착각하고 고치려 들지 말고 자신이 미처 보지 못하고 사용하지 않고 있는 대범한 면을 찾아서 사용하면 되는 것이다.

이 단계에서는 자신이 어떤 자아상을 가지고 있는지 확인해 보고, 다른 사람들의 자아상과 비교도 해 보며, '내가 보는 나'와 '남이 보는 나'는 어떤 차이가 있는지 터놓고 이야기하면서 허구적 자아를 버리고 실제적 자아를 찾아 자신의 참 자아상을 만들어 나간다.

우주명상   자아상을 확인한 참가자들은 우주적 관점과 인간적 관점에서 인간이 어떤 존재인가를 새롭게 명상하면서 자신이 어떤 존재인가를 다시 생각하게 된다. 우주를 중심으로 생각해 보면 인간은 너무나 작은 하찮은 존재에 불과하다. 그러나 인간을 중심으로 생각해 보면 한 인간은 우주 전체와도 맞바꿀 수 없는 귀한 존재다.

지금의 내가 존재하는 것은 150억 년 전 우주가 탄생하면서부터 지금까지 생명의 끈이 계속해서 연결되어 왔기 때문에 가능한 것이다. 그 긴 세월 중에 단 한 번이라도 생명의 끈이 끊어졌다면 지금의 나는 존재하지 않을 것이다.

다른 한편으로 오늘의 내가 있기까지에는 무수한 조상들이 있었다. 생명의 연장을 위해 조상들이 사용했던 물질과 경험은 다음 세대인 자손들의 유전자에 그대로 담기게 된다. 인간은 그 수많은 유전정보를 자신의 몸 안에 간직하고 태어났다. 조상들의 숫자를 생각해 보면 10대 조상까지는 1,024명이 되고, 20대 조상까지는 약 100만 명이 되며, 30대 조상은 10억 명이 되고, 40대 조상까지만 생각해도 약 1조 명이 된다. 그분들이 하루에 2Kg씩 음식물을 섭취하고 0.75Kg의 산소를 호흡했다면, 지금의 내가 태어나기 위해서 사용된 물질을 모두 합하면 우주 전체와 맞먹을 정도로 무한하다. 이런 관점에서 본다면 나는 이 우주와 비교할 수 있을 정도로 위대한 존재가 아닐 수 없다.

참가자들은 이처럼 우주의 존재 안에서 자신의 존재를 확인하는 우주적 관점과 인류의 탄생 역사 속에서 자신의 뿌리를 확인하는 인간적 관점의 명상을 하면서 자신이 어떤 존재인가를 새롭게 확인하게 된다. 이 과정에서 평소에 자기 스스로에게 했던 자기한정, 자기구속, 자기부정 등이 착각이라는 것을 알게 되며, 자신을 재발견하는 기회로 삼아 진정한 자기상을 확립하게 된다.

자기해방 진정한 자아상을 되찾게 되면 자신을 해방시켜 스스로 자유로운 나, 그 어느 것에도 구속받지 않는 내가 되는 것이다. 그래서 자기직면은 시작하면 멈출 수 없고 멈추어서도 안 된다.

많은 참가자들이 현실에서 괴로움을 느낄 때는 상황이 자신을 괴롭게 만든다고 잘못 지각한다. 상황이 자신을 그렇게 만들었다고 착각하는 순간 더 이상 주체자로서의 내가 아니다. 이처럼 스스로를 피동체로 인식하면 진정한 자아와는 만날 수가 없다. 자신을 능동적인 주체로 인정하고 자기에게 일어나는 모든 일이 상황 때문이 아니라 자기 자신 때문이라는 것을 깨달아 아는 것이 자기해방으로 가는 지름길이다.

이 과정에서 참가자들은 자기해방에 방해가 되는 요소들과 만나게 된다. 자신의 과거 경험으로 인해 형성된 부정적인 습관이 반복되어 나타나기도 하고, 평소에 갖고 있었던 비합리적 신념도 영향을 미친다.

사람들은 변화를 싫어하고 현재 상태를 유지하려는 속성이 있다. 그러나 이 체험을 통해서 인간은 자유의지가 있으며, 이 세상 모든 일이 자기 마음먹은 대로 된다는 사실을 이해하고 나면 변화를 거부하지 않고 모든 삶을 선택할 수 있는 능동적인 존재로 자신을 재인식하며 진정한 자기해방을 추구하게 된다.

결국 이 과정은 있는 그대로 자신의 모습을 인정하고, 우주명상을 통해 자아상을 재정립하며, 자아해방에 이르는 긴 과정을 통해 자신이 일생 동안 만들어 놓은 자기의 틀이 깨지는 단계다.

우주명상을 통해서 자아상을 재확인하고 나면 참가자들은 과거는 무조건 용서하고, 현재는 무조건 이해하고 사랑하며, 미래에는 무조건 희망을 가질 수 있게 된다.

② 자기 감정의 주인 되기

감정의 수평분석　사람들이 매 순간 느끼는 감정은 많다. 그러나 대부분의 사람들은 자신이 한순간에 느끼는 감정은 크게 지각되는 몇 가지에 불과한 줄 알고 있다. 많은 사람이 자기가 느끼는 많은 감정의 대부분을 알아차리지도 못하고 지나쳐 버린다.

감정의 수평분석이란 참가자들이 한순간에 느끼는 많은 종류의 감정을 알아차리고, 그중에서 자신이 습관적으로 선택해서 크게 지각하는 감정을 찾아내는 과정이다. 이 과정을 통해 참가자들은 자신이 한순간에 정말 많은 감정을 동시에 느끼고 있다는 경험을 하게 된다. 그렇지만 이것은 마음의 표면에서 느끼는 감정들이다. 이렇게 표면으로 떠오르는 감정은 다 허상의 감정이다. 허상인 이 감정에 사로잡히게 되면 사람은 감정의 노예가 되고 주체성을 상실하게 된다. 부정적인 감정을 습관적으로 선택하는 사람은 온 세상 모든 일을 부정적으로 보게 된다. 감정을 억압하지 않고 또렷이 깨어서 자신의 감정들을 보살펴 주면 부정적인 감정들은 점차 사라지게 된다.

이처럼 감정조차도 자신의 주체적인 선택이라는 것을 깨닫고, 자신이 자기 감정의 주인이 되어야 한다. 즉, 또렷이 깨어서 자신 속에서 일어나는 다양한 감정을 살피고, 주도적으로 긍정적인 감정을 선택하고 사용하는 힘을 기르는 단계다.

감정의 수직분석　감정의 수직분석은 수평분석한 감정들을 하나하나 분석해 나가서 표면에 느끼는 감정뿐만이 아니라 더 통찰해 들어가 내면의 감정까지도 포착해 내는 과정이다.

감정의 수직분석을 하는 과정에서 대부분의 참가자들이 내면의 저항을 만나게 되는 경험을 한다. 이 과정에서 참가자들은 자신의 저항에 놀라기도 하고 탐색을 포기하려 하기도 한다. 그러나 이것은 힘들어 보이지만 너무나 자연스러운 일이며 기뻐해야 할 일이다. 참가자들이 내면의 저항을 잘 극복하고 자신의 깊은 감정을 만나는 데까지 잘 나아가도록 해야 하는 과정이기도 하다.

수직분석에서는 감정의 수많은 층이 있고 표면에 느끼는 감정 밑에 다양한 내면 감정이 있다는 것을 알아차리게 된다. 나아가 자신의 깊은 내면에 고요하고 흔들리지 않는 순수한 감정이 있다는 것을 발견할 수 있다.

이렇게 감정의 수직분석과 수평분석의 과정을 해 나가는 최종 목표는 참가자로 하여금 자신의 깊은 내면과 만나 진정으로 홀로 설 수 있는 자신감과 확고한 주체의식을 가지게 하는 것이다.

③ 홀로서기

사 명　많은 사람들이 이 세상에 태어나 궁극적으로 바라는 것은 성공적으로 자기 소원을 이루는 것과 한 사람의 완전한 인간으로 성숙하는 일이다.

성공을 하려면 우선 자신의 사명을 분명히 정리하고, 그것을 달성할 수 있는 자신의 천부적인 자질을 알아차려 개발하며, 또 성공할 수 있는 여러 요인을 찾아내야 한다. '자기 틀 깨기'와 '자기 감정의 주인 되기'가 성숙에 이르는 긴 여행이었다면, '홀로서기'는 성공에 이르는 길을 찾는 여행이다.

'진정으로 나는 어떤 사람이 되고 싶은가'를 자기 자신에게 진지하게 물어보고 자신의 사명을 찾아낸 다음에는 내가 그 사명을 달성하기 위해서 가지고 있는 재능을 진단해야 한다. 사람들은 누구나 자기 소망을 이룩할 수 있는 재능을 타고났다. 그러므로 이 재능을 찾아서 자신의 강점을 극대화시키는 것이 필요하다. 이 단계에서 참가자들은 자신에게 어떤 강점이 있는지 스스로 찾게 되고 평소에 어렴풋이 알고 있었던 자신의 강점을 분명하게 알게 된다. 또한 자신에게 익숙한 것도 얼마나 소중한 강점이고 나를 존재하게 하는 이유인지를 명확하게 알게 됨으로써 자신감을 되찾게 된다. 자신의 사명을 완수해 성공으로 나아가기 위한 핵심 역량을 파악하는 단계라고 할 수 있다.

사명완수 능력 개발　사람들은 사명을 가지고 이 세상에 태어났을 뿐만 아니라 그 사명을 완수할 수 있는 능력도 함께 가지고 태어났다. 그러나 사람들이 가지고 태어난 것은 능력 그 자체가 아니라 그런 능력을 개발할 수 있는 재능이다. 그러므로 '타고난 재능을 발견하고 개발해서 자신의 지식이나 역량으로 길러 내어 자신의 사명을 완수하느냐' 아니면 '재능을 발견하지 못하거나 발견했더라도 개발하지 못하고 그대로 사장해 버리느냐' 하는 것은 자신의 선택이다.

참가자들은 자신의 강점을 최대한으로 살리면서 더욱 힘을 실어 추진해야 할 필요가 있는 자신의 능력들이 있다는 것을 구체적으로 인식하게 된다. 또한 자신의 강점을 발휘하지 못하게 억제하는 요인들에는 어떠한 것이 있는지를 객관적으로 파악할 필요가 있다. 자신의 강점이 무엇인지 파악되었다면 이제는 그것들 중에 자신에게 보다 잘 활용되어 최대한의 힘을 발휘할 수 있는 우선순위가 선택되어야한다. 이처럼 자신의 강점을 찾아서 추진력을 극대화하고 억제력을 최소화하는 것이 바람직한 삶을 살아가는 길이다.

(2) 한알 훈련 2단계: 더불어 살기

한알 훈련 2단계에서는, 첫째 의사소통을 제대로 하기 위한 말 주고받는 훈련, 둘째 나와 너를 넘어서서 만나는 훈련, 셋째 우리가 하나가 되는 훈련이 있다.

첫째, '의사소통을 제대로 하기 위한 말 주고받는 훈련'에서는 자신이 사용하고 있는 말투를 분석한다. 말이 바뀌면 다른 사람에게 주는 인상이 달라지고 그 결과 사람의 운명이 변화한다. 사실 지향적인 대화보다는 관계 지향적인 대화를 하고, 다른 사람에게 희망과 용기와 자신감을 주는 말과, 친밀감과 호감을 얻을 수 있는 말을 사용하는 훈련을 한다.

둘째, '나와 너를 넘어서서 만나는 훈련'에서는 내가 보는 나와 남이 보는 나의 특성을 분석해 볼 것이다. 자신의 성격 특성을 잘 알고 있는지, 자신의 장단점은 어떠한 것들이 있는지, 남들도 나와 똑같이 보고 있는지, 이 세상에 나를 나처럼 보고 있는 사람이 몇 퍼센트가 될지, 나는 상대를 제대로 보고 있는 것인지, 내가 아주 안 좋게 보는 상대를 좋게만 보는 사람은 없는지, 즉 자신의 성격 특성을 분석함과 아울러 다른 사람을 바라보는 성격 특성을 다시 한 번 재정리해 보는 훈련을 한다.

셋째, '우리가 하나가 되는 훈련'에서는 이해하기 어렵거나 거부감을 느끼는 상대와의 관계를 개선할 수 있는 방법을 훈련한다. 그동안 불편하게 느꼈던 사람들과 친하게 지내기 위해서 어떤 노력을 해 왔는지, 친해지기를 마음속으로만 바라고 아무 행동도 안 하지는 않았는지, 아니면 상대가 찾아오면 받아 주겠다고 기다리고만 있지는 않았는지, 다른 사람과 관계를 개선하려면 누가 앞장서서 리더십을 발휘해야 할지, 그리고 무슨 말을 어떻게 하며 어떤 태도와 마음가짐으로 대해야 하는지 등 이 단계에서는 이런 부분을 분명하게 정리하고 실습을 통해서 몸에 익히게 될 것이다.

① 말 주고받기
드림 팀 만들기 참가자는 한 사람의 팀원으로 자신의 모습 그대로 다른 팀원들과 교류하고 영향을 주고받게 된다. 그리고 피드백을 통해 자신이 다른 사람을 대하는 태도와 말하는 방식 및 그에 따른 타인의 지각을 확인하게 된다. 이런 과정을 통해 자신의 의사소통 스타일을 확인하고 구체적인 변화의 포인트를 발견할 수 있을 것이다.

대화를 하다 보면 속 시원하게 말이 잘 통할 때도 있지만, 나름대로 최선을 다해 애써 보아도 이야기는 잘 전달되지 않고 서로의 기분만 상하게 하는 순간들이 있다. 이때 그 명확한 원인과 변화를 위한 구체적인 대안을 갖지 못하면 그 관계는 점차 불편해지고 심지어 단절될 수도 있다. 그러므로 이 과정은 자신의 의사소통 스타일과 패턴을 살펴보고 개선 포인트를 찾아내는 과정이다.

말의 연금술 사람들은 각자 자신만의 말하는 방식을 가지고 있다. 그 방식은 자신이 살아오는 동안에 경험을 통해서 익혀 온 것이지만 관계에서 최선은 아닌 형태로 나타나는 경우들이 많이 있다. 그렇다면 어떠한 방식으로 이야기를 주고받아야 제대로 소통하고 만나는 경험을 할 수 있는가?

이 단계에서는 '대화의 수준 분석(유동수 모델)'을 통해 다양한 대화의 수준을 이해하고 자신이 주로 사용하고 있는 대화의 수준을 확인하게 된다. 긍정적인 사례에서는 ① 사실 및 의미 듣기, ② 기분 듣고 받아들이기, ③ 성격을 알아주거나 칭찬 인정하기를 한다. 부정적인 사례에서는 ① 사실 및 의미 듣기, ② 기분 듣고 받아들이기(1), ③ 기분 듣고 받아들이기(2), ④ 성격 알아주기, ⑤ 숨은 뜻과 기분 알아주기, ⑥ 칭찬 인정하기, ⑦ 지적 대결하기를 한다.

상대를 진심으로 대하는 마음이 바탕이 되지 않는다면 아무리 멋진 말도 힘없는 소리가 된다. 또한 아무리 진심으로 이야기하더라도 그 진심을 전할 수 있는 표현 방식, 즉 요령이 서툴면 진심이 전달되기는커녕 오해만 사게 될지도 모른다. 그러므로 이야기를 잘 주고받고 제대로 소통하는 경험을 하기 위해서는 올바른 표현 방식과 진심이 함께하여야 한다.

내 생의 특별한 일　이 단계에서 참가자는 두 가지의 특별한 경험을 하게 된다. 첫째는 누군가 나의 기쁨과 괴로움들을 내 마음처럼 알아줄 때의 행복이며, 둘째는 내가 상대의 마음을 진심으로 받아들이고 그것이 상대에게 전달될 때 진정한 만남을 체험하게 된다.

이러한 과정을 통해 참가자는 친밀하고 신뢰 있는 관계를 형성하고 상대에게 영향을 미칠 수 있는 기본적인 역량을 갖게 된다. 즉, 자신의 의도와 심정을 다른 사람에게 전하고 남의 말을 듣고 의도를 파악하며 심정을 받아들이는 능력을 익히는 것이다.

② 나와 너를 넘어서

내가 보는 나　참가자들은 자신이 어떤 사람인지, 특히 관계 속에서 자신의 모습을 자기는 어떻게 보고 있는지에 대해서 과정이 진행되는 동안 끊임없이 생각하게 된다.

우리가 일생 동안 맺어 왔던 대인관계를 점검해 본다. 그중에서 내 일생에 아주 큰 영향을 미쳤고 나에게 중요하게 생각되는 사람들은 어떤 사람들인가, 그 사람들에게서 내가 받은 것은 무엇이고 해 준

것은 무엇이며 앞으로 받고 싶은 것은 무엇이고 해 줄 것은 무엇인가를 생각해 본다. 일생 동안 다른 사람들과 주고받는 관계 맺음을 통해 관계 속 자신의 모습을 직면하고 나에게 중요한 사람들에게 내가 어떤 사람이 되기를 원하는지를 탐색한다. 이런 과정은 쉽게 지나쳐 버리는 관계 안에서의 나의 모습을 제대로 바라볼 수 있도록 도와준다.

남이 보는 나   다른 사람들은 나를 어떤 사람으로 바라볼까? 우리가 상대에게 베풀 수 있는 최대의 친절은 그 사람에 대한 내 생각을 가장 솔직하게 이야기해 주는 것이다. 참가자들은 서로를 진정으로 위하고 아끼는 마음으로 카드 피드백을 적어 나눈다.

이 단계에서 참가자들은 '다른 사람들이 보는 나'와 '내가 보는 나'의 차이를 인식하고 다양한 사람의 관점을 이해할 수 있게 된다. 즉, 상대가 나에게 전하는 말 속에 숨어 있는 그 사람의 심정과 의도를 이해하고 받아들일 수 있게 될 뿐만 아니라 그 사람 자체를 있는 그대로 이해할 수 있는 기회가 된다.

나아가 상대가 나에게 부정적인 인상을 갖고 있다면 그것을 긍정적으로 전환하고 보다 서로를 깊이 이해할 수 있는 기회로 이끌어 나갈 수 있는 역량을 익히게 된다.

성격 받아들이기   보기만 해도 좋은 사람이 있고 멀리서만 봐도 피하고 싶은 사람이 있다. 또 가장 가까운 사람이면서도 자신을 많이 힘들게 한다고 생각되는 사람도 있을 것이다. 우리는 각자 자신의 가치관과 성격, 기준으로 자신과 상대를 지각하게 된다. 이 때문에 같은 사람을 두고서도 보는 사람마다 다르게 이야기하는 경우가 많고, 남들과 만나면 오해를 받는 기분이 들 때가 많아지는 것이다.

참가자들은 살아오는 동안 갈등이나 불편을 느끼고 있는 대인관계를 개선하기 위해 자신의 특성과 상대의 특성, 그리고 장단점을 분석해 본다. 이 과정을 통해 나 자신과 상대방의 특성과 그 차이를 이해하고, 나아가 새로운 관점으로 자신과 상대방을 바라볼 수 있는 방법을 배우게 된다.

특별한 나, 별난 너　　참가자들이 불편한 사람에게 불편한 생각이나 감정을 갖게 된 이유는 무엇인가? 진실로 원했던 것은 그 사람과 좋은 관계를 맺는 것이 아니었던가? 혹시라도 일방적으로 이해받기만을 원했던 것은 아닌가? 불편한 사람을 이해하거나 수용하기 위해서 어떤 일을 해 보았는가? 실제로 당신과 불편한 관계에 있는 사람과의 관계를 개선하기를 원한다면 무엇을 어떻게 하겠는가? 무슨 이야기를 어떤 순서로 하겠는가?

진정으로 상대방과의 관계 개선하기를 원한다면 상대가 먼저 찾아와서 말을 걸어 주기만을 기다리고만 있어서는 안 된다. 자신이 적극적으로 리더십을 발휘해서 상대에게 접근해야 한다.

관계를 개선하기 위해서는 대화의 순서가 필요한데, 이 단계에서는 관계를 개선할 수 있는 구체적인 요령들을 익히게 된다.

③ 우리가 되기

상대를 받아들이기　　대인관계에서 생긴 문제는 개선 욕구가 있는 사람이 리더십을 발휘해 앞장서서 풀어야 한다. 상대방이 와서 풀어 주기를 기다리고만 있어서는 안 된다. 상대가 처해 있는 상황이나 상대가 자기 자신에게 느끼는 기분 또는 상대가 나에게 느끼는 기분들을 내가 먼저 이야기해서 상대로 하여금 말하지 않아도 이 사람이 내 심정을 알고 있구나 하는 것을 확인시켜 주는 것이 필요하다.

상대가 나에게 불편한 감정을 품고 있으면서도 이야기하지 못하는 이유는 그 감정을 표현했을 때 내가 받아 줄지 확신할 수 없고, 자칫

하면 감정만 상하게 할 우려가 있다고 생각하기 때문일 것이다. 그럴 때에 상대의 감정을 내가 미리 알아주면 상대는 자신의 감정을 표현하기가 쉬워질 것이다.

우리로 가는 길 우리로 가는 길에는 5단계가 있는데, 오픈 마인드, 공감 수용, 칭찬 인정, 자기주장, 확인과 계획이다.

1단계 오픈 마인드에서는 상대가 처해 있는 상황이나 상대가 자신에게 느끼는 기분 또는 상대가 나에게 느끼는 기분들을 내가 먼저 이야기해서 상대로 하여금 말하지 않아도 이 사람이 내 심정을 알고 있다는 것을 확인시켜 주는 것이다.

2단계 공감 수용에서는 상대의 입장에서 공감 수용하며, 상대의 기분이 다 풀어질 때까지 공감 수용한다.

3단계 칭찬 인정에서는 상대가 감정적으로 편안해지면서 상대의 장점들을 찾아서 칭찬 인정한다.

4단계 자기주장에서는 상대가 긍정적으로 표현하고 친밀감이나 신뢰감이 생기고 나면, 내 입장에 서서 내가 그 사람에게 하고 싶었던 이야기를 할 수 있는 단계가 된다. 이때는 상대도 어느 정도 받아들일 여유가 생겼기 때문에 이야기하고 싶은 사실이나 감정을 편하게 이야기하다가, 만약 상대가 받아들이기 어려워한다면 다시 공감 수용한다.

5단계 확인과 계획에서는 지금 순간의 기분이 어떤지, 또 이야기를 나누는 동안 불편함은 없었는지를 확인한다. 각자가 변화 계획을 세우고 서로에게 알린다.

어울림 드라마 이 세상은 혼자서 살아가기에는 너무나 힘든 곳이다. 내가 만나는 사람들과 진심으로 함께할 수 있다면 외로움과 힘거움보다 든든하고 따뜻한 마음으로 살아갈 수 있을 것이다. 또한 아무리 좋고 가까운 관계일지라도 문제나 갈등은 피할 수 없다. 그러나 그 문제들을 풀어 나갈 수 있는 역량만 갖고 있다면 그것은 더 이상 어려움이 되지 않을 것이다.

'우리'가 되기 위해서는 상대를 있는 그대로 보고, 자기 자신도 있는 그대로 보며, 또한 그렇게 받아들여야 한다. 마음의 문을 열고 상대를 받아들일 준비가 되었다면 평소 자신이 오해를 받거나 갈등이 생겼을 때 상대방에게 어떻게 접근하고 있는지를 명확하게 확인하고 새로운 방법을 받아들이는 것이 필요하다.

진심으로 '우리'가 되기를 원하고 또 필요한 역량까지 갖게 되면 당신은 도저히 해결할 수 없을 것 같았던 오해나 갈등들을 한순간에 해결할 수 있으며, 서로 나눔으로써 충만한 삶을 경험할 수 있을 것이다.

(3) 한알 훈련 3단계: 거듭나기

한알 훈련 3단계의 거듭나기는 한알 훈련의 완성편이라고 할 수 있다. 이 단계는 비구조적 체험으로, 7~16명의 참가자들이 소집단을 형성해 2박 3일 또는 3박 4일간 진행한다. 이 체험은 한알 훈련 1단계, 2단계를 마친 사람들이 구조 없이 참가해서 자기가 원하는 자기의 모습을 실제로 가꾸어 나가는 체험학습이다.

(4) 프로그램 실시

한상담 전국대회 5회, 26차 대집단, 삼성전자, GS칼텍스, 법무부 교정국 인권 감수성 훈련, 법무부 출입국관리소 인권 감수성 훈련, 제주도 대학생 지역사회 리더 과정, 중국 동북 사범대학 카운슬러 양성 교육, 중국 흑룡강성 대학 카운슬러 교육, 싱가폴 교민 교육 등을 실시하였다.

(5) 프로그램 평가

① 한알 훈련 1, 2단계 평가
• 3박 4일간의 구조적 체험
  - 일정: 2007년(7월 26~29일, 순천향대학교)
  - 참가자: 약 400명
  - 연구자: 연세대학교 이동귀 교수, 고려대학교 이상민 교수,
           영남대학교 이윤주 교수

② 한알 집단상담
• 5박 6일간의 비구조적 체험
  - 일정: 2008년(8월 12~17일, 한국기술교육대학교)
  - 참가자: 80명
  - 연구자: 영남대학교 이윤주 교수

(6) 학회 발표
• 2006년 8월 서울, 한국심리학회: 연차학술대회
• 2008년 8월 서울, 한국상담학회: 연차학술대회
• 2008년 3월 시카고, 국제상담심리학회(ICPC)
• 2008년 7월 홍콩, 아시아 태평양 림 상담학회(ACC)
• 2008년 10월 북경, 세계심리치료대회(WCP)
• 2009년 9월 일본, 일본심리학회(IPA)
• 2009년 10월 서울, 한국상담심리학회: 추계학술대회
• 2010년 8월 서울, 한국심리학회: 연차학술대회

제4장 | 한국인은 누구인가

제**4**장

한국인은 누구인가

한국적인 상담에 대해 이야기하려면 먼저 한국인이 누구인가를 생각해 보아야 할 것이다. 이 질문에 대해서는 정치적 관점, 역사적 관점, 신체적 관점 등 다양한 관점이 있을 수 있겠지만 이 책에서는 문화적 관점에서 한국말을 사용하고 있고 한국 얼을 가진 사람을 한국 사람이라고 본다. 이처럼 문화적 관점에서 봐야 하는 이유는 한국인은 핏줄 단일민족이 아니라 문화 단일민족이기 때문이다.

핏줄로는 한국인만큼 다양한 핏줄이 혼혈된 민족도 드물다. 고고학이나 역사학에서도 알 수 있지만 최근 유전자 연구가 활발해지면서 더욱 분명해졌다. 단국대 생물과학과 김욱 교수의 연구에 의하면, 우리 민족은 본토인, 북방계, 남방계들이 모여서 한마디로 비율상의 문제이지 여러 민족이 모인 집합체 다혈통 민족임이 밝혀졌다.

오히려 문화적인 측면에서는 우리는 고유의 말과 글을 가지고 있고, 『천부경』 같은 인류 최초의 경전을 가지고 있는 문화 단일민족이라고 볼 수 있다.

물론 이 부분에 대해서도 많은 의견이 있을 수 있다. 왜냐하면 불교, 유교, 도교, 기독교 등 수많은 외래 종교를 받아들인 것을 생각하면 우리 문화도 단일문화라고 보기 어렵기 때문이다. 그러나 최치원 선생이 말씀하셨듯이 우리 고유의 풍류도에는 유·불·선 삼교가 포함되어 있다. 외래 문화가 들어오기는 했어도 그 문화를 포함할 수 있는 그릇이 큰 문화가 우리 문화이기 때문이다.

그럼 이런 관점에서 한국인은 누구인가를 살펴보기로 하자.

1 한국인의 원형

한국인의 집단무의식을 이해하려면 우리의 고대경전인 『천부경』 『삼일신고』 『참전계경』의 이해가 우선되어야 한다. 이 세 가지 경전은 지금도 우리들의 의식 구조 속에서 가장 큰 영향을 미치고 있는 뿌리사상이다. 이 경전에서는 사람이 이 세상에 태어나서 반드시 해야 할 일을 '홍익인간 이화세계'라고 전하고 있다. 홍익인간 이화세계란 널리 사람을 이롭게 하고 온 누리의 질서를 바로잡으라는 의미다. 이 일을 하면 사람다운 사람이며, 그렇지 않으면 사람의 탈만 쓰고 있는 사람이라고 생각했다.

여기에서는 『천부경』과 '한사상'을 통해서 우리 민족의 원형을 재인식해 보고자 한다.

1) 『천부경』

(1) 『천부경』의 전래

최민자(2006)에 의하면 『천부경(天符經)』은 우주만물의 창시창조(創始創造)와 생성, 변화, 발전, 완성의 원리를 밝힌 총 81자로 이루어진 우리 민족의 으뜸 경전이다.

천, 지, 인 삼신일체(三神一體)의 천도(天道)에 부합하는 경우로서 우주의 조화 원리를 밝히고 있다는 점에서 '조화경(造化經)'이라고 부르기도 한다. 한민족 정신문화의 뿌리이며 세계 정신문화의 뿌리가 되는 큰 원리를 담고 있어,『삼일신고(三一神誥, 敎化經)』『참전계경(參佺戒經, 366事, 治化經)』을 비롯한 우리 민족 고유의 경전과 역(易) 사상에 근본적인 설계 원리를 제공하였다.

『태백일사(太白逸史)』『소도경전본훈(蘇塗經典本訓)』 등에는 천부경이 지금으로부터 약 9,000년 전 천제 환인(桓仁)이 다스리던 환국(桓國)으로부터 구전된 글이라고 나와 있다. 그 후 약 6,000년 전 배달국 시대에 환웅(桓雄)이 신지(神誌) 현덕에게 명하여 우리나라 최초의 문자인 사슴 발자국 모양을 딴 녹도문자로 기록케 하여 전하다가, 단군조선에 이르러서는 전문으로 전하게 되었다. 따라서 오늘날『천부경』은 훗날 고운 최치원이 전자로 기록해 놓은 옛 비석을 보고 다시 한문으로 옮겨 서첩으로 만들어 세상에 전한 것이다.

최치원 이후『천부경』은 조선 중종 때 일십당주인 이맥이『태백일사』에 삽입하여 그 명맥을 잇다가, 1911년 운초 계연수가『환단고기』를 편찬하여 오늘에 이르고 있다.『환단고기』는 신라 승려 안함로의『삼성기』와 원동중의『삼성기』, 고려 말 이암의『단군세기』, 고려 말 휴애거사 범장의『북부여기』, 그리고 이암의 현손인 이맥의『태백일사』를 합본한 것으로 우리 환단의 역사를 알게 해 주는 소중한 역사서다.

(2)『천부경』의 요체

『천부경』은 천, 지, 인 삼신일체(三神一體)의 천도(天道)를 밝힘으로써 천부중일(天符中一)의 이상을 분명하게 제시한 전 세계 최초의 경전이며, 모든 사상의 원류라 할 만한 진경이다.

여기서 삼신일체란 각각 신이 있는 것이 아니고 작용으로만 삼신이며, 그 체는 유일신(唯一神)이다. 이는 곧 유일신의 실체를 밝힌 것으로 그 유일신이 바로 천, 지, 인 혼원일기(混元一氣)인 하나(一), 즉 '하나'님(天主, 알라신, Brahma, 道, 神性)이다. 말하자면 하나인 혼원일기에서 천, 지, 인 셋(三神)이 갈라져 나온 것이므로 천, 지, 인 삼신이 곧 유일신이다. 이미 9,000여 년 전부터 모든 종교와 진리의 모체가 되어 온 우리의 신교(神敎)는 바로 이러한 일즉삼(一卽三) 삼즉일(三卽一)의 원리에 기초한 삼신사상에서 나온 것이다.

『천부경』은 세계 최초의 경전으로 생각된다(최민자, 2006). 역사적으로 가장 오래된 경전으로 알려져 있는 인도의 『베다』와 『구약성경』은 『천부경』보다는 훨씬 뒤에 만든 것들이다. 인도의 『베다』인 「리그베다」 「사마베다」 「아주르베다」 「아타르바베다」 중 가장 오래된 「리그베다」의 산히타도 B.C. 1200년경에 작성되었고, 성경의 구약 「말라기서」도 B.C. 400년경에 만든 것이다. 그런데 『천부경』은 B.C. 8000년, 즉 지금부터 약 10,000년 전부터 전해 내려왔다고 한다. 처음에는 천제 한국에서 말로 전해지다가, 환웅이 하늘에서 내려온 뒤에 신지 현덕에게 명하여 녹도문자로 기록하게 하였다. 이 경전들은 이렇게 녹도문자로 전해져 오다가, 그 뒤에 가람다문자로 전해왔으며, 나중에 최치원이 한문첩으로 만들었다고 한다(고동영, 2005).

최치원은 난랑비 서문에서 『천부경』은 인류 시원의 신교이며, '유 · 불 · 선 사상이 포괄된 모체종교'라고 했다(한국사학회, 2001).

우선 『천부경』을 살펴보자.

一始 無始一
모든 게 시작이 되었다. 그러나 시작된 것은 단 한 가지도 없다.

析三極 無盡本
하늘, 땅, 사람이 하나다.

사람이 하늘이다. 사람이 땅이다. 사람이 온 우주 전체다.

天一一 地一二 人一三 一積十鉅 無櫃化三
하늘은 일로, 땅은 이로, 사람은 삼으로 표시하겠다.
온 우주의 정기를 쌓고 쌓았는데, 그걸 담을 그릇이 없어서 사람이 나타난 것이다.

天二三 地二三 人二三 大三合 六生七八九
하늘, 땅, 사람이 서로 마주해서 하늘과 땅, 땅과 사람, 사람과 하늘이 상호작용
을 해서 합이 육이 되며, 육에서 칠 팔 구가 나온다.

運三四成環 五七一妙衍
하늘은, 아니 온 우주만물은 묘하기가 그지없다.

萬往萬來 用變不動本
이 세상 만물이 나타났다가는 사라지고, 쓰임새는 변해도 근본은 변하지 않는다.

本心 本太陽 昻明
본래의 마음, 본래의 참빛은 밝고도 밝다.

人中 天地一
사람 가운데에서 하늘과 땅이 하나가 된다.

一終 無終一
우주만물은 끝남이 없이 끝난다.

　

이처럼 단 81자로 구성된 『천부경』은 그 구성이 아주 독특한데, 이는 우주의 진리를 해설하려니 말로는 표현하기 어려운 한계가 있었기 때문일 것이라고 생각된다.

『천부경』은 반어법과 숫자를 사용하여 마치 암호처럼 구성되어 있다. 때문에 이 짧은 경전 하나에 우주의 근본 진리를 담을 수 있었다. 반어법도 문제이지만 그보다 천부경에 나타난 숫자들이 문제다. 어떤 사람들은 이 숫자를 해석하면서 오늘날 우리가 사용하고 있는 아라비아 숫자로 풀려고 한다. 그렇게 하면 큰 오해가 생긴다. 귀띔을

하면, 우리 조상님들은 아득한 옛날에 벌써 독특한 우리의 문자도 가지고 계셨지만 우리만의 숫자도 가지고 계셨다. 우리는 아라비아 사람들처럼 10진법을 쓰던 사람이 아니다. 컴퓨터를 2진법으로 만들었듯이 10진법만이 수학의 모두는 아니다. 우리 조상님들은 3진법으로 수학을 만들었다. 하늘, 땅, 사람 이 셋이 우주의 모두이며, 또 이 셋이 하나라는 것이 조상님들의 수학이다. 그래서 우리는 10이 아니라 3을 완전한 숫자로 보았고 3의 3배수인 9도 완전한 숫자로 보았다. 이러한 우리의 수학으로 풀어 보면 그렇게 어렵게 느껴졌던 『천부경』도 의외로 쉽게 풀릴지도 모른다. 『천부경』은 암호처럼 남들이 알아들으면 안 되는 그런 것이 아니다. 할아버지가 자손들을 아끼고 위해서 타이르듯이 가능하면 알아듣기 쉽게 설명하려고 애를 쓰셨을 것이다.

① 일여관

우선 '일시 무시일(一始 無始一)'로 표현된 첫 문장을 보자. 이 문장을 이해하려면 일(一)이라는 숫자와 시, 무시(始, 無始)라는 반어법을 이해하면 된다. 여기에서 앞의 일(一)은 서양 숫자의 일이 아니라 한 이다. 상대관(相對觀)이 아니라 일여관(一如觀)으로 이 글을 이해하면 될 것이다. '모든 게 시작이 되었다.'는 말은 우주 전체를 움직이는 큰 뜻과 힘이 있다는 이야기다. 절대진리가 있다는 말이다. 그러나 그 진리의 노예가 될까 봐 걱정이 되셨는지 '그러나 시작된 것은 단 한 가지도 없다.'라고 바로 뒤집었다. 사실 같은 소리다. 그럼 또 다시 일시 무시일(一始 無始一)은 뒤의 일(一)은 모든 전부라는 뜻의 한보다는 유일이라는 뜻, 즉 한 개, 두 개라고 하는 한에 더욱 가깝다. '모든 게 시작이 되었지만 단 한 가지도 시작된 것이 없다.'는 말은 『반야심경』의 '색즉시공 공즉시색(色卽示空 空卽示色)'과 가장 가깝게 생각된다. 부처님께서 설하신 『팔만대장경』을 줄이고 줄인 게 『금강경』

이라면, 『금강경』을 줄이고 줄여서 『반야심경』을 만들었다고 한다. 그 『반야심경』의 핵심이 '색즉시공 공즉시색'이라면, 부처님께서 46년 동안 설법하신 최고의 지혜는 바로 '있는 게 없는 것이고 없는 게 있는 것이다.'라는 것이다. 이것이 『천부경』의 첫 구절인 것은 우연이 아닐 것이다. 문제는 그 뜻을 이해하는 일인데, 그런 가르침을 주신 분과 같은 가치관을 가지고 보지 않으면 이해하기 어렵다.

우리는 상대관(相對觀)을 바탕으로 현실을 인식하지 않았다. 우리의 눈에 이 세상 만물은 항상 변화하는 것이었다. 모든 것이 변하기 때문에 그 어느 것도 고정되어 있다고 보지 않았으며, 심지어 논리에도 구속받지 않았다. 논리의 틀을 벗어나서 정말 자유롭게 '있는 것은 항상 있으면서 없고, 없는 것은 항상 없으면서 있다.'는 변화의 논리를 사용했다. 이 논리를 사용하면 논리의 구속을 받지 않는다. 즉, '있는 것은 있다.'고 해도 문제가 없고 '있는 것은 없다.'고 해도 문제가 없다. 어떤 상황에 어떤 논리를 사용하는가는 철저히 선택하는 사람의 권리다. 사람이 주인정신을 가지고 어느 상황에 어느 논리를 사용할 것인가를 결정한다.

그러니 『천부경』을 해석하려고 하면서 일여관이 아닌 다른 관점으로 본다면 무리가 올 수밖에 없다. 『천부경』에서는 같은 글자인 일(一)이 때로는 우주 전체를 말하는 한이 되기도 하고, 때로는 단지 하나라는 한으로 해석되기도 한다. 이처럼 말이나 문자에서까지도 구속받지 아니하고 자유로운 모습이 우리의 참모습이다.

② 삼일사상(하늘, 사람, 땅)
인간이 밝혀 낸 우주의 비밀 가운데 가장 소중한 비밀이 바로 삼일사상일 것이다.
『천부경』에서는 하늘과 땅과 사람이 셋으로 나누어져 있으나 그 근본은 다르지 않다고 했고, 사람 속에 하늘과 땅이 들어 있다고 해서 인간이 이 우주의 주인임을 분명하게 밝히고 있다. 이런 사상은 우리들의 말에서도 나타나는데, 우리말은 모음접변을 하기 때문에 '아' '어' '우'가 같은 말이다. 그래서 한알, 한얼, 한울이 하나가 된다. 알이란 새 생명을 잉태하고 있는 생명의 근원이다. 또한 울이란 나의 환경, 나를 둘러싸고 있는 울타리란 뜻이다. 그런가 하면 얼이란 얼이 바로 박힌 사람, 얼빠진 사람 등에서 보듯이 내 영혼을 말한다. 이처럼 내 생명의 근원이고 나를 둘러싼 우주 전체, 그리고 내 영혼, 이 세 가지가 하나라는 생각이 우리의 삼일사상이다.

이런 사상은 오랜 뒤에 불교와 기독교에서도 나타나는데, 불교의 삼신사상과 기독교의 삼위일체설이 그것이다.

불교의 삼신사상은 법신, 보신, 화신으로 나누는데, 법신불은 진여법성(眞如法性)으로 이 세상 모든 존재의 본체, 진리 자체를 본신으로 하며, 대표적으로 '청정법신(淸淨法身) 비로자나불'로 표현한다. 이 법신불은 기독교의 삼위일체설과 비교하면 성부에 가깝다. 보신불은 열심히 수행한 공덕으로 나타난 중생구제의 원력으로 나타난 부처님으로, 대표적으로 '원만보신(圓滿報身) 노사나불'로 표현된다. 이는 기독교의 성령에 가깝다. 한편, 화신불은 중생을 구제하고자 '직접 보고 깨닫고 알게 하기 위하여' 이 세상에 범부의 몸으로 태어나 직접 설법·교화를 하셨던 석가모니 부처님이다. 이는 기독교의 성자에 가깝다. 그런데 진리의 몸인 부처님이 중생 구제를 위해 대자대비심(大慈大悲心)으로 중생을 설법·교화하며 보여 주셨던 것이므로 석가모니 부처님이 일체불이고 일체불이 석가모니 부처님이라는 뜻이다.

그럼 기독교의 삼위일체설을 살펴보자(필자는 기독교에 관한 지식이 부족해서 이 자료는 네이버에서 검색했다.). 예수 그리스도가 부활한 이후 약 3백 년 동안 아들 예수 그리스도와 하나님 아버지와의 관계에 상당한 논란이 계속되었다. 알렉산드리아 교회의 두 장로인 아타나시우스(Athanasius)와 아리우스(Arius)는 이 문제에 대해서 격렬한 논쟁을 벌였다. 아타나시우스는 그리스도가 바로 하나님이고 하나님과 동질이라고 주장했으니, 즉 성부와 성자는 본체, 본질, 존재에 있어 꼭 같다고 주장했다. 반면, 아리우스는 그리스도는 피조물의 첫째 되며 아버지와 동질이 아니라고 주장했으며, 그리스도도 하나님, 즉 아들 하나님이라고 주장했다. 당시 교회 지도자들은 양분되어 아타나시우스의 이론에 따르거나 아리우스의 이론에 따랐다.

한때는 아리우스의 이론이 더 맹위를 떨쳤으나 논쟁이 계속되어 그 해결을 위하여 당시 기독교인이 아닌 콘스탄틴(Constantine) 황제가 A.D. 325년에 종교회의를 소집하였는데, 이를 니케아(Nicaea) 종교회의라고 한다. 이 종교회의에서는 아리우스의 의견을 이단으로 규정했다. 그 이유는 한 분의 하나님을 믿어야 하는데, 아버지도 하나님이요, 아들도 하나님이라면 이교도와 같이 다신을 믿게 된다고 생각했던 것이다. 즉, 한 분의 하나님을 만들기 위해서는 아버지와 아들은 본체와 본질과 존재에서 같은 분이라고 규정해야 했다.

그러나 니케아 종교회의에서 결정한 내용에 반발이 심하였고, 많은 감독이 니케아 종교회의 결과에 서명하기를 거부했다. 또한 니케아 신조는 성령의 신성에 대해서는 토의하지 않았고 포함하지 않았다. 그래서 A.D. 381년 제2차 종교회의가 콘스탄티노플에서 개최되었고, 다시금 아타나시우스의 의견을 정리하여 재확인하였다. 성령의 신성에 대해서도 성부, 성자와 동일시하여 삼위일체 교리(The Doctrine of the Trinity)를 성립시켰다. 그러나 계속 교회 안에서는 그리스도의 신성과 인성에 대한 논란이 계속되어 A.D. 451년 니케아 근처 갈게돈(Chalcedon)에서 다시금 종교회의를 개최하여 삼위일체설을 확정했다.

결국 삼위일체설은 A.D. 321년부터 A.D. 451년에 걸쳐 130년 동안이나 논쟁이 계속되어 결론이 맺어진 종교회의의 산물이다. 삼위일체설을 주장하게 된 근본 원인은 아버지와 아들이 개체가 다른 두 분의 하나님이라고 인정하는 것은 이교도가 믿는 다신을 받아들이는 것이라고 생각했기 때문이다. 그래서 하나님 아버지와 예수 그리스도의 본질과 본체와 존재는 같다고 주장했던 것이다.

이런 면들을 살펴보면 불교나 기독교가 태어나기 수천 년 전에 우리 민족이 이런 최고의 지혜를 터득하고 있었다는 것이 신비롭기까지 하다. 그리고 이 삼일사상은 오늘날까지 우리 민족의 의식 구조에 가장 큰 영향을 미치는 뿌리사상이다.

③ 인간관

다시 『천부경』으로 가 보면, '일시 무시일' 뒤의 '석삼극(析三極)'에서 삼극은 하늘을 가리키는 무극(無極), 땅을 가리키는 태극(太極), 사람을 가리키는 인극(人極=聖人)의 세 극으로 나눈다는 뜻이다. 이처럼 하늘과 땅과 사람을 끝까지 나누어도 '무진본(無盡本)', 즉 그 근본은 변함이 없다. 하늘과 땅과 사람이 다르게 보이지만 그 근본은 하나다. 이걸 다른 말로 표현하면 그대로 삼위일체(三位一體)다. 주역의 삼태극(三太極)인 적청황(赤靑黃)도 이것이고, 다르게 말해서 음(陰), 양(陽), 중(中)으로 표현해도 그게 그거다. 하늘, 땅, 사람이 하나다. 사람이 하늘이다. 사람이 땅이다. 사람이 온 우주 전체다.

그다음의 '천일일(天一一) 지일이(地一二) 인일삼(人一三)'은 하늘은 일로, 땅은 이로, 사람은 삼으로 표시하겠다는 말이다. 하늘과 땅이 없는 데서 생겨나서 빅뱅(Big Bang)에 의해서 오늘의 우주가 생겨난 지 150억 년이 되었다고 한다. 그 오랜 세월 하늘(허공)과 땅(이 우주의 모든 물질)만 있다가 300만 년 전에 사람이 이 우주에 등장해서 비로소 삼극이 되었다고 한다.

'일적십거 무궤화삼(一積十鉅 無櫃化三)'이란 하나를 쌓고 쌓아 열로 커졌는데, 상자가 없어서 삼이 되었다는 말이다. 여기서의 일은 하나가 아니라 한이며, 우주 전체다. 유영모 선생은 일적은 무극이고 십거는 태극이라고 하였다. 무극에서 태극이 나왔다는 말이다. 이처럼 온 우주의 정기를 쌓고 쌓았는데, 그걸 담을 그릇이 없어서 사람이 나타난 것이다. 그러니 '천지지간 만물지중 유인최귀(天地之間 萬物之中 有人最貴)'할 수밖에 없다. 여기서 인간은 피조물이 아니다. 원죄를 가지고 태어나지도 않았으며, 인간의 삶이 108가지의 번뇌에 사로잡힌 고행도 아니다. 인연의 고리에 얽매여서 그 고리를 끊고자 몸부림치는 그런 존재가 아니다. 사람이란 하늘과 땅 온 우주의 정기를 압축해서 태어난 존재다.

2) 한에 관하여

우리 민족이 독특한 사고방식을 가지고 있다는 것은 우리말에서 잘 나타난다.

이규호(1998)는 우리가 말을 배운다는 것은 언어 공동체의 얼과 만난다는 것이고, 모든 언어 속에는 이미 특수하게 이룩된 정신세계가 살아 있다고 했다. 사람이 생각하지 않으면 말을 만들 수가 없다. 그러니 말이 있다는 것은 그 말을 만든 공동체의 얼이 있다는 말과 같다. 그래서 우리가 한이라는 말을 배우기 이전에 한이라는 말을 만들 수 있는 공동체의 얼이 있었고, 우리가 그 말을 배움으로써 그 공동체의 얼과 만날 수 있는 것이다. 인간은 말 속에 살아 있는 얼에 동참함으로써 자연적인 존재에서 역사적인 존재로 전환한다. 말을 사용할 줄 모르는 인간은 자연적인 존재이고 동물에 지나지 않는다.

우리 민족이 가지고 있는 소중한 문화유산이 수없이 많지만 필자는 그중에서 가장 소중한 문화유산은 우리말이라고 생각한다. 다른 문화유산들은 아무리 고귀한 것이라고 해도 그때 그 시대의 몇몇 사람이 만들 수 있었다. 그러나 오늘 우리가 사용하고 있는 말은 태초부터 이 땅에 살고 있었던 모든 사람이 함께 만들고 이어 가면서 발전시켜 왔기 때문이다.

　이처럼 소중하고 독특한 우리말 중에서 가장 귀한 말을 필자는 '한'이라고 생각한다. 이 말과 비슷한 말을 찾아보려고 애썼다. 그러나 어느 나라 말에서도 이런 뜻을 가진 말은 찾지 못했다. '한'은 단 한 마디 말로 이 세상 모든 것을 다 포함하고 있다. 김건(1982)은 하나를 나타내는 '한'과 '일'을 비교하면서 한은 우리 민족의 말이요 우리 민족의 사유가 들어 있지만, 일은 중국의 한음(漢音)이요 한어(漢語) 그대로라고 했다. 그 '일'에는 단일성의 수치밖에 들어 있지 않지만, 우리의 말인 '한' 속에는 한국 민족만이 지니고 있는 복합성과 전일성(全一性) 등 수많은 뜻이 내포되어 있다.

　이를테면, 한이라는 우리말은 한아라고 하여 단순히 수량적인 단일성의 뜻만을 나타내는 개념으로서 사용되고 있지만 그와 정반대되는 다수의 뜻도 나타내는 개념(한동안, 한참 등)으로도 사용된다. 뿐만 아니라 한은 한길, 한글 등의 경우와 같이 대의 뜻도 지니고 있고, 한껏, 한사리(滿潮) 등과 같이 가득 차다(滿), 완전하다(全)의 뜻도 나타내며, 한낮과 한바닥과 같이 바른(正), 가운데(中)의 뜻도 나타낸다. 한은 또한 한때, 한술 등과 같이 다수와 정반대 뜻인 소수도 나타내며, 또는 한겨울, 한고비의 경우와 같이 번창하다의 뜻도 지니고 있고 한 가지, 한방처럼 같다는 뜻도 가지고 있다.

　이와 같이 단일어로서 정반대 뜻을 동시에 지니며, 다양한 개념을 아울러 내포하는 한과 같은 말은 다른 민족의 언어에서는 찾아보지 못했다.

　이제 존재와 당위의 본질을 탐구하며, 또는 그 본질을 인식하는 사유의 방법을 새로이 구명하는 데 있어, 우리 민족만이 지니고 있는 한의 복합적 개념을 분절정리하여 새로운 통일적 변증법의 체계를 전개하고자 한다.

　우리말의 개념을 시각적 효과를 위하여 한자로 표기해 보면 다음과 같다.

- 大 (한길, 한글)
- 一 (한겨레, 한걸음)
- 單 (한갓, 한그루)
- 滿 (한껏, 한사리)
- 全 (한목, 한껏)
- 多 (한동안, 한참)
- 少 (한때, 한술)
- 正, 中 (한낮, 한복판, 한바닥)
- 盛 (한겨울, 한고비)
- 同 (한 가지, 한방)

이와 같이 한은 여러 뜻을 나타내는 말이 된다.

앞에서 열거한 여러 가지의 일반적 개념을 하나의 이념적, 체계적 사상을 이루는 철학적 용어로 표현한다면 그것은 다음과 같은 개념을 나타내는 용어로서의 뜻을 내포하는 것으로 사용될 수 있다.

- '大'는 절대대인 무한으로 절대다.
- '一'은 시원이며 '단(單)'과 더불어 유일이다.
- '單'은 개별(個別)이며 一과 더불어 유일(唯一)이다.
- '滿'은 충만이며 大와 一과 더불어 총합, 통일, 통합이다.
- '全'은 전체로서 滿과 더불어 전일이며 大와 더불어 보편이다.
- '多'는 다양, 다수로서 단(單)과 더불어 개별 개체다.
- '少'는 특이, 특수다.
- '正'은 정중, 정대다.
- '盛'은 번성, 번대다.

• '同'은 동일, 동양이며, 正과 더불어 동등을 뜻한다.

이와 같이 한의 개념은 복합적이고 포괄적인데, 서로 대비되는 개념을 아울러 내포하고 있다. 이를테면 유일과 다수, 전체와 개체, 통일과 개별, 동일과 다양, 보편과 특수 등이다.

따라서 한사상은 이들 서로 대비되는 개념을 아울러 복합적으로 내포하고 있는 까닭에 절대와 대비되는 상대, 무한과 대비되는 유한, 시원과 대비되는 종말, 총합과 대비되는 분산, 통합과 대비되는 분열, 통일과 대비되는 분립, 종합과 대비되는 분화, 전일과 대비되는 부전, 일반과 대비되는 특이, 정중과 대비되는 편의, 정대와 대비되는 은연, 번성과 대비되는 정체, 성대와 대비되는 쇠퇴, 동등과 대비되는 차등을 아울러 내포하는 개념으로 이해될 수밖에 없다.

한편, 김상일(1992)은 그의 책 『혼사상』에서 혼은 다섯 가지 사전적 의미가 있다고 했는데, 그 다섯 가지는 다음과 같다.

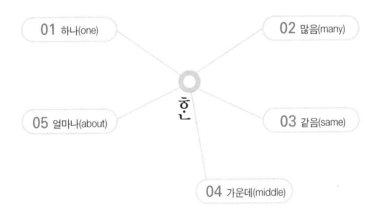

이 밖에도 무려 22가지 의미가 '혼'이란 한 글자에 포함되어 있다고 했다.

이처럼 혼이란 말은 수많은 뜻을 포함하고 있다. 한 글자가 이렇게 많은 뜻을 품고 있는 것만 해도 신기한 일인데, 그보다 더욱 놀라운 것은 이 글자 속에는 서로 대비되는 개념들까지도 함께 담겨져 있다는 것이다. 특히 눈여겨보아야 할 것은 흔이란 말 속에 담겨 있는 유(有)와 무(無), 그리고 낱(one)과 온(many)의 문제다. 이 유(有)와 무(無), 그리고 낱과 온의 문제는 서양철학이나 인도의 불교, 중국의 유교 등에서 풀어 보려고 노력했던 인간 최대의 과제다.

서양인들은 유(有)와 무(無), 낱과 온을 양극화(polarization)시켜 놓고 대립관계로 보고 있다. 그래서 이 둘의 관계를 both/and나 either/or의 관계로만 보게 된다. 그래서 헤겔은 변증법적인 논리를 만들었다.

동양에서는 유(有)와 무(無)를 대립관계로 보지 않았다. 오히려 유무(有無)와 상대되는 개념은 비유(非有), 비무(非無)라고 본 것이다. 인도인은 '있는 것이 없는 것이고 없는 것이 있는 것이다(색즉시공, 공즉시색).'라는 역설의 논리를 만들었다. 유교에서는 유(有)와 무(無)를 상대적으로 보거나 같다고 보기보다는 그 중간의 길(중용)을 찾았다.

한사상은 이런 발상들을 어느 것 하나도 부정하지 않는다. '있는 것이 있고 없는 것은 없다.'고 해도 옳고 '있는 것이 없고 없는 것이 있다.'고 해도 옳다. 두 가지가 다 옳은데, 그 중간을 택하는 것이야 그를 수가 없지 않는가? 그러나 한사상은 이 모두를 포함하고 이를 뛰어넘는다. 이처럼 모든 논리를 긍정하면서도 그 논리에 구속받지 않고 그것이 끊임없이 변화한다고 보는 데에 한사상의 위대성이 있다.

동양에서는 현상계를 이(理)와 기(氣)로 나누어 놓고 이기일원론(理氣一元論), 이기이원론(理氣二元論) 등으로 끊임없는 논쟁을 벌여 왔다. 이 끝없는 논쟁을 김범부 선생이 기일원론(氣一元論)으로 분명하게 정리한 것도 바로 흔과 통하는 맥락이며, 최제우 선생의 기연불연(其然不然)의 사상, 즉 "모든 것이 그렇기도 하고 그렇지 않기도 한데, 그것이 그때그때 상황에 따라서 바뀌어진다."는 말도 흔과 크게 차이가 나지 않는 말이다.

　이규호는 그의 책 『말의 힘』(1998)에서 "사람은 말을 사용할 줄 알기 때문에 생각할 수 있고, 이해의 세계를 형성하며, 자아의 실체를 창조할 수 있었다. 사람이 사람다워지려면 말이 꼭 있어야 하기 때문에 사람은 말 속에서 살아가고 있다고 해도 지나친 말이 아니다. 하이데거(Heidegger)가 말을 '존재의 집(das Haus des Seins)'이라고 한 이유도 여기에 있다."라고 말했다.

　이 말을 근거로 해서 생각해 보면 우리 조상들이 역사를 기록하기 이전부터 흔이라는 말을 사용했었다는 것은 그만한 생각의 폭을 가지고 있었다는 말이고, 그 생각의 폭은 흔이라는 말을 통해서 오늘까지 우리에게 그대로 전해 내려오고 있다.

　더욱 주목해야 할 것은 흔이라는 단어는 어떤 종류의 수식어도 거부한다. 예를 들어, 길(道)이라는 단어도 흔처럼 외글자로 만들어진 단어이지만, 길은 수많은 수식어를 사용할 수 있다는 점에서 흔과는 격이 다른 말이다. 큰 길, 좁은 길, 골목길, 먼 길, 가까운 길, 오솔길…… 등 어떤 수식어가 붙었느냐에 따라서 길의 뜻이 달라진다. 그러나 흔은 어떤 수식어로도 그 뜻을 구속할 수 없다. 그 이유는 어떤 개념도 흔이라는 뜻 속에는 이미 포함되어 있기 때문이다.

　예로부터 우리 민족은 사람다운 사람과 사람답지 못한 사람을 구분했었는데, 우리가 생각했던 가장 훌륭한 사람이란 한마음을 가진 한사람이라고 생각했다. 그리고 삶의 가장 중요한 목표를 인격적인 성장을 통해서 '한사람'이 되는 것이라고 했다. 어떤 일을 하더라도 먼저 인간이 되라는 가르침도 그것이다. 그러나 이런 소중한 가르침을 가진 우리의 본래의 모습은 최근에 물밀듯이 밀려 들어온 외래 사조에 의해서 너무 심하게 손상되어 버렸다. 김상일은 서양의 선교사들이 이 땅에 들어와 우리를 너와 나로 나누어 놓아서 한국인의 존재구조를 파괴시켜서 이젠 치유하기 힘든 상처가 되었다고 했다.

그러나 필자는 한사상으로 우리의 본래 모습을 되찾을 수 있다고 생각한다. 그래서 내 생명의 근원을 되찾고, 모든 사람과 더불어 살아가며, 내 영혼의 주인이 되어 얼이 바로 박힌 사람이 되는 한알 훈련을 만들었다. 필자의 생각으로는 한사람이 된다는 것은 나 개인을 위해서도 소중한 일이지만, 통일 이후 우리 민족의 동질성 회복을 생각해 보면 민족의 미래가 달린 일이다. 뿐만 아니라 인류의 구원을 위해서도 매우 중요한 일이라고 생각한다.

지금도 세계에서 큰 영향력을 행사하는 서양인들은 세상을 힘으로 지배하려 들고 있다. 이들에게 홍익인간 제세이화(弘益人間 濟世理化)의 사상을 가르쳐서 이치로 세상을 다스릴 수 있게 가르쳐야 한다. 또한 나와 너를 상대적이며 대립적인 존재로 보고 있는 서양인들에게 우리가 되는 법을 가르쳐야 한다. 만약에 그런 일들을 소홀히 한다면 우리 민족이 이 땅에 태어난 사명을 완수하지 못하는 일이고 소중한 가르침을 주신 조상님들을 외면하는 일이다.

정말 다행스럽게 생각하는 것은 최근에 와서 『천부경』이나 한사상 같은 우리의 뿌리사상에 대해서 사람들의 관심이 점점 더 많아지고 있으며, 출판물들이 쏟아져 나오는 일이다. 아마도 후천 개벽의 시대가 오는 것 같다.

2 한국인이 생각하는 인간의 본성

많은 사람이 인간의 본성에 대하여 이야기하고 있다. 토머스 홉스 (Thomas Hobbes)는 인간의 보편적 속성은 없다고 하여 인간의 본성을 부정하고 있다. 학자들 중에는 인간 본성이라는 것이 존재한다는 학문의 대전제는 결코 처음부터 당연하게 받아들여서는 안 되는 성질의 것이라고 이야기하는 사람들도 있다.

그러면 수많은 서양의 사상가들이 인간을 어떤 존재로 보고 있는지를 살펴보자.

홉스는 "인간은 타인의 결함을 보고 웃는 존재다."라고 했고, 데이비드 흄(David Hume)은 "이성보다는 감정에 지배되는 존재"로 파악했다. 생물학자인 찰스 다윈(Charles Darwin)은 "생존경쟁 속에서 우연히 살아남은 호모 사피엔스"라고 하였다. 그런가 하면 프리드리히 니체(Friedrich Nietzche)는 "인간은 동물과 초인 사이에 놓인 밧줄"이라고 하였다. 그는 기독교를 비판하고 "엄밀히 말해서 사실이란 존재하지 않으며, 오로지 해석만이 있을 뿐이다."라고 했다.

한편, 칼 마르크스(Karl Marx)는 이론과 실천의 괴리를 경멸했다. 그는 "철학자들은 세계를 여러 가지로 해석했을 뿐이다. 그러나 정작 중요한 것은 세계를 변혁하는 일이다."라고 주장하며 인간은 사회에 의해서 만들어진다고 했다.

그런가 하면 무의식의 존재를 설명한 지그문트 프로이트(Sigmund Freud)는 "인간이란 아버지를 죽이고 어머니와 결혼한 오이디프스의 후예"라고 정의한다. 그는 마음에서 일어나는 대부분의 사건들은 무의식적이라고 보고 무의식적 활동을 알아차리는 방법으로 꿈의 해석을 연구했다.

플라톤(Platon)은 "인간은 어둠 속에서 빛을 추구하는 존재"라고 생각했다. 그는 영원불멸의 이데아를 추구하면서 인간의 덕을 강조했다.

아리스토텔레스(Aristoteles)는 "인간은 이성적 동물"이라고 했고, 이성을 따를 때 행복해질 수 있다고 했다. 이성은 추악한 정념을 제어할 수 있고, 그 결과 균형과 조화를 이룰 수 있다고 했다.

토마스 아퀴나스(Thomas Aquinas)는 이 세계가 신에 의해 창조되었다는 기독교적 신앙을 고수했다. 그래서 우주가 어떤 시발점을 갖는다고 주장했다. 이 기독교적인 입장 때문에 그는 인간이란 죄를 지을수록 더 많은 죄를 짓게 되는 존재라고 보았다. 그는 인간의 고유한 활동은 이성에 있고 최고의 행복은 이 이성이 신에 대한 지식을 얻을 때 나온다고 했다. 그에게 있어서 현세의 삶의 중요성은 내세에 대한 믿음과 강하게 결부되어 있다.

루트비히 비트겐슈타인(Ludwig Wittgenstein)은 인간 본성에 대하여 어떤 사상도 가지고 있지 않은 것 같다. 그는 인간의 본성이란 언어에 의해 창조되는 것이라고 했고, 인간의 삶은 언어가 그 한 부분을 차지하는 사회적 활동에 그 뿌리를 둔다고 했다.

그런가 하면 동양에서도 인간 본성에 관해 많은 주장이 있다. 우선 맹자(孟子)는 성선설(性善說)을 주장하였는데, 그에 의하면 인의예지(仁義禮智)의 사단(四端)은 천성에서 발생하므로 인간의 본성이 선하다는 것이다. 인간의 본성이 짐승의 본성과 다른 것은 사단에 의한 인간의 선함 때문이라고 했다. 이 성선설은 유교의 기본적인 입장이다.

한편, 순자(荀子)는 성악설(性惡說)을 제창하여 "인간의 성품은 악하다. 선한 것은 인위(人爲)다."라고 하였다. 이것은 선은 선천적인 것이 아니라 후천적임을 지적한 것이다. 다시 말하면, 선은 태어나면서부터 가지고 나오는 것이 아니라 인위적인 결과라고 보았다.

이처럼 중국에서는 성선설이 먼저 나오고 나중에 성악설이 나오지만 서양에서는 성악설이 생기고 난 뒤에 성선설이 대두되었다. 그 이유는 기독교의 영향으로 원죄는 인간의 본성이 근본적으로 악하다는 관점에 의심할 여지가 없었기 때문이라고 생각된다.

고자(告子)는 성에는 선도 악도 없다고 하였다. 그는 "인간의 본성이 선과 불선(不善)으로 나뉘어 있지 않은 것은 마치 물이 동서로 나뉘어 있지 않은 것과 같다."라고 하였다. 맹자의 제자 공도자(公都子)가 이 말을 인용하여 "성은 선해질 수 있고 불선해질 수도 있다."라고 한 것도 인간의 본성이 선하지도 악하지도 않다는 것이다. 이런 관점은 서양에도 있는데, 존 듀이(John Dewey)도 인성의 본질에는 선악이 없고, 환경과의 상호 접촉으로 선해질 수도 악해질 수도 있다고 하였다.

또 다른 주장은 왕충(王充)이 내놓은 성선악혼설(性善惡混說)로 인간의 성은 선하기도 하며 악하기도 하다는 관점이다. 그는 인간의 선성(善性)을 길러서 돋우면 선이 자라고 악성(惡性)을 길러서 돋우면 악이 자란다고 하였다.

그 외에도 주목할 관점은 당나라의 한유(韓愈)나 후한의 순열(荀悅)이 주장한 성삼품설이다. 그들의 주장에 의하면 인간 중에 본성이 선한 자도 있고, 악한 자도 있다는 것이다. 이를테면 성에는 상·중·하의 삼품이 있고 위에 속하는 사람은 선하기만 하고, 아래에 있는 사람은 악하기만 하며, 중간에 있는 자는 위, 아래로 인도할 수 있다고 하여 교화에 힘써야 한다고 했다.

그렇다면 이처럼 많은 주장이 있는데, 누가 한 말이 바른 말이라고 믿어야 하는가? 분명한 것은 이렇게 많은 주장 가운데 어느 것 하나도 절대진리라고 주장할 수 없다는 것이다.

전 세계 모든 인류가 공통적으로 가지고 있는 인간의 본성을 분명하게 정리하지도 못한 상태에서 한국인이 어떤 특성을 가지고 있는가를 생각한다는 것은 무리한 일일 수밖에 없다.

한상담학회를 만들고 2004년에 처음으로 개최했던 국제학술대회에 왔던 제럴드 코리(Gerald Corey)가 처음 한 질문이 "한국 사람들은 미국 사람들과 어떻게 다른가?"라는 것이었다. 그때 필자의 대답은 한국 사람이기 때문에 다른 점이 있겠지만 다 같은 사람이기 때문에 비슷한 점이 더 많을 것이라는 것이었다. 이 생각은 지금도 변함이 없다. 그러나 모든 인간의 공통점은 우리가 아니라도 연구할 사람들이 많이 있겠지만, 우리와 남들의 다른 점은 우리가 밝히지 못하면 사라져 버릴 것이기 때문에 분명하게 밝히려고 한다.

그러나 지금부터 하는 주장은 필자의 개인적인 견해이고 한상담은 이런 관점을 바탕으로 만들었다는 사실을 알리고 싶어서 하는 말이지 내 주장이 다 옳다는 말은 아니다. 나와 다른 생각을 가지고 있는 사람이 있다면 언제라도 귀담아 들을 마음이다. 그래서 우리가 누군지 좀 더 분명하게 알았으면 좋겠다.

1) 인간의 본성

인간이 가지고 있는 세 가지 속성이 있다면 그것은 동물성, 인간성, 신성이다. 어떤 인간도 신체적 건강 없이는 제대로 살아갈 수 없는데, 신체적으로 건강하려면 동물성이 발달되어야 한다. 그다음으로 인간은 다른 사람들과 더불어 사회생활을 해야 하는데, 이때 필요한 것은 인간성이다. 그다음으로 영적인 풍요로움을 누릴 수 있으려면 신성을 길러야 한다.

우리 민족은 상고시절 이 세상 모든 인류가 동물성을 가지고 생활하고 있을 때에 그런 인간들에게 인간성을 가르친 민족이다. 이 주장은 간단한 주장이 아니다. 우리의 선조들은 동물적인 삶을 영위하고 있는 인간들에게 사람다운 사람이 어떤 사람인가를 알려 주었고 먼저 인간이 되라고 가르쳤다.

박용숙(1985)에 따르면 동이에 있어서 인간은 생물적인 의미의 사람과는 구별되는 존재로서 영적이고 신분적인 의미의 인간, 즉 밀교적 여러 방법을 통하여 세상을 구원할 수 있는 완벽한 품격을 갖춘 존재, 참된 깨침의 경지에 다다른 존재를 가리킨다. 동이가 말하는 인간은 수도를 통하여 의식을 확장시킴으로써 만물을 직관적으로 보다 넓고 깊게 감지할 수 있는, 다시 말해서 광명의 한 현상을 체험하게 되는 이른바 해탈한 존재, 즉 신인(神人)이다. 그러니까 동이가 이해한 인간은 생물적인 의미의 사람과는 엄격히 구별되는 존재로서 천부적인 초인적 능력을 본성으로 지닌 인간 또는 무위자연의 경지에 도달한 신선이라고 할 수 있다.

한국의 전통사상이나 종교에서 가르치는 인간의 본성은 우리 민족 고유의 경전인 『천부경』 『삼일신고』 『참전계경』 등에 잘 묘사되어 있다. 그중에서도 『천부경』은 하나로부터 열에 이르는 수리에 의하여 천지와 만물의 창조, 그리고 그 운행의 법칙과 원리를 81개의 글자로 설명하고 있다(강천봉, 최동희 역, 1973; 송호수, 1983; 박성화, 1993).

『천부경』의 중심사상은 삼신일체의 도리에 있으며, 일신에게서 삼신(三神, 天 地 人)이 나와 천지만물과 인간을 이루기 때문에 한울, 땅, 사람은 비록 그 이름과 작용은 다를지라도 이치와 근본에 있어서는 동일함을 가르치고 있다(김동춘, 1989). 그리고 『천부경』에 제시된 존재의 구조 원리는 하나가 곧 많음이고 많음이 곧 하나이므로 하나가 온갖 것을 이루고 온갖 것은 필경 하나로 돌아가는 낱과 온(全)의 합일법칙에 근거를 두고 있다(최재충, 1985).

2) 본 심

『천부경』은 '본심본태양앙명(本心本太陽昻明)'으로 인간의 본성을 밝히고 있다(안호상, 1983; 송호수, 1983). 그러나 우주와 인생의 심오한 진리를 81개의 글자로 압축하고 있기 때문에 상징성을 띠고 있는 것이 특징이다.

김동춘(1989)은 '본심'을 진일심(眞一心)으로 '본태양'은 사람의 마음속에 있는 '본래자리' '일신' '천신'으로 해석하여 "사람이 진일심으로 자기 자신이 본래부터 가지고 있는 '본태양', 즉 일신을 우러러 꿰뚫어 보면 마음을 밝힌 사람 또는 깨달은 사람(明人)이 되는데, 깨달은 사람이 진일심으로 하늘과 땅의 본체를 꿰뚫어 보고 '천지인일체'의 진리를 적중 또는 명중한다."는, 다시 말해 '인간이 본래 자리로 되돌아가는 수행 방법을 설한 것'으로 이해하고 있다. 최재충(1985)은 "사람이야말로 천지간에 가장 값진 보배이며, 맘을 갈고 닦음으로 보배는 빛날 것이니……. 사람이야말로 가장 하늘과 땅의 가운데 자리한 존귀하고 광휘스러운 일자다."라고 해석한 다음, 이어서 다음과 같이 부연 설명하였다.

"본심이란 거짓이 없는 본디의 맘이니 인간의 천성적 성품이며, 우주자연에 있어서는 저 태양이 본디의 광명이다. 사람의 맘도 본디는 해와 같이 밝음을 지녔다. 태양계의 핵심이 태양이듯이 인간의 성품인 맘자리가 바로 태양이며 광식체다. 인간이 본심 본태양 그대로 자연과 더불어 영원한 생명을 얻는 길은 우주의 섭리에 따라 천지의 도를 지키고 스스로의 맘을 밝고 맑게 하는 일뿐이다. 내 맘을 닦음으로써 정신 에너지는 해와 같이 활활 타오를 것이며…… 내 맘을 바로 가질 때 천지의 도는 환하게 열려 인격 완성을 이루는 것이다."

앞에서 소개한 몇 가지 해석을 종합해 보면, 인간은 원래 태양처럼 밝게 빛나는 본심을 가지고 있다. 인간이 마음을 갈고 닦아서 본심을 깨달으면 그 맑고 밝음으로 주변을 밝히고 어느 것에도 걸림이 없으며 하늘에 도달할 수 있다는 가르침이다.

우리나라 고유사상에서 가르치는 인간의 본성은 『삼일신고』에 보다 구체적으로 진술되어 있다. 『삼일신고』의 제2장 '신훈'에서는 인간의 본성을 신의 본성과 관련지어 다음과 같이 가르치고 있다(강천봉, 최동희 역, 1973, p. 38).

"한얼님은 그 위에 더없는 으뜸자리에 계시사 큰 덕과 큰 슬기와 큰 힘을 가지시고 한울을 내시며 수 없는 누리를 주관하시고 만물을 창조하시되 티끌만한 것도 빠지심이 없고 밝고도 신령하시어 감히 이름 지어 헤아릴 수 없느니라.
그 음성과 모습에 접하고자 하여도 친히 나타내 보이지 않으시지만 저마다의 본성에서 한얼씨알을 찾아보라. 너희 머릿속에 내려와 계시느니라."

이 글에 의하면, 신은 초월적인 존재인 동시에 인간 속에도 내재하는 존재다(유동식, 1983). 그러니까 인간은 전지전능한 신을 자신 속에 지니고 있는 존재라고 볼 수 있다(백산 편역, 1989). 인간은 큰 덕과 큰 지혜와 큰 능력을 지녀서 천지만물을 창조하고 섭리하는 신의 성품을 자체 속에 본성으로 지니고 있기 때문에, 누구든지 품부(稟賦)된 자기 본성을 통하여 정성껏 찾으면 신으로 화하는 은총을 받게 되어(강천봉, 최동희 역, 1973), 신과 같은 덕과 슬기와 능력을 지닐 수 있다(권성아, 1999)는 것을 말해 주고 있다.

뿐만 아니라 『삼일신고』 제5장 '진리훈'에서는 인간의 본성을 그 실현 방법과 관련지어 다음과 같이 진술하고 있다(강천봉, 최동희 역, 1973, pp.40-42; 김백룡, 1987, pp. 317-320).

"사람과 만물이 다 같이 세 가지 참함을 받나니, 이는 성품과 목숨과 정기라.

사람은 그것을 온전히 받으나 만물은 치우치게 받느니라.

참성품은 착함도 악함도 없으니 이는 으뜸 밝은이로서 두루 통하여 막힘이 없고, 참목숨은 맑음도 흐림도 없으니 이는 중간 밝은이로서 다 알아 미혹함이 없고, 참정기는 후함도 박함도 없으니 이는 아랫 밝은이로서 잘 보전하여 이지러짐이 없되 모두 참으로 돌이키면 한얼님과 하나가 되느니라.

뭇사람들은 아득한 땅에 태어나면서부터 세 가지 가닥이 뿌리박나니, 이는 마음과 기와 몸이니라.

마음은 성품에 의지한 것으로서 착하고 악함이 있으니 착하면 복되고 악하면 화가 되며, 기는 목숨에 의지한 것으로서 맑고 흐림이 있으니 맑으면 오래 살고 흐리면 일찍 죽으며, 몸은 정기에 의지한 것으로서 후하고 박함이 있으니 후하면 귀하고 박하면 천하게 되느니라.

　참과 가닥이 서로 맞서 세 길을 지으니, 이는 느낌과 숨 쉼과 부딪침이요, 이것이 다시 열여덟 경지를 이루나니, 느낌에는 기쁨과 두려움과 슬픔과 성냄과 탐냄과 싫어함이 있고, 숨 쉼에는 맑은 김과 흐린 김과 찬 김과 더운 김과 마른 김과 젖은 김이 있으며, 부딪침에는 소리와 빛깔과 냄새와 맛과 음탕함과 살닿음이 있느니라.

　뭇사람들은 착하고 악함과 맑고 흐림과 후하고 박함을 서로 섞어서 가닥 길을 따라 제 맘대로 달리다가 나고 자라고 늙고 병들고 죽는 괴로움에 빠지고 말지만, 밝은이는 느낌을 그치고 숨 쉼을 고루하며 부딪침을 금하여 한 뜻으로 수행하여 가닥을 돌이켜 참으로 나아가 크게 한얼 기틀을 여나니 참된 본성을 통달하고 공적을 마침이 곧 이것이니라."

　이 글에 따르면, 인간은 원래 태어날 때부터 신으로부터 '세 가지 참함(三眞)'을 부여받았다. 그것은 참성품, 참목숨, 참정기다. 그러나 인간이 이 세상에 태어나는 순간부터 각각 착함과 악함, 맑음과 흐림, 후함과 박함의 잘못된 길을 걷게 된다. 그 결과 인간은 기쁨, 두려움, 슬픔, 성냄, 탐냄, 싫어함과 같은 느낌을 경험하고, 맑음, 흐림, 차가움, 더움, 건조함, 젖음 등의 김을 쉬게 되며, 소리, 빛깔, 냄새, 맛, 음탕함, 살닿음과 같은 부딪침을 경험하므로 나고 자라고 늙고 병들고 죽게 되는 고통을 겪는다. 그러므로 인간이 느낌을 그치고(止感) 숨 쉼을 고르게 하며(調息) 부딪침을 금하는(禁觸) 수도정진을 통하여 마음이 평온하고 기가 화평하며 신체가 건강하면, 신으로부터 부여받은 참성품을 통하고 참목숨을 알게 되며 참정기를 보전하여 밝은이가 될 뿐 아니라 마침내 큰 덕, 큰 지혜, 큰 능력을 합하는 신일합일의 경지에까지 이를 수 있다는 것이다.

　『삼일신고』에 관한 여러 학자(강천봉, 최동희 역, 1973; 안호상 역, 1983; 이을호, 1983b; 최동환, 1991; 권성아, 1999b)의 해석과 생각을 종합해 보면, 우리 인간은 자체 내에 신의 속성을 본성으로 지니고 있다. 다시 말해, 인간의 본성은 큰 덕과 큰 슬기와 큰 능력을 가지고 우주만물을 창조하고 섭리하는 신의 성품을 닮아 덕스럽고 지혜롭고 유능하다.

그러나 인간은 영적 존재인 신과는 다르게 육체를 입는 순간 불완전하고 제한적인 덕과 지혜와 능력을 지니게 된다. 때문에 인간은 신의 속성인 큰 덕과 큰 지혜와 큰 능력을 회복하기 위하여 성품과 생명과 정신을 다하여 자신 속에 존재하는 신성을 지성으로 찾아 구해야 한다.

『삼일신고』에 의하면, 인간이 느낌을 그침으로 마음을 평온하게 하고, 숨을 고르게 하여 기를 화평하게 하며, 부딪침을 금하여 몸을 평안하게 하면, 신으로부터 부여받은 참성품을 통하고 참목숨을 알며 참정기를 보전하는 밝음의 사람이 될 수 있다. 그뿐 아니라 궁극적으로는 마음에 악함이 없고 기운에 흐림이 없으며 몸이 막힘이 없이 착함과 맑음과 후함을 완전히 갖추어 본연의 경지로 돌아가면 큰 덕과 큰 지혜과 큰 능력을 회복하여 신과 하나가 되는 신인 또는 신선이 될 수 있다.

앞에서 살펴본 『천부경』과 『삼일신고』에 이어 우리 민족 고유의 사상을 담은 삼대 경전 중의 하나는 『참전계경』 또는 『팔리훈』이다. 『참전계경』은 다른 이름으로 '366사'라고 불리기도 하는데, 우리 인간이 삶에서 겪에 되는 모든 일을 366가지로 분류하고 이들을 보다 원만하고 생산적으로 처리하는 방법을 가르치고 있다. 이 책의 총론을 원문 그대로 옮겨 보면 다음과 같다(강천봉, 최동희 역, 1973, pp. 137-138).

"거룩하신 신령이 위에 계시사 인간의 삼백예순여섯 가지 일을 주장하시어 다스리시니, 그 강령은 정성과 믿음과 사랑과 건짐과 재앙과 복과 갚음의 응함이니라.

정성이란 속마음에서 일어나는 것이요, 혈기가 강한 품성을 지키는 바이니 여섯 가지 주체와 마흔일곱 가지의 쓰임이 있음이오.

믿음이란 한울이치의 반드시 합함이요, 사람 일의 반드시 이룸이니 다섯 덩어리와 서른다섯 가지의 부류가 있음이오.

사랑이란 자비한 마음에서 자연히 우러남이요, 어진 성품의 근본되는 바탕이니 여섯 가지 본보기와 마흔세 가지의 둘림이 있음이오.

건짐이란 덕의 갖추어진 착함이요, 도의 힘입어 미침이니 세 가지 법규와 서른두 가지의 모범이 있음이오.

재앙이란 악의 부르는 바이니 여섯 가지와 마흔두 항목이 있음이오.

복이란 착함의 남은 경사이니 여섯 문과 마흔다섯의 지계문이 있음이오.

갚음이란 한울이 악한 사람에게 재앙으로써 갚고 착한 사람에게 복으로써 갚나니 여섯 층계와 서른 가지의 급수가 있음이오.

응함이란 악함은 재앙을 받아 갚고 착함을 복을 받아 갚나니 여섯 결과와 서른아홉 가지의 나타남이 있느니라."

이 글에 의하면, 인간은 천부적으로 정성과 믿음과 사랑을 마음속에 지니고 있는 존재로서, 이들 강령을 삶에 제대로 적용하고 실천하면서 착하게 살면 복을 누리게 되고 실천하지 못하여 악하게 살면 화를 입는 보응을 받게 된다. 다시 말해, 우리 인간은 신과 사람은 물론 모든 사물에 대하여도 정성을 다할 수 있고, 그 대상들과 신뢰관계를 발전시킬 수 있으며, 사람들을 구제하므로 화를 면하고 복을 누리는 삶을 영위할 수 있는 능력을 본성적으로 지닌 존재라는 것이 『참전계경』의 가르침이다.

3) 철 인*

한국의 전통사상에서는 본성을 실현한 사람을 일컬어 밝은이, 즉 철인이라 불렀다. 철인은 신으로부터 부여받은 참성품을 통하고 참목숨을 알며 참정기를 보전하는 사람을 말한다.

『삼일신고』와 『참전계경』을 참고할 때, 철인은 대체로 다음과 같은 특성을 지닌 것으로 이해된다.

철인은 느낌을 그쳐 마음이 평온하고, 숨 쉼을 고루하여 김이 화평하며, 부딪침을 금하여 몸이 편안하고, 만 가지 사특한 생각을 끊고 그 뜻을 바로 하여 만 번 꺾어도 물러서지 아니하며, 만 번 흔들어도 움직이지 아니하고, 마침내 신비한 기틀을 발함에 이르러 영원히 괴로움을 벗고 무한한 즐거움을 누린다.

철인은 큰 덕을 힘입어 보고 들음을 넓히고, 큰 슬기를 힘입어 그 앎을 다하며, 큰 힘을 힘입어 그 행함을 넓힌다.

철인은 스스로 높되 넘지 아니하고, 스스로 사랑하되 빠지지 아니하며, 스스로 겸손하되 눌리지 아니하고, 때가 오기 전에 알고 때가 이르면 행할 줄을 안다.

철인은 신으로부터 부여받은 삼진을 온전히 통하고 온전히 알며 온전히 보전하여 마음이 착하고 복되며 기가 맑아 오래 살고 몸이 두터워 귀하게 산다.

철인은 세상에 몸을 바르게 하여 변함이 없고, 신의에 결함을 내지 않으며, 정성과 믿음으로 의심을 풀고 명확하게 밝히어 혼연히 처음을 회복한다.

철인은 사람을 대할 때 겉은 착하고 속은 악하며 숨기는 것이 드러

---

* 이 부분은 주로 이형득의 『본성실현상담』(2003)이라는 책에 잘 정리되어 있어서 거의 그대로 인용했다. 다만 선생은 신선도 함께 설명하였는데, 한상담에서는 신선이 되고자 하는 목표는 가지고 있지 않기 때문에 다루지 않았다.

나지 않는 사람의 이중성을 정확히 판독하면서도 남을 포용하고 용납하는 능력을 지니고 있다.

철인은 사물을 사랑함에 반드시 시작과 끝을 극진히 하고 덕으로써 만물을 구제함에 어진 도를 항상 제공하여 따뜻한 봄볕에 남은 얼음이 스스로 녹아내리듯 한다.

철인의 큰 도는 만세사람들의 법도가 되며, 만물을 구제하고 교화함에 먼저 먼 구석진 곳부터 한다. 철인은 인간을 구제함에 시기를 자세히 헤아리므로 덕과 물리를 알맞게 한다.

철인은 비어 고요하며 계율을 지켜 오래도록 간사한 기운을 끊으니, 그 마음이 평안하고 태평하여 스스로 뭇사람과 더불어 일마다 마땅함을 얻는다.

철인은 착한 사람을 사랑하나 악한 사람도 사랑하여 악함을 버리고 선함을 취하도록 권하며, 남이 노여워하는 것을 평안하게 하여 남의 혐의를 맺지 않게 하며, 남이 의심하는 것의 시비를 가려 주어 남을 굴러 내던져지지 않게 하고, 길을 잃어 헤매는 것을 가르치고 인도하여 스스로 자신을 깨닫도록 한다.

철인은 남이 가진 것을 내가 가진 것과 같이 하고, 남이 잃은 것을 내가 잃은 것과 같이 하며, 남이 고통 속에서 근심할 때 이를 불쌍히 여기며, 남이 어려움을 당할 때 이를 가엾게 여긴다.

철인은 공이 있어도 공이 없는 사람에게 양보하고, 상을 받을 만해도 상을 받지 않은 사람에게 양보한다. 철인은 마음에 속임과 거짓이 없으므로 꺼려함이 없고 사이가 벌어짐이 없다. 철인은 사람들을 편안하게 하고 나를 수고롭게 하며, 사람들에게 나누어 줄 때는 그들에게 후하고 자신에게는 박하며, 사람들과 함께 근심을 나누되 혼자서 당한 것같이 한다. 철인이 남의 능력을 보고 먼저 마음이 기뻐서 말로써 문득 칭찬하는 것은 그 능력을 사용하는 사람은 힘써서 잘하도록 하고 능력이 없는 자는 본받아서 배우게 하기 위함이다.

철인이 남의 과실을 들을 때 즉시 비밀로 하여 남에게 드러나지 않게 하는 것은 먼저 스스로 부끄럽기 때문이고 먼저 스스로 경계하기 때문이며, 또한 남이 관련될까 두려워하여 한 사람 잃음을 천하의 모든 사람을 잃음같이 여기기 때문이다.

철인은 남과 화합하여 말을 온화하게 하고, 일에 절도가 있어 기가 온화하며, 재물에 조화를 이루어 바른 길을 좇는다. 철인은 일의 핵심을 꿰뚫어 보기 때문에 아무리 작은 것도 밝게 보아 불필요한 일로 인한 낭비를 애당초 버리고 반드시 필요한 일만 하되 그 결과는 보다 더욱 덕스럽고 지혜로우며 힘이 넘쳐 보인다.

철인은 꾀를 쓰지 않고도 사람들과 화합하는데, 이는 마치 구름이 하늘에서 스스로 안정되고 스스로 합하여서 지체됨이나 방해됨이 없는 것과 같다.

철인은 너그러움이 그지없고 자신의 마음을 미루어 남의 마음을 헤아림으로써 평안을 누린다.

이처럼 우리 인간은 정성과 믿음과 사랑을 바탕으로 하여 사람들을 구제하므로 행복하고 생산적인 삶을 꾸려 갈 수 있는 능력도 본성으로 지니고 있다는 것이 우리의 고유사상에서 가르치는 인간관이다.

한국인은 이처럼 철인이 되는 것을 가장 중요하게 생각했고 어떤 일을 하더라도 먼저 인간이 되는 것을 강조했다.

부록 | 국제학회 발표자료

다음은 자료는 2008년 3월 시카고에서 열린 국제상담심리학회(ICPC)에 서 발표한 자료다.

Introduction to Oneness (Han) Counseling

I. Introduction

An attempt to develop a indigenous counseling model more suited to the Korean culture and ideology was attempted. The Korean ideology, known as the Han Ideology (Kim, Dong Chun, 1986) was first introduced in the three oldest scriptures in Korea: 'Chun-Bu-Kyung', 'Sam-Il-Sin-Go', and 'Cham-Jun-Gye-Gyeng' over seven thousand years ago(Choi, Dong Hwan, 1991, 1996). These scriptures hold the perspective that human beings are an integral part of the universe and edify a human-centered philosophy and ideology.

This Han ideology encompasses all other ideologies, religions and values. It also indicates the path to live the most human-like life in accordance to the "will of the heavens," and holds a significant place in the collective unconsciousness and the archetype of Koreans(Park, Sung Hwa, 1993).

For Koreans who have been living with this ideology for centuries, life's goal or success was not about fame and fortune but on realizing their true selves and dedication to the pursuit of becoming a "true person." Therefore, Koreans have had a distinguished human-centered philosophy and mind cultivating disciplines(Lee, Hyung Duk, 2003).

Although Koreans have inherited such precious legacy, they were not able to utilize its teachings to build a model for counseling because the original teachings have become deteriorated or lost throughout history.

Another reason can also be attributed to the fact that Koreans were unfamiliar with the Western academic methods in building a counseling model until recent time in history.

In an attempt to address the aforementioned problems, a new indigenous counseling model (an individual as well as a group counseling model) different from the more prevalent counseling models based primarily on the western ideologies has been developed. The group counseling program consists of Oneness Training Stage 1 and Stage 2 (structural experiences) and Stage 3 (unstructured experience). In this paper, theoretical backgrounds that constitute the origin of Oneness Counseling Model and its characteristics will be introduced.

The significance of verifying the effects of Oneness Training Program is that it is a first study of its kind in proposing and testing the effectiveness of a counseling model that is based on an indigenous Korean (Han) ideology when most counseling modelsto date are based primarily on Western ideology. Furthermore, the fact that this Oneness Training Program is the first attempt in building and testing a counseling model based on one specific nation's archetypical ideology holds an added significance.

It is my understanding that the pre–existing counseling models (Nystul, M.S. 2003) based on Western ideologies regard the relationship between the counselor and the person being counseled in a relative (or separate) view–that, it is a relationship between "me" and "you." Moreover, the counseling process is inclined to be more rational than emotional and pursue the solving of the realistic problems more than focusing on human growth. Therefore, in order to solve present problems, the facts of the past such as early memories and object relations are treated more importantly.

This approach has caused considerable problems and resistances when applied to the Korean population who focus more on emotional than the rational, consider relationship more important than individuality and have more interests in long term personal growth than realistic problem solving of the present(Lee, Gyu Tae, 2000).

This made apparent the need for a counseling model reflective of the Korean Ideology and culture, in addition to the pre-existing Western counseling models. To meet these needs, the Oneness Counseling Model was developed with the following two goals in mind. First, this model will assist the Koreans to recover their original form / nature / ideology and help them develop into the most Korean-like Koreans. Second, since the Oneness (Han) ideology does not conflict with any other ideologies in the world and can be easily accepted by all cultures (Kim, Sang Il 1983, 1986), I would like to propose the theories and characteristics of new counseling approach that will not conflict with any ideologies of vastly different cultures in the world and, therefore, can be served as the basic premises of a universal counseling model.

II. Theoretical Backgrounds of Oneness (Han) Counseling

There isno previous literature on Oneness (Han) Counseling Model, because, as mentioned above, although the model is based on the Koreans' root-ideology from seven thousand years ago, it has never been applied to the field counseling. Therefore, theories in Korean culture, Korean conscious structure, Korean language, and Koreans' interpersonal relationships will be presented to clarify the basis of the Oneness Group Counseling model.

1. Korean Culture

Although there are many nations and cultures in the world, very few have their own language and lettersto fully capture and express their perspectives on life and the ways of the universe as they understand it. Koreans are rather unique in that they have their language and have developed their own letters to freely express cultural beliefs.

2. Korean's Conscious Structure

In order to understand the Korean conscious structure, their unique attitude toward life, beliefs about humanity and values will be examined.

1) Koreans' attitude toward life

Chun-Bu-Kyung(Choi, Min Ja, 2006), the oldest scripture in Korea must first be understood to comprehend the ancient Korean attitude toward life. This scripture has been handed down since approximately nine thousand years ago. It contains the teachings on the fundamental principles of the universe and what it means to be a true human being. The teachings of the scripture is so vast that it contains Ho Tu and Luo Shu of Lo Shu Square, the fundamental principle of I Ching, the Book of Changes, as well as Saek Juk Si Gong, a Buddhist teaching that every material in this world are created by karma(Park, Young Ho: Berger, E.M. 1962). It also contains the Doctrine of Trinity found in Christian teachings. Chun-Bu-Kyung was thought to be originally passed on by word of mouth until it was recorded in the first Korean phonetic letters called "Nok Do," despite the fact that there are no remaining records. Later, it was transcribed into Garimto Letters and translated into Chinese (Go, Dong Young, 2005). Choi, Chi Won, the person who first translated this scripture into Chinese mentioned that three principles of Confucianism, Buddhism, and Zen are all included in this scripture (Korean History Society, 2001).

2) Views on human beings

Human beings described in Chun-Bu-Kyung are the final result of all the accumulation of energy of the heaven, earth and universe. When the heaven and earth were in their natural state, the human beings were born to not only name all things and bestow lives, but also to maintain order and balance in the universe.

According to this scripture, out of the Heaven, Earth and Human Beings, the Human Beings are the most important. Human Beings are the heaven, and wills of the heaven can expand to every corner of the universe be realized through human beings. Therefore, out of the billion things between heaven and earth, the most precious thing is the human and the heaven and earth reside within them. Like this, we have lives our lives believing that we, humans, are the masters of the universe. Furthermore, this is an expression of human-centered ideology which excludes ideas that clearly distinguishes between you and me, a host and a guest, or an employer and worker which set boundaries that limit the world.

Most western ideologies consider that human life begins when a baby is born and ends when the baby grows up, becomes old, and dies. They also have a high tendency to think only from the perspective of the body given to them from their parents.

However, the eastern ideologies have long since distinguished between the "small self" and the "large (or the true) self." What the Westerners view of as the self is the "small self" while there is the "large (or true) self" which perceives the entire universe as itself.

Oneness Counseling perceives the "small self" as the self, but also pursues the realization of the "large (or true) self." Therefore,it does not consider that the human life is only comprised of the time between when a baby is born to the moment when the body dies.

Human life is composed of all the life giving materials which had been passed down through the history from the big bang. From this perspective, we are linked by countless ancestors who have been passing on the life-line since beginning of time. We are here today because all of the ancestors have existed before us.

When we calculate the number of our ancestors just up to the 10th generation, we have 1,024 people. To the 20th generation, we have about 1,000,000 people, and to the 30th generation, we have 10,000,000,000. To the 40th generation, we have approximately 1,000,000,000,000 people. If we assume that they eat 2kg of food and inhale. 75kg of oxygen per day, the sum of all the substances consumed to give one birth is as infinite and vast as the entire universe (Yoo, Dong Su et al., 2004). Considering this, a human being may only look like a speck of dust compared to the universe in size, but is composed of such a vast amount of materials that can compare directly to the universe.

3) Values

In order to sustain their bodies, human beings consume foods, bask in the sun, and breathe air. They are absorbing the energy from the sun through these three channels. At the same time, thehuman beings think with reason, feel with emotions, and sense with the unconsciousness to obtain "food for the mind." However, the Westerners based their cultures primarily on reason, Indians on the unconsciousness, and the Koreans on emotions (Yoo, Dong Su et al., 2004). This difference in cultures has influenced on their view of time, space, and life and death which serve as the bases for cultural values. Westerners use linear time line (Yoo, Dong Su et al., 2004), believe that there are past, present and future and that time flows from one point to another.

Time does not exist in the world of unconsciousness. Thus, Indians (Berger, E.M., 1962) having an unconscious view, believe that time is paused and that it is only our mind that passes. Koreans use a circular view of time. The sensed time can surpass the thinking time and space (Yoo, Dong Su et al., 2004). The space is not meant to be measured but to be sensed. Also, according to their viewpoint of life and death, death is not the end, but a return to rebirth. Therefore, Koreans believe that their relationship does not end when a person passes away. Rather, they believe that the living people should continue to serve and commemorate the people who have passed on and that the people who have passed on will continue look after the living in return.

4) Logic of Koreans

The Westerners have developed the general logic that "whatever exists does exists, and whatever does not exist does not exist." Onthe other hand, Indians developed a paradoxical logic that "whatever exists does not exist, and whatever does not exist, does exist." However, Koreans developed the logic of change such that, "whatever exists does exist and also does not exist, and whatever does not exist does not exist but also does exist." Koreans did not restrict their thoughts between the worlds of existence and nonexistence, because they have used the logic of changes. Because they used the circular view of time and sensed concept of space, they could enjoy the true freedom unrestricted by time and space. Like this, the Koreans have lived their lives loving each other in the land of the morning calm (Yoo, Dong Su, et al., 2004).

Comparison of the Western, Indian, and Korean beliefs

	Western	India	Korea
The Basis	Reason	Unconsciousness	Emotion
Time	Linear	None	Circular
Logic	General	Paradoxical	Change
Life and death	Everyone dies	None	Everyone returns

5) The liberty and equality

The supreme values of the Western cultures were liberty and equality. Therefore, they even sacrificed their lives to protect these values. Needless to say, liberty and equality are precious values. Koreans value them high, but they also regard harmony and order valuable. Only the liberty for order and order for liberty were considered to be the true liberty. Likewise, only the equality for harmony and the harmony for the equality were considered as the true equality.

3. Korean Language

The Koreans' unique perspective on life, human beings and values appear more clearly in their language (Lee, Gyu Ho, 1998). For the Koreans, information that is transmitted in a conversation is important. However, what is considered to be more important is gaining an insight into the meaning and the feelings being communicated under the surface. To understand some one means that the speaker's feelings as well as their words must be understood. Therefore, for the Koreans, to communicate means to both understand the words and accept the feelings of the heart.

When we examine Korean language more closely, it comes clear that Koreans possess a dual way of thinking; that they recognize commonality within diversity, and they recognize the diversity within homogeneity.

For example, the word "Han" not only has an equal and opposite meaning, it also has many diverse concepts (Kim, Gun, 1982). Han (one) is the smallest unit when counting numbers. On the other hand, it is also used in expressing the greatest or the limitless thing (expressed in Korean as "without Han"). It also means, the most exact or central thing (expressed in Korean as the "Han center"), and it also is used in expressing an unspecified person or a thing (described as one (Han) man or one (Han) woman). The fact that Koreans use this kind of an all inclusive and limitless language is an evidence of their similar values. This unique perspective on lifeis rarely found in other languages.

4. Interpersonal relationships of Koreans

Koreans can be referred to as people of "relationships." This point is significantly different from those cultures that emphasize individuality and disconnecting or limiting of relationships. Such characteristic is clearly expressed on the word "woori" (we) which is commonly used to refer to them selves. Moreover, when Koreans enter into a relationship, they put forth a great effort in forming a harmonization between you and me utilizing everything within their powers (including social status, natural talents, etc.).

Han ideology (Kim, Sang Il, et al., 1990) looks at the ego−identity not as an individual self separated from the others but as a part of the whole, and sees the whole within the self. In other words, rather than considering an individual and the whole as two separate and opposing entities, they are two entities that share the same essence or common intrinsic nature (similar to the wave and the ocean) as described by the Buddhist concept of 'Sang Jeuk.' (Kim, Gun, 1982). Because Koreans have been living with such beliefs toward life,in their reality, you and I are not two separate and oppositional beings but are joined in "we", meant to live together in harmony with each other (Choi, Sang Jin, Kim, Hyun Su, 2005).

Moreover, I do not try to adjust to you because I considered you valuable, nor have I tried to make you adjust to me because I considered myself valuable. Rather than distinguishing right from wrong or good from bad, the philosophy of "win−win" (or mutual fostering each other's lives as described in the Buddhist term 'Sang Saeng') and living in coexistence and harmony with each other as well as nature is the basic principle of Han Ideology.

Oneness Counseling Model does not consider the relationship between the counselor and the person being counseled as a relationship between you and me.

Rogers (Rogers, C.R., 1956) mentioned that "counseling is such that client who has both the problems and answers to the problems seeks a counselor who does not have the problems nor answers." In his person −centered counseling, he used an oppositional perspective to a relationship such that "you are you, and I am I." Buddhism, however, exerts a viewpoint that "I am you, therefore, you are me."

Oneness Counseling Model has a different perspective; that "you are you as well as me, and I am me as well as you." When a client brings their problems and meets a counselor, the problems are no longer only the client's alone but become "our" problems. More specifically, there are problems that belong to the client, problems that belong to the counselor and problems that belong to both the client and the counselor. Establishing this Oneness (an equal, non discriminating accepting relationship that does not distinguish between you and me) is the fundamental bases of Oneness Counseling.

III. Characteristics of Oneness Counseling

In this chapter, the characteristics, intervention methods, and the human model that Oneness Counseling pursue will be examined.

1. Characteristics of Oneness Counseling

1) Integrated counseling

Oneness Counseling Model is an integration of the issue counseling model of the West renown for its efficiency in identifying and solving problems and the person centered counseling model of the East renown for its focus on human beings and its capabilities in assisting human growth. However, rather than having problem solving as its primary goal, it pursues personal growth, which in turn, will enable the client to solve their present problems naturally.

2) Human beings as a universal being

Human being is classified into the "small self" and the "large (true) self" and the "large (true) self" is considered to be the entire universe. From the "large (true) self" perspective, the human being is the universe. Oneness Counseling is a process in which a person, born as the "small self" learns to grow and reach the heaven to become their "large (true) self."

3) The Health of the mind, body, and spirit

Oneness Counseling has as it goal the pursuit of healthy mind, body, and spirit. These three factors are equally important, and a person will not be truly happy unless all three factors are in healthy state of balance. There are two different ways of reaching this balance. One method is "Jung Gi Shin" (body−mind−soul) training where the body was first trained to keep all three elements healthy. The other method is "Sung Jung Myoung" where the cultivation of the mind took precedence over cultivating other aspects. In the East, the Chinese adopted the "Jung Gi Shin" approach to train the body first, and the Koreans have used the "Sung Jung Myoung" to cultivate the mind first.

4) Focusing on the current emotions

In Oneness Counseling, there are very little attempts to find the early memories or do discover the object relations of the client in order to find the actual cause of the client's current problem(s). It is believed that the events (or the "facts") of the past has already passed, and that only the emotions remain, making the mind of the client uncomfortable.

Thus, Oneness Counseling promote the client to focus his or her interest on the present, and finding out what problems they currently have, and what feelings arise because of these problems and learn to go through and reorganize these emotions.

5) Concrete changes in thoughts, emotions, and behaviors

In Oneness Counseling, there is a concrete way to change a viewpoint once the client has distinguished between the rightful thinking and misunderstanding and is aware of the misunderstanding. In addition, concrete changes can be reached through specific trainings in recognizing emotions, understanding wrong emotional habits, breaking away from these wrong habits and taking the initiative in selecting personal feelings. At the same time, the newly learned behaviors regard both individuality and relationships as being equally important.

6) Short-term counseling

Oneness Counseling is effective short-term counseling because it does not require the patients to elaborate on past facts. This is done by not spending much time on finding the cause of the problems and determining proper measures but, rather, by solving the problems immediately by addressing the emotions of the clients.

7) Distinct changes, high durability

Changes are clear, because problems are solved on the emotional level rather than on a rational level. For example, a rational level problem solving for a person who wants to smoke, would be to change his/her behavior by altering his/her thoughts about smoking. In such a case, it is difficult to make any changes, and even more difficult to make these changes last. In Oneness Counseling, however, would alter the emotions of the smoker to have negative emotional response to smoking. If the emotions change, changes will be more prominent and more durable.

2. Intervention Methods

1) Change the communication style

Oneness Counseling emphasizes changing the communication style rather than undergoing personality or attitude changes. Oneness Counseling teaches how to distinguish and utilize between the fact−oriented and relation−oriented conversation styles, speaker's perspective−oriented from the counterparts' perspective−oriented, as well as logic−orientated conversations from emotion−orientated conversations. By utilizing these conversational styles fluently, one can learn to change any negative stories into a more positive conversation.

2) Choosing right thoughts, emotions and behaviors

(1) Thoughts

We can classify thoughts into two categories: right thought and misconceptions.

There is a way to see if your thoughts are the right thought or a misconception. To distinguish between a right thought and a misconception is to observe whether your thought gives you a comfortable feeling or a feeling of discomfort. When there is discomfort, you have made a misconception. If on the other hand, you feel comfortable, then you have made the right thought. If you feel uncomfortable, you can change your perspective until your feelings become more comfortable.

l. Points on the changing viewpoints
  a. Considering you and me through out the past, present, and future, answer the following questions:
    ◆ Do you forgive the past unconditionally?
    ◆ Do you understand and love the present unconditionally?
    ◆ Do you have unconditional hope for the future?
  b. Relationship with identity
    Do not discontinue or put up walls in your relationships in order to keep your identity, nor loose your identity in order to keep or form relationships, but pursue to become a person who can keep their identity as well as good relationships.

(2) Becoming the master of own emotions

People feel various feelings at any given moment, but they only select few of them consciously and choose to act upon them. While doing so, many people tend to choose negative emotions because of wrong past habits. The process of breaking away from these habits and being free to choose any emotion is called becoming the master of own emotions. There are two ways to correctly choose emotions: horizontal analysis and vertical analysis.

    a. Horizontal analysis: Finding as many emotions as possible in a given moment and choosing only the positive emotions amongst them.

    b. Vertical analysis: Going deeper into the positive emotions which lie deep inside the current negative emotions and learning to search for the endless love that is immanent in the deepest psyche of all of human beings (Yoo, Dong Su, et al., 2004).

(3) Behaviors

If there was only one person in this world, he or she will not have any interpersonal problems. Therefore, when people have interpersonal problems, they caused by relationships.

    a. Human desire for recognition and affection: Human desire for recognition and affection has great influence on people's relational behaviors. We need to change from the desires to only receive uni-directional recognition and affection to giving recognition and affection to other people.

    b. Win-Win situation: Oneness Counseling selects behaviors which can bring win-win situations when forming a relationship rather than the Win-Lose game.

3) Forsake the false/illusory ego, and search for the true self

(1) The true self looking at the ego and the ego seen by the true self

When people look at themselves, there is the ego seen by the true self as well as the true self looking at the ego. However, most people falsely think that the ego seen by the true self is their whole being and have the tendency to not see or realize their true self.

For example, people considering themselves as timid have the ego which reveals to the true self as being timid, but also have the true self observing and considering the ego as being timid. Even so, many people miscomprehend that the ego revealed to the true self is the only self, and they want themselves to be bolder. In such case, Oneness Counseling helps to find and utilize the bolder true self that the client failed to notice, instead of wrongly considering the client to be timid and trying to correct their timidness.

(2) Wrongly created self-images

Just as people can not see their own faces unless they look in the mirror, they cannot see or comprehend what kind of a person they are unless they listen to others. However, when we listen to others, we need to realize and consider the fact that when a person talks about us in a certain way it is because s/he has that kind of personality, is interacting with me from that kind of perspective, and sees me in that particular way because they have that kind of emotion(s). More importantly, we can not believe that we have these kinds of characteristics based on what they saw at that moment. Oneness Counseling helps the clients identify such fictional self-images and break free of them.

For example, when a person says that I am stubborn,

1. It could be that s/he sees me that way because s/he is less stubborn than me

2. The person felt frustrated with me, or was emotionally irate so s/he perceived me as being stubborn,

3. The person may see me as being stubborn because I did understand or accept his or her stubborn demands.

There could be many more reasons other than the ones mentioned above. However, it is erroneous to create a self-image that 'I am stubborn' based only on their words and without careful deliberation the reasons for these comments.

3. Human Images that Oneness Counseling Pursues

◈ Become a truly free person unbound to anything by breaking away from the self imposed limitations.

This is a way to detach from the "small self" and search for the "large (true) self". Han ideology called it a becoming a "sage", Won-Hyo, a famous Korean Zen Master, called it "boundlessness (or the infinity)", and Dong Hak called it "In-Ne-Chon(human being is the heaven, and the heaven is the human being.)" (Choi, Je Woo, 1824~1864)

◈ Become a person with good identity and good relationships.

Oneness Counseling which promotes meetings, defines a healthy person as the one who first meets the self, establishes a firm identity, and forms good relationships with everyone in the world, and, eventually, with all things in the universe.

◈ Become a person who is always delightful and shows appreciation under any circumstances.

Even if facing difficult realities which are harsh and arduous, be able to find hope choose to be thankful and happy.

For most people, happiness comes with certain situations, and it disappears when that situation ends. Being truly delightful and thankful person means being thankful and delightful regardless of situations.

IV. Han—AI Training Program

The theoretical backgrounds and characteristics of Oneness Counseling have been provided above. From these theories, Oneness Group Counseling Program was developed and implemented in a group setting. The following is the brief overview of the Oneness Group Counseling Program's contents.

Oneness Group Counseling Program is a more systematic and concrete form of Oneness Counseling program which is intended for the general public.

Oneness Group Counseling Program is divided into three steps: Stage 1 (Learning to stand on own two feet), Stage 2 (Learning to live in harmony with others), and Stage 3 (being born again). More detailed objectives for each of the stages are:

Stage 1 Standing on own two feet: Establishment of a firm positive identity, becoming self—actualized and self—determining.

Stage 2 Living in harmony with others: Ability to meet, accept and live in harmony with others.

Stage 3 Born Again: Be born again as the self—governing, self—reliant, self—ruling, self—sufficient, and self—supporting being who is the protagonist in one's life.

During the training, each stage is further divided into following subcategories:

1) Stage 1: Standing on own two feet:

Stage 1 is experiential structured program. It consists of three modules.

◆ Breaking personal limitations: Learning to face your true self, breaking down of the false self—image and recognizing the true self from the universal perspective.

- ◈ Becoming the master of own emotions: Training the ability to recognize patterns of emotion selection through horizontal and vertical analysis of emotions, and increasing the ability to freely select your emotions.
- ◈ Standing on own two feet: Determine personal mission, find personal talents which will enable you to accomplish this mission and establish development plans, if necessary.

2) Stage 2: Living in harmony with others

Similar to Stage 1, Stage 2 is also a experiential structured program. It is focused one surpassing the ideology that distinguishes you from me and centered at living in harmony with others. It consists of three modules.

- ◈ Sending and Receiving Conversations: Learn concrete and effective communication skills in relationship-orientated conversations, apathy, recognition and praise, questioning, and pointing out confrontations.
- ◈ Me and You: Learn definite measures to improve relationship by understanding the difference between me that I perceive as me and me that others perceive as me.
- ◈ Becoming Us: Gain a sense of unity by surpassing the concept of you and me and becoming one.

3) Stage 3: Freedom from the Past Life

It is a unstructured, experiential program which is composed of and surpasses both Stage 1 and 2. It is a training intended to meet the self, others, and us to illuminating our attitudes towards life, and being free from the limitations that we had placed on our selves in our past.

Epilogue

A group counseling program based on the theoretical backgrounds and characteristics of Oneness Counseling was introduced. The author believes that the theory of Oneness Counseling is not only appropriate for Koreans but also applicable to all people from diverse backgrounds and cultures in the world. There are two reasons to make this assertion. First, Han ideology is a very inclusive ideology that does not reject any other ideologies. Second, Oneness Counseling model is an integral model that incorporates the long tradition of the Eastern counseling ideologies with the scientific and practical methodology of the West.

Thank you.

References

Berger, E. M. (1962). "Zen Buddhism, general psychology, and counseling". *Journal of Counseling Psychology, 9*(2), 122–127.

Billington, R. (1997). *Understanding eastern philosophy*. London: Routledge.

Choi, D. H. (1991). *Sam−Il−Sin−Go*. Seoul: Hanam Publishing.

Choi, D. H. (1996). *ChamJunGyeGyeong: Commentary on 366 Things*. Seoul: Samil.

Choi, J. W. (1880). *DongGyeongDaeJun*. Inje, Gangwondo: Gyongjunganghaengso.

Choi, S. C., & Choi, S. H. (1990). The Conceptualization of Korean tact, noon−chi. Proceedings of 10th International Congress for International Association for Cross−cultural Psychology. CA: Sage.

Choi, S. C., & Choi, S. H. (1991). Cheong: The socio−emotional grammar of Koreans. Unpublished manuscript.

Choi, S. J. (1993). Emotion Psychology of Koreans: Phenomenological

Understandings on Affection and Hatred. Symposium by Korean
Psychological Association.

Corey, G. (1995). *Theory and practice of group counseling*. Brooks/
Cole.

Corey, G. (2003). *Becoming a Helper*. Brooks/Cloe.

Corey, M. S., & Corey, G. (2001). *Groups: Process and Practice*.
Thomson Learning.

Earley, J. (1999). *Interactive Group Therapy*. Taylor & Francis.

Kim, D. C. (1986). *Chun−Bu−Kyung and Dangun mythology*. Seoul:
Kirinwon.

Kim, G. (1982). *The principle of Han ideology*. Seoul: Han Research
Center.

Kim, H. S. (1991). The Mediation of Groupness Perception and Locus
of Control on the Effect of Stress upon Job Satisfaction and Error
Behavior (in Korean). Chung−Ang University, Doctoral Dissertation.

Kim, H. S. (1994). The buffering effects of we−ness on the influence
of job stress upon the unsafe behavior (in Korean). *Korean
Journal of Industrial and Organizational Psychology*, vol. 5, No.
1, 13−33.

Kim, H. S. (1999). The mediating effects of "we−ness" on the influ-
ence of job−stress upon the job Satisfaction (in Korean) *Journal
of Korea University of Technology and Education*, Vol. 6, No.1,
293−313.

Kim, J. E. (1987). *The thoughts and behaviors of Koreans* (in Korean).
Seoul: Ewha Womans University Press.

Kim, J. H. (1988). *Exchange of Work and Cheong* (in Korean).
Korean Anthropology.

Kim, S. I. (1992). *Han ideology*. Seoul: Onnuri.

Kim, S. I. (1995). *Han philosophy*. Seoul: Onnuri.

Kim, U., Choi, S. C., & Kagitchibasi, C. (January, 1992). Individualism, collectivism and actionresearch. In S. C. Choi, C. Kagitchibasi, & U. Kim (Eds.), *Individualism and CollectivismSocial and Applied Issue*. Newbury Park, CA: Sage Publications.

Ko, D. Y. (2005). *Hwandangogi*. Seoul: Hanbburi.

Kwon, S. H. (1999). Educational analysis on humanitarian ideal. *Jung Shin Moon Hwa Yun Goo, 3*.

Lee, B. Y. (2002). *Analytic Psychology*. Seoul: Iljogak.

Lee, D. S. (1974). *Understanding and Treatments of Neurosis*. Seoul: Iljisa.

Lee, G. H. (1981). *Power of Conversations*. Seoul: Cheil Publishing.

Lee, G. H. (1996). *The Meaning of Personality*. Seoul: Cheil Publishing.

Lee, G. H. (1998). *Power of Conversations*. Good Days Publishing.

Lee, G. H. (1999). *Philosophy of Conversation*. Seoul: Sigongsa.

Lee, G. T. (2000). *Koreans' Conscious Structure*. Seoul: Sinwon Publishing.

Lee, H. D. (2003). *Private Conversations on Realization of Original Nature*. Seoul: Hakjisa.

Lee, H. W., Lee, K. H., Park, J. M., Yoo, H. K., Hwang, I. C., Kim, M. J., & Jang, S. M. (1988). *The Prototype of Koreanistic Thought* (in Korean). Seoul: Jungshinmoonhwayonkuso.

Lee, K. T. (1985). *The Thought Structure of Korean* (in Korean). Seoul: Shin Won Moon HwaSa.

Lee, S. W. (1990). Koreans' social relationship and Cheong space. Presented at the 1st International Conference on Individualism and Collectivism: Psychocultural Perspectives from East and West. July 9–13. Seoul, Korea.

Lee, T. K. (1977). *The Thought Patterns of Korean* (in Korean). Seoul: Moonrisa.

Lee, Y. R. (1986). *New Koreans* (in Korean). Seoul: Moonhaksasangsa.

Nystul, M. S. (2003). *Introduction to counseling* (2nd ed.). New York:

Allyn and Bacon.

Park, S. H. (1993). *Root ideology of Han nation: Chun−Bu−Kyung studies.* Folk Traditional Ideology Research Society.

Park, Y. H. (2001). *Prajuāpāramitā hrdayasūtra.* Seoul: Dure.

Park, Y. H. (2001). *The complete works of DaSuk.* Seoul: Dure.

Rogers, C. R. (1959). A theory, personality, and interpersonal relationship as developed in the client−centered framework. In S. Koch (Ed.), *Psychology: A study of a science,* Vol. 3 (pp. 184−256). New York: McGraw−Hill.

Yalom, I. D. (1995). *The theory and practice of group psychotherapy* (4th ed.). New York: Basic Books.

Yoo, D. S. (2000). *About One Mind.* One Mind Group Counseling Association.

Yoo, D. S. (2000). Sensitivity training: *A journey for real self.* Seoul: Hakjisa.

Yoo, D. S. (2002). *Humanitarianism and Humanity Education.* Korea Institute of Counseling.

Yoon, T. R. (1987). *Koreans* (in Korean). Seoul: Hyunamsa.

Zen Master Seung Sahn (1997). *The Compass of ZEN.*

Wisdom from the Ancient Orient—the Oneness Counseling theory based on the human—centered ideology of Chunbukyung, handed down for 9000 years.

Object: Introduce OGC program

Contents: OGC program design

Summary
 I . OGC program design
 II. OGC program contents
 III. Verified results on effects of the program
 IV. Opinions of the participants

I . OGC Program Design

1. The Request for development and backgrounds

A need for the development of a counseling program appropriate for Koreans' unique culture.

2. Analysis on the necessity of education

A. Personal problems

1) Not fully aware of the self

2) Self—conclusion and self—regulation based on the fictional self—image

B. Problems with social relationship

1) Not fully aware of the differences between perception of the self

and others

2) Unable to share conversation with others

3. The purpose of the process development

Stage 1: Becoming the master of your own life

Stage 2: Ability to get along with others

Stage 3: Born again as a true self

4. Purposes for Hanal Training

A. Success: Develop the ability to accomplish personal missions.

B. Maturity: Unbind from yourself and accept everyone.

5. Drawing K.S.A through ability analysis

A. Ability to self-confront

B. Ability to recognize emotions

C. Ability to choose actions to follow

D. Ability to set up plans

E. Analysis on primary factors for successes and failures

F. Identifying personal qualities

6. Drawing Modules and Purposes

A. Breaking Self-Limitations

B. Becoming the Master of Self-Emotions

C. Standing alone

7. Design by Modules

1) Han−AI Training Stage 1

Module 1. Sending and Receiving Conversations	• Creating a Dream Team • Speech of Alchemy • Something Special in My Life
Module 2. Surpassing Me and You	• Seeing Myself • Seen by Others • Accepting Personality • Special Me, Strange You
Module 3. Becoming Us	• Accepting Others • The Road to Us • Matching Drama

2) Han−AI Training Stage 2

Module 1. Breaking Personal Limitations	• Confronting the Self • Self−Image Examination • Opening−up the Self
Module 2. Becoming the Master of Self−Emotions	• Horizontal Analysis of Emotion • Vertical Analysis of Emotion
Module 3. Standing Alone	• Mission • Mission Accomplishment Strategy • Ability Development for Mission Accomplishment

II. Results on the verification of the effects

Verification of the effects of Stage 1 and 2, Han−AI Training:

−Social relationship, sympathy, self−existence, communication, introduction of LEI results.

Ⅲ. Participants' Speeches

1. Possible effects and outcomes from the group counseling training
   (an arrangement is made with participants' opinions)
   - My wounded heart that no one could ever understand is healed. I am freed from a sense of frustration and lethargy, and restored my hope and wills.
   - I have restored the true image of myself and developed more as a human being.
   - I could have understood and accepted myself and others in depth, and it has served as an opportunity to improve my relationship with them.
   - I have discovered my latent abilities, and it has served as a great opportunity to develop them as my strengths.
   - My interest in counseling has significantly increased, and I could have developed my capacity as a counselor.

2. Impressions on the sensitivity training

1. Personal changes
   - Many people are repeating 'I have found myself back' after the training,
   - And reported that their self-confidence has increased as well as their permissive attitude, and their mind is at peace.
   - Several people reported that 'they are reborn' and 'participants became completely changed.'

2. Changes in social relationship
   - Many people who were experiencing misunderstandings and discords developed friendly relations and their capacity on interpersonal relations significantly improved.
   - Stiff-necked and stubborn people transformed into generous and calm people.

- Humane sides of workaholics were increased while still devoted to works.
3. Changes in organizations
  - Misunderstandings and discords within the organization are dissolved and a friendly atmosphere occupied work places.
  - Communications within the organization go on smoothly, and communications from the top down and down top are properly set.
  - A sense of unity within the organization is properly formed, and the devotion to the organization's goal is increased.

참고문헌

강천봉, 최동희 역(1973). 심일신고(의), 동경대전(의). 서울: 대양서적.

고동영 역(2005). 환단고기. 서울: 한뿌리.

권성아(1999a). 홍익인간 이념의 교육적 해석. 정신문화연구, 3.

권성아(1999b). 홍익인간사상과 통일교육. 서울: 집문당.

김건(1982). 한사상원론. 서울: 한사상연구.

김동춘(1986). 천부경과 단군사화. 서울: 가나출판사.

김백룡(1987). 천부경원전. 대전: 청심등대 세계평화탑.

김상일(1983). 한철학. 서울: 전망사.

김상일(1986). 한사상. 서울: 온누리 국학총서.

김상일(1990). 한사상의 이론과 실제. 서울: 지식산업사.

김상일(1992). 한사상. 서울: 온누리.

김상일(1995). 한철학. 서울: 온누리.

박성화(1993). 천부경 연구: 한민족의 뿌리사상. 민족전통사상연구회.

박영호(2001). 다석사상전집. 서울: 두레.

박영호(2001). 반야심경. 서울: 두레.

박용숙(1985). 한국의 시원사상. 서울: 문예출판사.

백산 편역(1989). 천부사상과 한단역사. 서울: 동신출판사.

서수균, 김윤희 역(2007). 합리적 정서행동치료 (A. Ellis & C. Maclaren 저). 서울: 학지사.

송호수(1983). 한민족의 뿌리사상. 한국의 전통사상(국민윤리회 편). 서울: 형설출판사.

안호상 역(1983). 삼일신고(의). 한민족의 민속종교사상(한국사상전집 4). 서울: 삼성출판사.

유동수(2000). 한마음에 관하여. 한마음집단상담학회 강의록(미발간 자료).

유동수(2002). 홍익인간과 인성교육. 한국인성개발연구원.

유동수 외(2004). 감수성 훈련의 실제. 서울: 한알출판사.

유동수(2008). 감수성 훈련: 진정한 나를 찾아서(3판). 서울: 학지사.

유동수, 김현수, 한상진(2008). 한국형 코칭. 서울: 학지사.

유동식(2004). 한국의 민속종교사상 개관. 한민족의 민속종교사상(한국사상
　　전집 4). 서울: 삼성출판사.

이규태(2000). 한국인의 의식구조. 서울: 신원문화사.

이규호(1981). 말의 힘. 서울: 제일출판사.

이규호(1996). 사람됨의 뜻. 서울: 제일출판사.

이규호(1998). 말의 힘. 서울: 좋은날.

이규호(1999). 대화의 철학. 서울: 시공사.

이동식(1974). 노이로제의 이해와 치료. 서울: 일지사.

이부영(2002). 분석심리학. 서울: 일조각.

이을호(1983a). 단군신화의 철학적 분석. 서울: 우석.

이을호(1983b). 삼일신고(의). 한국의 민속종교사상(한국사상전집 4). 서울:
　　삼성출판사.

이찬구(2007). 천부경과 동학. 서울: 모시는 사람들.

이형득(2003). 본성실현상담. 서울: 학지사.

최동환(1991). 삼일신고. 서울: 하남출판사.

최동환(2008). 천부경. 서울: 지혜의 나무.

최동환(해설)(1996). 366사: 참전계경. 서울: 삼일.

최민자(2006). 천부경. 삼일신고 참전계경. 서울: 모시는 사람들.

최상진(1993). 한국인의 심정심리학: 정과 한에 대한 현상학적 이해. 삼국
　　심리학회 심포지엄.

최상진(1999). 동양심리학. 서울: 지식산업사.

최재충(1985). (천부경)민족의 뿌리. 서울: 한민족.

최제우(1862). 동학론.

최치원(진흥왕 37년, 576년). 삼국사기 4권.

한국사학회(2001). 삼국사기 권4 진흥왕조.

한승호, 한성열 역(2002). 칼 로저스의 카운슬링의 이론과 실제 (C. Rogers 저). 서
　　울: 학지사.

Berger, E. M. (1962). Zen Buddhism, general psychology, and counseling.

Journal of Counseling Psychology, 9(2), 22–127.

Billington, R. (1997). *Understanding eastern philosophy.* London: Routledge.

Choi, S. C., & Choi, S. H. (1990). The Conceptualization of Korean tact, noon-chi. *Proceedings of 10th International Congress for International Association for Cross-cultural Psychology.* CA: Sage.

Choi, S. C., & Choi, S. H. (1991). Cheong: The socio-emotional grammar of Koreans. Unpublishedmanuscript.

Corey, G. (1995). *Theory and practice of group counseling.* Brooks/Cole.

Corey, G. (2003). *Becoming a helper.* Brooks/Cloe.

Corey, M. S., & Corey, G. (2001). *Groups: Process and practice.* Thomson Learning.

Earley, J. (1999). *Interactive group therapy.* Taylor & Francis.

Kim, H. S. (1991). The mediation of groupness perception and locus of control on the effect of stressupon job satisfaction and error behavior (in Korean). Chung-Ang University, Doctoral Dissertation.

Kim, H. S. (1994). The bufferingeffects of we-ness on the influence of job stress upon the unsafe behavior (in Korean). *Korean Journal of Industrial and Organizational Psychology, 5*(1), 13–33.

Kim, H. S. (1999). The mediatingeffects of "we-ness" on the influence of job-stress upon the jobSatisfaction (in Korean) *Journal of Korea University of Technology and Education, 6*(1), 293–313.

Kim, J. E. (1987). *Thethoughts and behaviors of Koreans* (in Korean) [한국인의 의식과 행동양식]. Seoul: Ewha Womans University Press.

Kim, J. H. (1988). *Exchange of work and cheong* (in Korean). Korean Anthropology.

Kim, U., Choi, S. C., & Kagitchibasi, C. (January, 1992). Individualism, collectivism and actionresearch. In S. C. Choi, C. Kagitchibasi, & U. Kim (Eds.), *Individualism and collectivism social and applied issue.* Newbury Park, CA: Sage Publications.

Lee, H. W., Lee, K. H., Park, J. M., Yoo, H. K., Hwang, I. C., Kim, M. J., & Jang, S. M. (1988). *The prototype of Koreanistic thought* (in Korean) [한국적 사고의 원형]. Seoul: Jungshinmoonhwayonkuso.

Lee, K. T. (1985). *The thought structure of Korean* (in Korean) [한국인의 의식구조]. Seoul: Shinwonmoonhwasa.

Lee, S. W. (1990). Koreans' social relationship and Cheong space [한국인의 인간관계와 정 공간]. Presented at the 1st International Conference on Individualism and Collectivism: Psychocultural Perspectives from East and West. July 9-13. Seoul, Korea.

Lee, T. K. (1977). *The thought patterns of Korean* (in Korean) [한국인의 의식구조]. Seoul: Moonrisa.

Lee, Y. R. (1986). *New Koreans* (in Korean) [신한국인]. Seoul: Moonhaksasangsa.

Nystul, M. S. (2003). *Introduction to counseling* (2nd ed.). New York: Allyn and Bacon.

Rogers, C. R. (1959). "A theory, personality, and interpersonal relationship as developed in the client-centered framework." In S. Koch (Ed.), *Psychology: A study of a science, Vol. 3,* (pp. 184-256). New York: McGraw-Hill.

Rogers, C. R. (1961). *On becoming a person.* Boston: Houghton-Mifflin.

Yalom, I. D. (1995). *The theory and practice of group psychotherapy* (4th ed.). New York: Basic Books.

Yoon, T. R. (1987). *Koreans* (in Korean) [한국인]. Seoul: Hyunamsa.

Zen Master Seung Sahn (1997). *The Compas of ZEN.*

[내용]

저자 소개

김미정

부산 경성대학교 대학원 교육학과에서 상담심리 전공으로 석사학위를 받았으며, 대구 가톨릭대학교 대학원 교육학과에서 상담심리 전공으로 박사과정을 수료하였다. 현재 한상담학회 부회장으로, 바탕 한상담연구소 소장으로 재직 중이다.

상담 관련 자격으로는 한상담학회 수련감독전문가, 한국상담학회 1급 전문상담사(집단 상담 231호, 교정상담 231호), 한국가족상담협회 1급 가족상담사(05-01004), 교육치료 학회 1급 교육치료사, 한국코치협회 인증 전문코치(KPC), 한국형 코칭 전문가, 부모교 육, 의사소통, 한국 학업트레이너협회 전문강사 등이 있다.

법무부 인권국, 부산교육연수원, 한국청소년상담원 등의 정부기관과 대구가톨릭대학 교, 부산 경성대학교 등의 대학교, GS칼텍스와 M&M 등의 기업, 그리고 장애인복지기관 을 포함한 소외계층을 위한 사회봉사단체 등 다양한 곳에서 강의 및 교육, 감수성 훈련, 코칭, 커뮤니케이션 등으로 활발한 활동을 하고 있다.

김영순

중앙대학교 대학원 심리학과에서 석사학위를 받았으며, 원광대학교 대학원 교육학과에 서 상담심리 전공으로 박사학위를 받았다. 1994년부터 충남청소년상담지원센터 사무국 장으로 근무해 왔으며, 현재 충남청소년육성센터 상담지원실장으로 재직 중이다.

상담 관련 자격으로는 한상담학회 수련감독전문가, 현실요법 국제자격 강사, 청소년상 담사 1급, 한국상담심리학회 상담심리사 1급, 한국상담학회 수련감독전문가, 한국가족 상담협회 수련감독가족상담사 등이 있다.

1996년부터 매해 청소년문제 유형별 연구를 진행하고 있고, 2003년부터는 중국 연변, 장춘 등지에서 조선족과 중국인 교사, 심리애호가를 대상으로 한국의 상담과 부모교육 등을 강의하였으며, 통일 후 민족의 동질성 회복을 위한 백두산 방문과 중국 교포와 한국 인 간의 감수성 훈련을 실시하였다. 그 밖에 경남대학교, 충남대학교, 순천향대학교, 숙 명여자대학교, 호서대학교 대학원 등에서 외래교수로 활동하였다.

한상담학회 초대 학회장을 역임하였으며, 2006년부터 한상담전국대회를 주관하여 1,000여 명이 넘는 참가자를 대상으로 우리 손으로 개발한 한알 훈련 1, 2, 3단계 프로그램의 전 국적 보급에 기여하였다. 또한 한상담 프로그램의 효과검증 연구를 실시하여 국제상담 심리학회(미국 시카고, ICPC), 아태림 국제상담학회(홍콩, ACC), 세계심리치료대회(북 경, WCP2008), 일본심리학회(교토, JPA) 등 외국 학회에 발표하여 한국형 상담의 국제 화에 기여하였다.

김창오

부산 경성대학교 대학원에서 상담심리 전공으로 박사과정 중에 있다. 현재 한상담학회 회장으로, 울산 신일중학교 교사이자 부산 경성대학교 외래교수로 재직 중이다.

2002년부터 운영해 온 온라인 커뮤니티 통(通)선생(http://tongsaem.net)은 현재 1만여 명의 교사 회원이 가입해 있으며, 교사의 성장, 돌봄, 치유, 비전을 돕는 한국 최초의 교 사를 위한 상담·코칭·리더십센터를 설립할 비전을 가지고 활동하고 있다. 2003년부터 한상담의 개인상담 모델인 리더십 상담(Leadership Centered Counseling)과 집단상담 모델 인 한알 집단상담을 학교 현장에 보급해 왔으며, 연수에 참가한 수천 명의 교사에게 큰 호 응을 얻고 있다. '아이들 마음을 움직이는 교사 리더십 상담훈련'은 최근 원격연수로 개발되었고, 교육과학기술부가 주최하고 한국교육학술정보원이 주관한 2009년 e-러닝 콘텐츠 품질인증 우수제품 심사에서 최우수 원격연수상을 수상했다.

중앙선관위연수원, 한국인성개발연구원, MBC미디어센터, GS칼텍스, 현대자동차, 전북·부산·울산 교육청, 전국 초·중·고등학교 등에서 코칭, 리더십, 개인 및 집단 상담, 커뮤니케이션, 대인관계 및 갈등 관리, 마음관리와 셀프 리더십, 부모교육을 진행해 오고 있다.

유동수

고려대학교 교육대학원에서 상담심리학을 전공하였다. 1979년에 Carl R. Rogers의 La Jolla Program에 참가했으며, 1982년 미국으로 건너가 UCLA에서 OD, 리더십 등을 연구한 후 1992년에 귀국했다. 현재 연변대학교 객좌교수이자 한상담학회 명예회장이며, Korea Business Consulting 대표를 맡고 있다.

심층심리연구소 소장, 한국생산성본부 산업훈련부 주임전문위원을 역임하였으며, 1992년에 Korea Business Consulting을 설립하여 손수 개발한 관리 혁신 과정, 리더십 혁신 과정, 대인관계 혁신 과정, 산업 카운슬링 과정, 고객만족 세일즈 과정 등 10여 개의 프로그램을 바탕으로 국내 각 기업의 사내훈련을 해 오고 있다. 30여 년간 미원, 삼성생명, 삼성화재, 대한생명, 삼성전자, LG전자, 삼성SDI, 현대미포조선, GS칼텍스, LG이노텍, 기업은행, 주택은행을 비롯한 30여 개의 회사에서 1만 5,000여 명에게 감수성 훈련을 실시하며 왕성한 활동을 하고 있다.

최근에 한국형 상담 이론인 한상담 이론을 발표했고, 한국형 코칭 프로그램을 개발하였다. 한국형 감수성 훈련 프로그램인 한알 훈련 프로그램을 통해 300여 명의 지도자를 양성하는 등 국내외에서 적극적으로 활동하고 있다.

조윤숙

서울불교대학원대학교 상담심리학과에서 자아초월상담학과 요가치료학 복수전공으로 석사학위를 받았으며, 영남대학교 교육학과에서 박사과정을 수료하였다. 현재 경북외국어대학교와 포항대학 외래교수로 재직 중이며, 대구한상담연구소 소장, 한상담학회 부회장, 대구여성의전화 이사, 대구광역시 시정혁신기획단 위원, 대구지방법원 가정지원 가사조정위원으로 활동하고 있다.

상담 관련 자격으로는 한상담학회 수련감독전문가, 한국형 코칭 전문가, 한알집단상담전문가, 의사소통훈련 전문강사, 건강한 부모훈련 전문강사, 가족상담사, 요가치료사, 성교육 전문강사, 가정폭력 및 성폭력 전문상담가 등이 있다.

GS칼텍스, 병무청, 부산교육연수원, 국가인권위원회, 대구구치소, 홍성교도소, 경기도 안양·포천 교육청, 경북 봉화 교육청, 대구·부산·대전 선거연수원 등 기업, 학교, 시민단체에서 한상담 프로그램을 적용하여 강의와 교육, 상담활동을 하고 있으며, 시민단체 활동가들과 탈성매매 여성들을 위해 상담 자원활동을 하고 있다.

호상담 시리즈 ④
한상담

2011년 3월 15일 1판 1쇄 발행
2013년 8월 20일 1판 2쇄 발행

지은이 • 김미정 김영순 김창오 유동수 조윤숙
펴낸이 • 김 진 환
펴낸곳 • (주)**학지사**

　　　　121-837 서울시 마포구 서교동 352-29 마인드월드빌딩 5층
대표전화 • 02) 330-5114　　　팩스 • 02) 324-2345
등록번호 • 제313-2006-000265호

홈페이지 • http://www.hakjisa.co.kr
커뮤니티 • http://cafe.naver.com/hakjisa

ISBN 978-89-6330-480-9 93180

정가 17,000원